U1075892

管理类联考（MBA、MPA、MEM、EMBA、MTA、MPAcc、MAud、MLIS）
及经济类联考（396科目：金融、税务、保险等）适用

管理类联考逻辑应试技巧攻略

潘　杰　编著

复旦大學出版社

前　言

随着管理类联考的热度越来越高，管理类联考综合中一门“神秘的科目”——逻辑越来越吸引大家的眼球，综合卷由三部分构成，即数学(75分)、逻辑(60分)、写作(65分)，其中逻辑带给大家的视觉冲击最大，即题目长、语言表述生僻、选项貌似都差不多、考点吃不准、时间要求极其严格(平均一道逻辑题不到2分钟)……然后大家翻开逻辑考试大纲，它告诉你“不考查逻辑学的专业知识”，但大纲给出的概念、判断、推理、论证等全部是“逻辑学的专业知识”，这就给从来没有接触过这门学科的考生的备考造成了很大的复习困难。

考生备考的第一步通常是选择一本参考书，作为复习的指引与依据。现在市面上的逻辑参考书质量良莠不齐，况且有些书籍厚度动辄500多页，给考生(尤其是在职考生)造成极大的心理负担，加之逻辑题目读起来生僻难懂、做起来烧脑发晕，因此很多考生选择“战略性放弃”。

事实上，逻辑是管理类联考综合的核心学科，虽然表面上“逻辑推理部分”只占60分，但是“条件充分性判断”的核心思维其实就是逻辑知识点“充分性”，如果形式逻辑复习得当，解“条件充分性判断”试题时就会事半功倍；而“论证有效性分析”的核心思维其实就是“论证方式”，这是论证逻辑的核心思维，如果论证逻辑复习得当，完成“论证有效性分析”时思路会非常清晰。因此，逻辑是管理类联考的核心学科，与之相关的考点占到120分，即占综合分值的60%，或占管理类联考总分的40%。因此，“战略性放弃”绝不可取。那么，找到一本通俗易懂、知识点覆盖全面、例题解析详尽、重点明确的逻辑复习参考教材就尤为重要了。

本人早年在国外偶然接触到逻辑这门神奇的学科，回国后致力于“逻辑应试技巧”的研究并学以致用，抱着“帮更多考生最快学会逻辑”的目的，走上了考前辅导之路，至今，从事管理类联考逻辑辅导已逾八载，历任各大培训机构全国主讲，累计面授过的学员已经数万名。从2014年开始，本人就在思考一个问题——如何让广大考生更好地接受逻辑、学好逻辑？古人就有“寓教于乐”的智慧，作为一名逻辑老师，我是不是可以让大家尽可能轻松地学习逻辑？于是，“趣味逻辑”这个概念也就产生了。又经过了三年的教学实践，本人决定把这个理念分享给大家，让更多考生与逻辑爱好者可以更轻松地学习晦涩的逻辑知识。

由于本人的主要教学对象是“考生”，就不可避免要涉及逻辑学知识与试题，所以本书的“趣味性”只是相对而言，“趣味逻辑”的目标是：通过尽可能少的理论知识、结合现实生活实例、用浅显易懂的方式讲授逻辑考点、配合一定的例题，真正做到“考点精析、类型强化、举一反三”。

本人在编写本书过程中，参考了近年来美国CMAT、GRE和LSAT中的逻辑试题，以及国内近年来MBA、MPA、MPAcc、GRK等考试中的逻辑试题和相关资料，谨在此向这些资料的所有者表示衷心的感谢。

再次，对参与本书编辑、提出指正与帮助的朋友们表示由衷的感谢，他们是安贵顺、罗科兵、舒宏、赵丹、黄子文、姚学文、王卓、王鑫等(排名不分先后)。感谢他们的大力支持与指导！

最后，祝愿广大考生经过努力圆自己的管理硕士之梦！真诚希望本书的理念与独特的解题应试技巧可以造福广大考生！

欢迎广大读者与同行对本书的疏漏之处批评指正。

潘　杰

2019年1月4日

目　录

第一章　绪　论

1.1　管理类联考综合逻辑考试大纲

考试大纲中逻辑推理要求如下。

二、逻辑推理

综合能力考试中的逻辑推理部分主要考查考生对各种信息的理解、分析、判断和综合，以及相应的推理、论证、比较、评价等逻辑思维能力，不考查逻辑学的专业知识。试题内容涉及自然、社会和人文等各个领域，但不考查相关领域的专业知识。

（一）概念

1. 概念的种类

2. 概念之间的关系

3. 定义

4. 划分

（二）判断

1. 判断的种类

2. 判断之间的关系

（三）推理

1. 演绎推理

2. 归纳推理

3. 类比推理

4. 综合推理

（四）论证

1. 论证方式分析

2. 论证评价

(1) 加强

(2) 削弱

(3) 解释

(4) 其他

3. 谬误识别

(1) 混淆概念

(2) 转移论题

(3) 自相矛盾

(4) 模棱两可
(5) 不当类比
(6) 以偏概全
(7) 其他谬误

1.2 逻辑试题的特点

逻辑考试的试题来源主要是两种：国内学者、教师的命题(国产试题)；吸收、改造、直接引用美国 GMAT(主要)、GRE 和 LSAT 的试题(进口试题)。早期的 MBA 考试主要采用后者，但从 2010 年 1 月第一次进行管理类专业学位硕士研究生统一考试以后，进口试题的比重明显降低了。

与美国 GMAT 逻辑试题相比，中国的逻辑试题**有非常明显的真假逻辑**尤其是形式化真假逻辑的特点。国产逻辑试题可以从考试要求上分为真假逻辑(形式逻辑)和非真假逻辑(论证逻辑)。

逻辑在中国的许多重要考试中属于必考科目，这些逻辑考试试题在结构上具有共同的三部分：题干、问题和选项。有些逻辑考试的要求是四选一，如工程硕士专业学位研究生入学资格考试(GCT)；有些逻辑考试的要求则是五选一，如管理类和经济类联考。逻辑科目往往不单独考核，而是作为综合考试的一部分，例如管理类联考综合，在综合考试 200 分的总分值中，逻辑科目占 60 分的分值。这样，逻辑考试的难度便体现出来了：**不仅仅要求做对，更要求在一定时间内做对。**

上述大纲列举了十几个逻辑学专业术语，没有接触过逻辑学的考生可能会感到不好理解。从实战角度来看，联考逻辑的考试内容可以分为难度依次增加的三类：形式逻辑、论证逻辑和综合推理。须指出的是，大纲的术语与本书的称谓有些区别，因为其描述并不十分准确，也无法应对联考逻辑试题。下面我们通过实例来认识一下本书划分的四类题目的特点。

题型一：形式逻辑

形式逻辑试题的特点是易于公式化、必然性推理、与生活常识无关、易掌握，提问常常以“为真”“为假”“可以推出”“可以得出”等形式出现，要求考生给出一个**确定性**的结果。

例题 1：(2012.01)王涛和周波是理科(1)班同学，他们是无话不说的好朋友。他们发现班里每一个人或者喜欢物理，或者喜欢化学。王涛喜欢物理，周波不喜欢化学。

根据以上陈述，以下哪项必定为真？

Ⅰ. 周波喜欢物理。

Ⅱ. 王涛不喜欢化学。

Ⅲ. 理科(1)班不喜欢物理的人喜欢化学。

Ⅳ. 理科(1)班一半喜欢物理，一半喜欢化学。

A. 仅Ⅰ。　　B. 仅Ⅲ。　　C. 仅Ⅰ、Ⅱ。
D. 仅Ⅰ、Ⅲ。　　E. 仅Ⅱ、Ⅲ、Ⅳ。

解析：本题答案选 D。

本题考查复合命题的推理规则。本题考核相容选言 P 或 Q 的推理(否定一支推出肯定另一支)，所以，周波不喜欢化学推出周波喜欢物理。同理，由理科(1)班不喜欢物理的推出喜欢化学，则Ⅰ和Ⅲ正确，其他无法推出。因此，本题答案选 D。

这类考题要求考生灵活运用概念、命题、推理等相关知识，以题干给出的信息为基础作出相应的判断，难度较低，近年来，在试卷中所占比例逐渐减少，所占比重相对较小，每年在8～10题。然而，考生切不可因这部分题目难度低、比重小就放松学习要求，**因为形式逻辑是数理逻辑和综合推理的基础**，特别是与综合推理有着很强的内在联系，因此也是整个逻辑学习的基础，考生务必打好这块基础，为后期的学习作好准备。

题型二：论证逻辑

论证逻辑试题的特点是非公式化、非确定推理、规律性弱，提问常常以“最能削弱”“最能支持”“最能解释”“最可能是题干假设”“最能评价”等形式出现，要求考生在选项中找出**最佳的结果**。

例题1：(2012.10)研究人员报告说，一项超过1万名70岁以上老人参与的调查显示，每天睡眠时间超过9小时或少于5小时的人，他们的平均认知水平低于每天睡眠时间为7小时左右的人。研究人员据此认为，要改善老年人的认知能力，必须使用相关工具检测他们的睡眠时间，并对睡眠进行干预，使其保持适当的睡眠时间。

以下哪项如果为真，最能质疑上述研究人员的观点？

A. 尚没有专业的医疗器具可以检测人的睡眠时间。

B. 每天睡眠时间为7小时左右的都是70岁以上的老人。

C. 每天睡眠时间超过9小时或少于5小时的都是80岁以上的老人。

D. 70岁以上的老人一旦醒来就很难再睡着。

E. 70岁以上的老人中，有一半以上失去了配偶。

解析：本题答案选C。

题干论证因果关系是：老年人认知能力下降(Y)是因为每天睡眠时间超过9小时或少于5小时(X)。

A选项	无关选项，“尚没有专业的医疗器具”不代表这种现象不存在，诉诸无知，不选
B选项	无关选项，所有研究对象都是70岁以上老人，不选
C选项	老年人的认知能力下降(Y)不是因为每天睡眠时间超过9小时或少于5小时(X)，而是因为年龄较大(Z)，他因削弱，选C
D选项	无关选项，所有研究对象都是70岁以上老人，不选
E选项	无关选项，所有研究对象都是70岁以上老人，不选

例题2：(2014.12)晴朗的夜晚可以看到满天星斗，其中有些是自身发光的恒星，有些是自身不发光，但可以反射附近恒星光的行星，恒星尽管遥远但是有些可以被现有的光学望远镜“看到”。和恒星不同，由于行星本身不发光，而且体积还小于恒星，所以，太阳系外的行星大多无法用现有的光学望远镜“看到”。

以下哪项如果为真，最能解释上述现象？

A. 如果行星的体积够大，现有的光学望远镜就能“看到”。

B. 太阳系外的行星因距离遥远，很少能将恒星光反射到地球上。

C. 现有的光学望远镜只能“看到”自身发光或者反射光的天体。

D. 有些恒星没有被现有光学望远镜“看到”。

E. 太阳系内的行星大多可用现有光学望远镜“看到”。

解析：本题答案选 B。

本题为解释现象题，找证据、结论及关键词，本题需要解释的是“太阳系外的行星”。对于这类题，可以根据论证对象，快速解题。

A 选项	论证对象与题干结论不一致，不选
B 选项	论证对象与题干结论一致，且可以解释该现象，选 B
C 选项	根据题干知，行星仍旧可以看到，不能解释题干现象，不选
D 选项	论证对象与题干结论不一致，不选
E 选项	论证对象与题干结论不一致，不选

这类考题要求考生熟练掌握论证理论，比如归纳论证、类比论证、对比论证、因果关系论证、方法措施论证、比例论证等论证方法的依据与特点，根据题干所选用的论证方式给出最恰当的答案，难度较高，在试卷中所占比例相对较大，每年 12 题左右。不仅如此，熟练掌握论证逻辑对论证有效性分析的写作也具有十分重要的意义，因此该部分知识是联考逻辑的重点内容。

题型三：数理逻辑

数理逻辑试题的特点是考点数学化、确定推理、考试形式灵活多变、耗时长，提问形式与形式逻辑一样，常以真假、对错等形式出现，要求考生给出确定结果。

例题 1：(2010.01)小明、小红、小丽、小强、小梅五人去听音乐会，他们五人在同一排且座位相连，其中只有一个座位最靠近走廊，结果小强想坐在最靠近走廊的座位上，小丽想跟小明紧挨着，小红不想跟小丽紧挨，小梅想跟小丽紧挨着，但不想跟小强或小明紧挨着。

以下哪项顺序符合上述五人的意愿？

A．小明，小梅，小丽，小红，小强。

B．小强，小红，小明，小丽，小梅。

C．小强，小梅，小红，小丽，小明。

D．小明，小红，小梅，小丽，小强。

E．小强，小丽，小梅，小明，小红。

解析：本题答案选 B。采用“代入排除法”即可。

A 项不符合：因为小丽想跟小明紧挨着。

C 项不符合：因为小梅不想跟小强或小明紧挨着。

D 项不符合：因为小丽想跟小明紧挨着。

E 项不符合：因为小丽想跟小明紧挨着。

这类考题是 2013 年后大幅度增加的部分，难度系数较大，要求考生具有较强的逻辑思维能力和临场应变能力，在试卷中所占比例不小，为 3～5 题。由于该部分耗时较大，用最短的时间攻克数理逻辑问题，是逻辑科目取得高分的关键。

题型四：综合推理

综合推理试题的特点是考点综合化，结合各种逻辑学知识，有时候一个公共题干后面有多个问题，属于确定推理、考试形式灵活多变、耗时长，提问形式与形式逻辑一样，常以真假、对错等形式出现，要求考生给出确定结果。

例题 1：（2012.10）在某科室公开选拔副科长的招录考试中，共有甲、乙、丙、丁、戊、己、庚 7 人报名。根据统计，7 人的最高学历分别是本科和博士，其中博士毕业的有 3 人、女性 3 人。已知，甲、乙、丙的学历层次相同，己、庚的学历层次不同；戊、己、庚的性别相同，甲、丁的性别不同。最终录用的是一名女博士。

根据以上陈述，可以得出以下哪项？

A. 甲是男博士。　　B. 己是女博士。　　C. 庚不是男博士。

D. 丙是男博士。　　E. 丁是女博士。

解析：本题答案选 E。

题干进行形式化知：7 人的最高学历分别是本科和博士，其中：博士毕业的有 3 人；女性 3 人——本科 4 人，男性 4 人；己、庚的学历层次不同——一人本科，一人博士。

甲、乙、丙的学历层次相同，假设他们都是博士，则与己、庚一人本科，一人博士矛盾，则他们 3 人都是本科，那么丁、戊是博士。

同理，甲、丁的性别不同——他们不可能都是女性，那么都是男性，乙、丙是女性，所以戊是男博士，己、庚无论谁是博士，都是男博士，由于最后录取的是女博士，所以只可能是丁，选 E。

本类考题要求考生具有扎实的形式逻辑基础与严密的逻辑推理能力，在题干给出的复杂前提之间寻找内在关系，通过严密的分析和推理，有时甚至结合部分数学方法得出最终结论，难度最大，在试卷中所占比例不小，约为 8 题。此类试题非常耗时，用最短的时间攻克综合推理问题，是逻辑科目取得高分的关键。

最后要指出的是，在试题中这四种题目是混排的。考生不仅要会分类做题，在实际考试时，还要会判别题目的基本种类，这样才能选择不同的解题思路与解题方法去处理。因此，在后期的学习中，应逐渐养成良好的解题习惯，进行适量的训练。

1.3　逻辑学习与复习建议

(1) 逻辑考试考查的是**思维的严谨性与思路的清晰性**，不直接考查逻辑学专业知识，但是解题时最好用到逻辑学专业知识，可迅速抓住题眼，快速解题。

(2) 逻辑学考试不涉及其他相关专业知识，如“经济学”“环境学”等，这些知识经常作为**背景知识**出现，但是，题目的最终考点一定不会是这些具体学科的专业知识点，而是逻辑学的某个考点。

(3) 逻辑学考试的建议时间为 50～55 分钟，考题为 30 题，每题 2 分，总阅读量为 7500～8500 字，阅读量相当大，平均每道题的解题时间仅为 100 秒左右，因此，快速找到题眼，忽略无关信息，**培养“扫略式”阅读习惯**尤为重要。

(4) 逻辑学学习应该有一个系统的体系，学习过程应该是一个持续而深入的过程，切忌每阶段“浅尝辄止”“好像懂了”“差不多会了”，两遍 80%的最终效果远小于一遍 95%，因此逻辑学习应该是一个全面系统的过程。

(5) 逻辑学学习十二字方针：考点聚焦、类型集训、举一反三。关于逻辑练习题的选取，建议以真题为主，尤其是论证逻辑题，真题都是经过命题专家反复推敲、精心编辑的，且其考点明确，很少出现偏题怪题，有很多同学希望将历年真题放在最后阶段练习，作为检验自己成果的标准，因此真题一定要反复研究、仔细推敲。

第二章　概　念

2.1　概念的内涵和外延

概念的内涵是指概念所反映的事物的特有属性，主要是指这个概念**是什么**。

概念的外延是指具有概念所反映的特有属性的对象，主要是指这个概念**有什么**。

例如，“三角形”的内涵是指由不在同一直线上的三条线段首尾顺次连接所组成的封闭图形，其外延是等腰三角形、等边三角形、直角三角形、锐角三角形、钝角三角形等。

概念内涵越丰富，限制条件越多，其外延越小，见图 2-1。

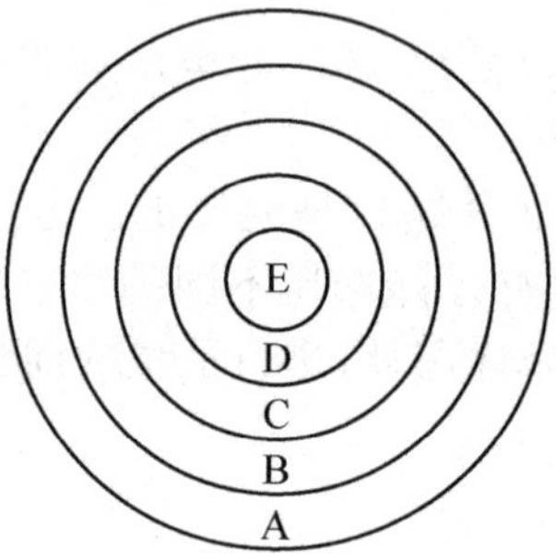

A-男人　B-好男人　C-优秀的好男人
D-优秀多金的好男人
E-优秀多金帅气的好男人

图 2-1　概念的内涵和外延

注意：在运用概念时，要求对概念表达明确、理解明确。如果没有完全明白概念的内涵或外延，无意中把两个不同的概念当相同概念使用，就犯了**混淆概念**的错误；如果故意使用一个不同的概念来代替原来的概念，则犯了**偷换概念**的错误。

2.2　概念的种类

2.2.1　单独概念与普遍概念

根据概念外延的数量不同，可以将概念分为单独概念与普遍概念。

单独概念也称为单数概念，是反映某一个具体对象的概念，如“中国”“亚洲”“秦始皇”等。

普遍概念也称为复数概念，是反映一类事物的概念，该类事物可能包含多个对象，如“三角形”“动物”“中国人”等。

2.2.2 集合概念与非集合概念

根据概念所反映的对象是否为集合体，可以将概念分为集合概念与非集合概念。集合概念就是反映由若干个别事物构成的集合体的概念，如“森林”“联合国”“人类”等。构成集合体的个别对象不必然具有集合体的性质。集合体的这个根本特征，决定集合概念只反映集合体，不反映构成集合体的个体。因此，集合概念的特征是：整体具有的特征其组成个体/部分未必具有。例如，“中国人是勤劳的”，其中“中国人”是一个集合体，这个集合体所具备的性质，不要求每个中国人都具备。

非集合概念就是反映非集合体的概念，如“牛”“树”“农民”等。构成非集合体的对象必然具备该非集合体的性质。例如，在“牛有四条腿”中，“牛”是非集合概念，这是牛所具有的性质，要求每头牛都具备。

课堂练习：辨析“集合概念”与“非集合概念”。

(1) 中国人是亚洲人。
(2) 中国人是勤劳勇敢的。
(3) 小王是中国人。
(4) 中国人居住在34个省、自治区、直辖市。
(5) 中国人比德国人聪明但不是很守纪律。

上述“中国人”在(1)、(3)中是非集合概念；在(2)、(4)、(5)中是集合概念。

解析：如果“中国人”在谓项位置(如“小王是中国人”)，而主项“小王”是个体，那么“中国人”就表示个体，即非集合概念；当“中国人”在主项位置时(如(1)、(2)、(4)、(5))，需要理解**谓项所表示的性质是否能够合理地被每一个主项(“中国人”)所具有，若能，则主项(“中国人”)表示个体，即非集合概念；否则是集合概念。**例如，在(1)中，每一个“中国人”可以合理地认为是“亚洲人”，所以在(1)中的“中国人”是非集合概念；而在(2)中，每一个“中国人”都是“勤劳勇敢的”吗？很难合理地这样认为，所以在(2)中的“中国人”表示的是集合体，即“中国人”作为一个种族具有“勤劳勇敢”的特点，所以是集合概念。

2.2.3 肯定概念与否定概念

根据概念所反映的对象是否具有某种属性，可以将概念分为**肯定概念**与**否定概念**。肯定概念是反映对象具有某种属性的概念，肯定概念又称正概念，如“金属”“党员”“合理”等。

否定概念是反映对象不具有某种属性的概念，否定概念又称**负概念**，如“非金属”“非党员”“不合理”等。在汉语中，否定概念一般用带有“非”“不”“无”“没”等否定词的词或词组表示。

2.3 概念间的关系

根据外延是否有重合，可以将概念间关系分为相容关系和不相容关系。

2.3.1 相容关系

概念间外延全部或一部分重合，它们之间的关系称为相容关系。具有相容关系的概念为相容关系概念。相容关系分为**全同关系**、**包含关系**、**交叉关系**三种。

(1) 全同关系：两个概念外延完全相同，二者之间的关系称为全同关系，也称同一关系(见图2-2)。如“北京”和“中国的首都”之间的关系为全同关系。

(2) 包含关系：一个概念的部分外延是另一个概念外延的全部，二者之间的关系称为包含关系(见图 2－3)。包含关系也称种属关系或属种关系,其中外延大的概念称为属概念,外延小的称为种概念。如“人”和“中国人”为包含关系,“人”的外延大于“中国人”的外延,前者包含后者,前者称为属概念,后者称为种概念。

(3) 交叉关系：一个概念的部分外延只与另一个概念的部分外延重合,二者之间的关系称为交叉关系(见图 2－4)。如“老人”和“男人”之间的关系为交叉关系。

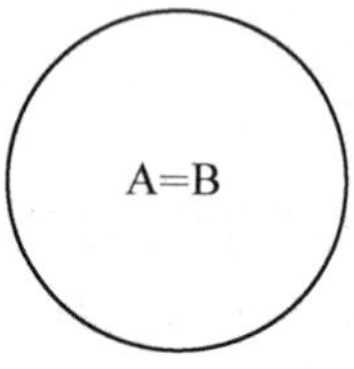

图 2－2　全同

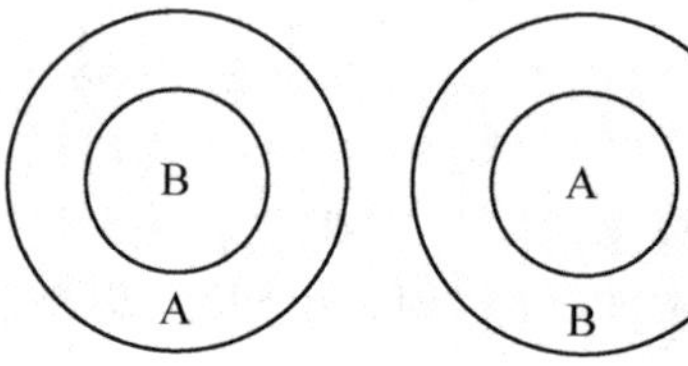

图 2－3　包含

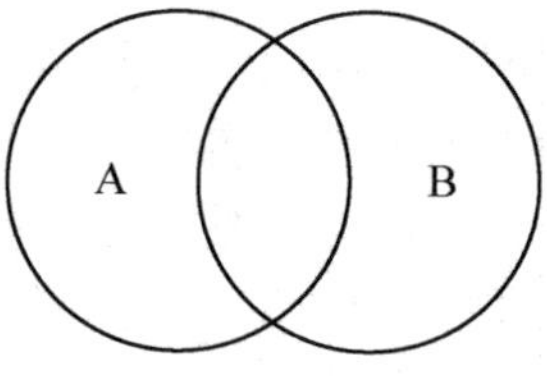

图 2－4　交叉

2.3.2　不相容关系

概念间外延没有任何部分重合,它们之间的关系叫不相容关系,又称为全异关系。具有不相容关系的概念叫不相容关系概念。不相容关系分为**反对关系**和**矛盾关系**。

(1) 矛盾关系：两个概念的外延互相排斥,它们的外延之和等于其属概念的外延,二者的关系称为矛盾关系(见图 2－5)。如“金属”与“非金属”之间的关系称为矛盾关系。矛盾可以理解为：不可能同真、不可能同假、必定一真一假。

(2) 反对关系：两个概念的外延互相排斥,它们的外延之和小于其属概念的外延,二者的关系称为反对关系(见图 2－6)。如“白色”与“黑色”之间的关系称为反对关系,二者外延相互排斥,它们外延之和小于其属概念“颜色”。

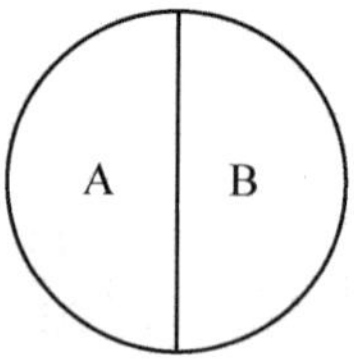

图 2－5　矛盾

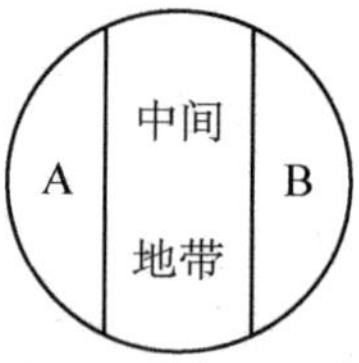

图 2－6　反对

注意：在同一思维过程中,两个互相矛盾或互相反对的概念不能同时都是真的,否则就违反了矛盾律,即当两个互相矛盾或互相反对的概念同时为真时,就犯了**“自相矛盾”的错误**。

两个互相矛盾的概念不能都加以否定,必须肯定其中一个是真的,否则就违反了排中律,即当两个互相矛盾的概念同时为假时,就**犯了“两不可”的错误**。

当把反对关系错误地当成矛盾关系的时候,就忽略了中间地带,**犯了“非黑即白”的错误**。

课堂难点解析一：从科学角度讲,现代医学以生物学为基础,而生物学建立在物理、化学等学科基础之上。中医不以这些学科为基础,因此它与**科学**不兼容,只能说是**伪科学**。

解析：即使“中医与科学不兼容”,但是并不能认定中医只能是“伪科学”。“科学”和“伪科学”是反对关系而并非矛盾关系,“科学”的对立面是“非科学”。比如,文学、艺术虽然不是科学,但也不是“伪科学”。——犯了“非黑即白”的错误。

课堂难点解析二：环环相扣的监督机制能确保企业内部各级管理者无法敷衍塞责,万一有人敷衍塞责也会受到这一机制的制约。

解析：材料前面的观点是“环环相扣的监督机制能确保企业内部各级管理者无法敷衍塞责”，由此可以推定“没有人能够敷衍塞责”。而材料后面又认为“万一有人敷衍塞责也会受到这一机制的制约”，即肯定了“敷衍塞责”发生的可能性。——犯了“自相矛盾”的错误。

课堂难点解析三：这次实验既不能算**成功**，也不能算**不成功**。

解析：“成功”与“不成功”互为矛盾关系，两者必定有一个为真，不可能同时为假。——犯了“两不可”的错误。

2.4 概念的定义规则

(1) 被定义项的外延和定义项的外延必须是全同关系；

(2) 既不能对概念限制过多，犯“定义过窄”的逻辑学错误；

(3) 也不能对概念限制过少，犯“定义过宽”的逻辑学错误；

(4) 定义项不得直接或间接包含被定义项。

定义项直接包含被定义项，这种错误在逻辑学上称之为“同语反复”。

例如：心理学是研究心理的科学。

定义项间接包含被定义项，这种错误在逻辑学上称之为“循环定义”。

例如：原因是导致结果的现象。

一般情况下，定义项不得包含负概念；负概念的作用主要是排除作用。

一般情况下，定义项不得包含比喻或者暗语。

例如：建筑是凝固的音乐。

2.5 概念的划分规则

(1) 各个子项的外延之和等于母项。

如果各个子项的外延之和大于母项的外延，就会犯“多出子项”的逻辑学错误。

如果各个子项的外延之和小于母项的外延，就会犯“划分不全”的逻辑学错误。

如果把一个母概念机械地划分为两个看似矛盾的概念，我们称之为“机械二分”。

例如：把青年人划分成“不读书也能成功的”和“读书也未必成功的”两类人，但实际上忽略了还有其他可能性，比如“不读书也未必成功的”。

(2) 各个子项之间的关系必须是不相容的。

如果违反这条规定，就犯了“子项相容”的逻辑学错误。

例如：参加这次晚会的有大学生、小学生、共青团员和少先队员。这种划分就犯了“子项相容”的逻辑学错误，小学生和少先队员之间有交叉。

(3) 每次划分必须使用同一个划分标准。

(4) 不能越级划分。

2.6 本章例题精讲

1. 概念 A 与概念 B 之间有交叉关系，当且仅当：

(1) 存在对象 x,x 既属于 A 又属于 B;
(2) 存在对象 y,y 属于 A 但不属于 B;
(3) 存在对象 z,z 属于 B 但不属于 A。

根据上述定义,以下哪项中加下划线的两个概念之间有交叉关系?

A. 国画按题材分主要有人物画、花鸟画、山水画等;按技法分主要有工笔画和写意画等。
B.《盗梦空间》除了是最佳影片的有力争夺者外,它在技术类奖项的争夺中也将有所斩获。
C. 洛邑小学 30 岁的食堂总经理为了改善伙食,在食堂放了几个意见本,征求学生们的意见。
D. 在微波炉清洁剂中加入漂白剂,就会释放出氯气。
E. 高校教师包括教授、副教授、讲师和助教等。

解析: 本题答案选 A。

本题考查逻辑学概念之间的关系。根据题干信息和概念交叉的定义,逐个选项进行判断:

A 选项	"人物画"与"工笔画"之间可能存在交叉,即采取工笔手法画的人物画,选 A
B 选项	"盗梦空间"是单数概念,单数概念与单数概念之间、单数概念与复数概念之间不可能存在交叉关系,不选
C 选项	"洛邑小学 30 岁的食堂总经理"是单数概念,单数概念与单数概念之间、单数概念与复数概念之间不可能存在交叉关系,不选
D 选项	"氯气"是"微波炉清洁剂"中的一种,属于"整体与部分之间的关系",属于包含关系,不选
E 选项	"高校"与"教授"之间没有交集,属于全异关系,不选

2. 概念 A 与概念 B 之间有种属关系,当且仅当:
(1) 存在对象 x,如果 x 属于 A,则属于 B;
(2) 存在对象 y,y 属于 B 但不属于 A。

根据上述定义,以下哪项中加下划线的两个概念之间有种属关系?

A. 这个组织的成员除了划分为男性成员和女性成员外,还可以划分为企业成员和非企业成员。
B. 江苏省包括南京市、苏州市等。
C. 中国人都是黄种人,并且都是亚洲人。
D. 在南方菜系中,淮扬菜相当著名。
E. 同济大学包括建筑学院、经济管理学院、同济 MBA 等 10 个一级学院。

解析: 本题答案选 C。

本题考查概念之间的关系。根据题干信息和概念种属关系的定义,逐个选项进行判断:

A 选项	"这个组织的成员"与"男性成员"之间存在交叉,这个组织的成员包括男性成员与女性成员,"男性成员"包括这个组织的成员与非这个组织的成员,不是种属关系,不选
B 选项	"江苏省"是单数概念,"苏州市"也是单数概念,两个单数概念之间不可能交叉,两者之间是"全异关系",不选
C 选项	所有的中国人都是亚洲人,满足题干条件,两者之间是种属关系,选 C
D 选项	"南方菜系"是一个单数概念,与"淮扬菜"之间是"全异关系",不选
E 选项	"同济大学"与"同济 MBA"之间没有交集,属于全异关系,不选

3. 一个房间中,一批人在聊天。其中,1 个人是沈阳人,3 个人是南方人,2 个人是广东人,2 个人是作曲家,3 个人是诗人。

假设以上介绍涉及了房间中所有的人,那么房间中最少可能是几个人?最多可能是几个人?

A. 最少可能是 4 人,最多可能是 9 人。

B. 最少可能是 3 人,最多可能是 8 人。

C. 最少可能是 4 人,最多可能是 11 人。

D. 最少可能是 5 人,最多可能是 9 人。

E. 最少可能是 5 人,最多可能是 11 人。

解析: 关于最多最少人数题,有以下几个原则:找种属,即同类,一定不相加;找全异,即分类,一定相加;找交叉,即共同部分,可加可不加。

地域		职业	
南方人	沈阳人	作曲家	诗人
3	1	2	3
地域总人数:4 人		职业的最少人数:3 人(可以兼职)	

地域全异:南方人 3+沈阳人 1=4;职业:作曲家也可以是诗人。所以,最小人数为 3+1=4;最大人数为(3+1)+2+3=9。所以,本题答案选 A。

4. 某个饭店中,一桌人边用餐边谈生意。其中,1 个人是哈尔滨人,2 个人是北方人,1 个人是广东人,2 个人只做电脑生意,3 个人只做服装生意。

假设以上的介绍涉及这个桌上所有的人,那么,这一餐桌上最少可能是几个人?最多可能是几个人?

A. 最少可能是 3 人,最多可能是 8 人。

B. 最少可能是 5 人,最多可能是 8 人。

C. 最少可能是 5 人,最多可能是 9 人。

D. 最少可能是 3 人,最多可能是 9 人。

E. 最少可能是 2 人,最多可能是 8 人。

解析: 本题仍旧是最多最少人数题,解题原则和第 3 题一致,只是注意“只做电脑生意”和“只做服装生意”两个关键信息。

地域		职业	
北方人(包括 1 个哈尔滨人)	广东人	电脑生意	服装生意
2	1	2	3
地域总人数:3 人		职业的最少人数:5 人(不可兼职)	

地域全异:3;职业:由于不能兼职,最少人数是 3+2=5。可以得到:最小人数为 3+2=5;最大人数为(3+2)+3=8。所以,本题答案选 B。

5. 在某市中级人民法院法庭上,有 2 个山东人,1 个大连人,1 个济南人,2 个人只爱慕 A,3 个人爱慕 B,4 个人爱慕 C(A、B、C 不是法庭上的人)。

假设以上介绍涉及了该法庭上的所有人，那么法庭上最少可能是几个人？最多可能是几个人？

A. 最少可能是6，最多可能是9。

B. 最少可能是6，最多可能是12。

C. 最少可能是6，最多可能是14。

D. 最少可能是9，最多可能是12。

E. 最少可能是9，最多可能是14。

解析：本题仍旧是最多最少人数题，解题原则和第3题一致，只是注意2个人**只爱慕**A，3个人爱慕B，4个人爱慕C这个关键信息。

地域		爱慕情况		
山东人（包括1个济南人）	大连人	只爱慕A	爱慕B	爱慕C
2	1	2	3	4
地域总人数：3人		“爱慕”的最少人数：2+4=6人（有的不可都爱）		

地域全异：3；爱慕情况：由于不能“兼爱”，最少人数是4+2=6。可以得到：最小人数为4+2=6；最大人数为(4+2)+3+3=12。所以，本题答案选B。

6. 在某校新当选的校学生会的7名委员中，有1个大连人，2个北方人，1个福州人，2个特长生（即有特殊专长的学生），3个贫困生（即有特殊经济困难的学生）。假设上述介绍涉及了该学生会中的所有委员，则以下各项关于该学生会委员的断定都与题干不矛盾，除了（　　）

A. 两个特长生都是贫困生。

B. 贫困生不都是南方人。

C. 特长生都是南方人。

D. 大连人是特长生。

E. 福州人不是贫困生。

解析：本题的题意理解就是要选与题干矛盾的选项，根据题干信息，可以得出：

地　域			属　性	
大连人	北方人	福州人	特长生	贫困生
1	2	1	2	3

按照地域区分：北方人2+福州人1=3；

上述介绍涉及了该学生会中的所有委员，即7人，所以最多是7人。

而2+3+3=8人，因此，就要求上面有一个人的属性属于重合。

A. 假设2个特长生都是贫困生，那么总人数为3+3=6人，与题干矛盾；

B. 有些贫困生是北方人，可以满足条件。

同理，C、D、E都可以满足条件，所以本题答案选A。

7. 某次讨论会共有18名参与者。已知：

(1) 至少有5名青年教师是女性；

(2) 至少有6名女教师年过中年；

(3) 至少有7名女青年是教师。

根据上述信息，关于参与人员可以得出以下哪项？

A．有些女青年不是教师。

B．有些青年教师不是女性。

C．青年教师至少 11 名。

D．女教师至少 13 名。

E．女青年至多 11 名。

解析：本题考查逻辑计算中的概念之间的交叉关系。

(1)（女性∧青年∧教师）≥5；

(2)（女性∧中年∧教师）≥6；

(3)（女性∧青年∧教师）≥7。

(1)、(3)是包含关系，(2)、(3)是全异关系，全异的元素必须相加，因此女教师至少 13 名。

综上所述，本题答案选 D。

注意："∧"表示"并且"，本书后面相同符号均表示"并且"。

8. 鲁迅的著作不是一天能读完的，《狂人日记》是鲁迅的著作，因此，《狂人日记》不是一天能读完的。

下列哪项最为恰当地指出了上述推理的逻辑错误？

A．偷换概念。

B．自相矛盾。

C．以偏概全。

D．倒置因果。

E．循环论证。

解析：鲁迅的著作不是一天能读完的，这里的"鲁迅的著作"指的是鲁迅的著作全集，是集合概念；《狂人日记》是鲁迅的著作，这里的"鲁迅的著作"指的是鲁迅的著作之一，是非集合概念，因此犯了"集合概念"与"非集合概念"的偷换，上述推理的逻辑错误为偷换概念。

9. 小李将自家护栏边的绿地毁坏，种上了黄瓜。小区物业人员发现后，提醒小李：护栏边的绿地是公共绿地，属于小区的所有人。物业为此下发了整改通知书，要求小李限期恢复绿地。小李对此辩称："我难道不是小区的人吗？护栏边的绿地既然属于小区的所有人，当然也属于我。因此，我有权在自己的土地上种瓜。"

以下哪项论证和小李的错误最为相似？

A．所有人都要为他的错误行为负责，小梁没有对他的错误行为负责，所以小梁的这次行为没有错误。

B．所有参展的兰花在这次博览会上被定购一空，李阳花大价钱买了一盆，由此可见，李阳买的必定是兰花。

C．没有人能够一天读完大仲马的所有作品，没有人能够一天读完《三个火枪手》，因此，《三个火枪手》是大仲马的作品之一。

D．所有莫尔碧骑士组成的军队在当时的欧洲是不可战胜的，翼雅王是莫尔碧骑士之一，所以翼雅王在当时的欧洲是不可战胜的。

E．任何一个人都不可能掌握当今世界的所有知识，地心说不是当今世界的知识，因此，有些人可以掌握地心说。

解析：本题答案选 D。

题干中小李的推理为：护栏边的绿地既然属于小区的所有人，我是小区的人，所以护栏边的绿地也属于我。此推理中的"所有人"在句中是一个集合概念，并非指"每一个人"，"整体具有的特征其个体未必具有"。这是"集合体性质误用"的错误。

A 选项	“所有人都要为他的错误行为负责”=“每一个人都要为他的错误行为负责”，不属于“集合体性质误用”，不选
B 选项	“所有参展的兰花在这次博览会上被定购一空”=“每一盆参展的兰花在这次博览会上被定购一空”，不属于“集合体性质误用”，不选
C 选项	“没有人能够一天读完大仲马的所有作品”=“每一个人都不能一天读完大仲马的所有作品”，不属于“集合体性质误用”，不选
D 选项	“所有莫尔碧骑士组成的军队”战无不胜，并不代表组成军队的每个人都是战无不胜的，“整体具有的特征其个体未必具有”，与题干错误类似，选 D
E 选项	“任何一个人都不可能掌握当今世界的所有知识”=“每一个人都不可能掌握当今世界的所有知识”，不属于“集合体性质误用”，不选

10. 舞蹈学院的张教授批评本市芭蕾舞团最近的演出没能充分表现古典芭蕾舞的特色。他的同事林教授认为这一批评是个人偏见。作为芭蕾舞技巧专家，林教授考察过芭蕾舞团的表演者，结论是每一位表演者都拥有足够的技巧和才能来表现古典芭蕾舞的特色。

以下哪一项最为恰当地概括了林教授反驳中的漏洞？

A．他对张教授的评论风格进行攻击而不是对其观点加以批驳。

B．他无视张教授的批评意见是与实际情况相符的。

C．他仅从维护自己的权威地位的角度加以反驳。

D．他依据一个特殊事例轻率概括出一个普遍结论。

E．他不当地假设，如果一个团体中的每个成员具有某种特征，那么这个团体就总能体现这种特征。

解析：本题答案选 E。

本题考查的实质是“整体与局部之间的关系”。由题干可知，林教授的反驳实际上基于这样的假设：如果一个团体每个成员具有某种特征，那么这个团体就总能体现这种特征。但是，这一假设并不一定成立，从而林教授的反驳中存在漏洞，这一错误是“以偏概全”。

11. 这次新机种试飞只是一次例行试验，既不能算成功，也不能算不成功。

以下哪项对于题干的评价最为恰当？

A．题干的陈述没有漏洞。

B．题干的陈述有漏洞，这一漏洞也出现在后面的陈述中：这次关于物价问题的社会调查结果，既不能说完全反映了民意，也不能说一点也没有反映民意。

C．题干的陈述有漏洞，这一漏洞也出现在后面的陈述中：这次考前辅导，既不能说完全成功，也不能说彻底失败。

D．题干的陈述有漏洞，这一漏洞也出现在后面的陈述中：人有特异功能，既不是被事实证明的科学结论，也不是纯属欺诈的伪科学结论。

E．题干的陈述有漏洞，这一漏洞也出现在后面的陈述中：在即将举行的大学生辩论赛中，我不认为我校代表队一定能进入前四名，我也不认为我校代表队可能进不了前四名。

解析：本题答案选 E。

题干的陈述的逻辑错误是：对试验成功和试验不成功这两个互相矛盾的命题同时否定。

一对矛盾命题必有一真，必有一假，所以，不可能两个命题同时为假，这个就是“两不可”的逻辑学谬误。

A 选项	显然不正确，题干的陈述有漏洞，不选
B 选项	“完全反映了民意”和“一点也没有反映民意”属于反对关系，与题干不符，不选
C 选项	“完全成功”和“彻底失败”属于反对关系，与题干不符，不选
D 选项	“被事实证明的科学结论”和“纯属欺诈的伪科学结论”不属于矛盾关系，与题干不符，不选
E 选项	因为“一定能进入前四名”和“可能进不了前四名”互相矛盾，不能同时否定，与题干错误类似，是“两不可”的逻辑学谬误，选 E

12. 主持人：有网友称你为国学巫师，也有网友称你为国学大师。你认为哪个名称更适合你？

上述提问中的不当也存在于以下各项中，除了(　　)。

A．你要社会主义的低速度，还是资本主义的高速度？

B．你主张为了发展可以牺牲环境，还是主张宁可不发展也不能破坏环境？

C．你认为人都自私，还是认为人都不自私？

D．你认为“911”恐怖袭击必然发生，还是认为有可能避免？

E．你认为中国队必然夺冠，还是认为不可能夺冠？

解析：本题答案选 D。

题干信息是：不是 A 就是 B，说明 A、B 是矛盾关系；不是 A 也可能不是 B，说明 A、B 是反对关系，显然“国学巫师”与“国学大师”是反对关系。

A 选项	“社会主义的低速度”与“资本主义的高速度”是反对关系，与题干一致，不选
B 选项	“为了发展可以牺牲环境”与“不发展也不能破坏环境”是反对关系，与题干一致，不选
C 选项	“人都自私”与“人都不自私”是反对关系，与题干一致，不选
D 选项	“必然发生”与“可能避免”＝“可能不发生”是矛盾关系，与题干不一致，选 D
E 选项	“中国队必然夺冠”与“不可能夺冠”是反对关系，与题干一致，不选

13. 一个善的行为，必须既有好的动机，又有好的效果。如果是有意伤害他人，或是无意伤害他人，但这种伤害的可能性是可以预见的，在这两种情况下，对他人造成伤害的行为都是恶的行为。

以下哪项叙述符合题干的断定？

A．P 先生写了一封试图挑拨 E 先生与其女友之间关系的信。P 的行为是恶的，尽管这封信起到了与他的动机截然相反的效果。

B．为了在新任领导面前表现自己，争夺一个晋升名额，J 先生利用业余时间解决积压的医疗索赔案件，J 的行为是善的，因为 S 小姐的医疗索赔请求因此得到了及时的补偿。

C．在上班途中，M 女士把自己的早餐汉堡包给了街上的一个乞丐。乞丐由于急于吞咽而被意外地噎死了。所以，M 女士无意中实施了一个恶的行为。

D．大雪过后，T 先生帮邻居铲除了门前的积雪，但不小心在台阶上留下了冰。他的邻居因此摔了一跤。因此，一个善的行为导致了一个坏的结果。

E．S女士义务帮邻居照看3岁的小孩。小孩在S女士不注意时跑到马路上结果被车撞了。尽管S女士无意伤害这个小孩，但她的行为还是恶的。

解析：本题答案选E。

根据题干“以下哪项叙述符合题干的断定”知，这是形式逻辑题，本题考查概念辨析与语义理解。

根据题干信息可以得出：一个善的行为必须既有好的动机，又有好的效果；如果是有意伤害他人，或是无意伤害他人，但这种伤害的可能性是可以预见的，在这两种情况下，对他人造成伤害的行为都是恶的行为。

A选项	P先生动机不好，但是没有对他人造成伤害，不可能是恶的行为，与题干表述不符，不选
B选项	J的行为动机不好，不可能是善的行为，与题干表述不符，不选
C选项	首先这个行为造成了不良的后果，由“M女士无意中”知该行为不是故意的，“乞丐由于急于吞咽而被意外地噎死了”这是一个意料之外的结果，一个正常的成年人一般不至于急于吞咽而被意外噎死，此外，“意外”表明该行为不在意料之中，与题干表述不符，不选
D选项	T先生造成的结果不好，不可能是善的行为，与题干表述不符，不选
E选项	首先这个行为造成了不良的后果，S女士没有照顾小孩，小孩子会乱跑这个结果是可以预料的，她的行为还是恶的，与题干表述相符，选E

2.7 课后习题

1. “自我陶醉人格”是以过分重视自己为主要特点的人格障碍。它有多种具体特征：(1)过高估计自己的重要性，夸大自己的成就，对批评反应强烈，希望他人注意自己和羡慕自己；(2)经常沉溺于幻想中，把自己看成是特殊的人；(3)人际关系不稳定，嫉妒他人，损人利己。

以下各项自我陈述中，除了哪项，均能体现上述“自我陶醉人格”的特征？

A．我是这个团队的灵魂，一旦我离开了这个团队，他们将一事无成。

B．他有什么资格批评我？大家看看，他的能力连我的一半都不到。

C．我的家庭条件不好，但不愿意被别人看不起，所以我借钱买了一部智能手机。

D．这么重要的活动竟然没有邀请我参加，组织者的人品肯定有问题，不值得跟这样的人交往。

E．我刚接手别人很多年没有做成的事情，我跟他们完全不在一个层次，相信很快就会将事情搞定。

2. 古人以干支纪年，甲乙丙丁戊己庚辛壬癸为十干，也称天干。子丑寅卯辰巳午未申酉戌亥为十二支，也称地支。顺次以天干配地支，如甲子、乙丑、丙寅……癸酉、甲戌、乙亥、丙子等，六十年重复一次，俗称六十花甲子。根据干支纪年，公元2014年为甲午年，公元2015年为乙未年。

根据以上陈述，可以得出以下哪项？

A．根据干支纪年，公元2024年为甲寅年。

B．根据干支纪年，公元2087年为丁未年。

C．干支纪年有利于农事。

D. 现代人已不用干支纪年。

E. 21 世纪会有甲丑年。

3. 根据学习在动机形成和发展中所起的作用，人的动机可分为原始动机和习得动机两种。原始动机是与生俱来的动机，它们是以人的本能需要为基础的，习得动机是指后天获得的各种动机，即经过学习产生和发展起来的各种动机。

根据以上陈述，以下哪项最可能属于原始动机？

A. 尊师重教，崇文尚武。

B. 不入虎穴，焉得虎子。

C. 宁可食无肉，不可居无竹。

D. 尊敬老人，孝顺父母。

E. 窈窕淑女，君子好逑。

4. 在某次思维训练课上，张老师提出"尚左数"这一概念的定义：在连续排列的一组数字中，如果一个数字左边的数字都比其大（或无数字），且其右边的数字都比其小（或无数字），则称这个数字为尚左数。根据张老师的定义，在 8、9、7、6、4、5、3、2 这列数字中，以下哪项包含了该列数字中所有的尚左数？

A. 4、5、7 和 9。

B. 2、3、6 和 7。

C. 3、6、7 和 8。

D. 5、6、7 和 8。

E. 2、3、6 和 8。

5. 克鲁特是德国家喻户晓的"明星"北极熊，北极熊是名副其实的北极霸主，因此克鲁特是名副其实的北极霸主。

以下除哪项外，均与上述论证中出现的谬误相似？

A. 儿童是祖国的花朵，小雅是儿童，因此小雅是祖国的花朵。

B. 鲁迅的作品不是一天能读完的，《祝福》是鲁迅的著作，因此《祝福》不是一天能读完的。

C. 中国人是不怕困难的，我是中国人，因此我是不怕困难的。

D. 康怡花园坐落在清水街，清水街的建筑属于违章建筑，因此康怡花园的建筑属于违章建筑。

E. 西班牙语是外语，外语是高等学校招生的必考科目。因此，西班牙语是高校招生的必考科目。

6. 陈先生要举办一个亲朋好友的聚会。他出面邀请了他父亲的姐夫，他姐夫的父亲，他哥哥的岳母，他岳母的哥哥。陈先生最少出面邀请了几个客人？

A. 未邀请客人。

B. 1 个客人。

C. 2 个客人。

D. 3 个客人。

E. 4 个客人。

7. 小莫十分渴望成为一名微雕艺术家，为此，他去请教微雕大师孔先生："您如果教我学习微雕，我将要多久才能成为一名微雕艺术家？"孔先生回答道："大约十年。"小莫不足于此，再问："如果我不分昼夜每天苦练，能否缩短时间？"孔先生道："那要用二十年。"

以下哪项最可能是孔先生的回答所提示的微雕艺术家的重要素质？

A. 谦虚。

B. 勤奋。

C. 尊师。

D. 耐心。

E. 决心。

8. 张教授：如果没有爱迪生，人类还将生活在黑暗中。理解这样的评价，不需要任何想象力。爱迪生的发明，改变了人类的生存方式。但是，他只在学校中接受过几个月的正式教育。因此，接受正式教育对于在技术发展中作出杰出贡献并不是必要的。

李研究员：你的看法完全错了。自爱迪生时代以来，技术的发展日新月异。在当代如果你想对技术发展作出杰出贡献，即使接受当时的正式教育，全面具备爱迪生时代的知识也是远远不够的。

以下哪项最恰当地指出了李研究员的反驳中存在的漏洞？

A．没有确切界定何为“技术发展”。 B．没有确切界定何为“接受正式教育”。

C．夸大了当代技术发展的成果。 D．忽略了一个核心概念：人类的生存方式。

E．低估了爱迪生的发明对当代技术发展的意义。

9. 如果一个儿童体重与身高的比例超过本地区 80%的儿童的水平，就称其为肥胖儿。根据历年的调查结果，15 年来，临江市的肥胖儿的数量一直在稳定增长。

如果以上断定为真，则以下哪项也必为真？

A．临江市每一个肥胖儿的体重都超过全市儿童的平均体重。

B．15 年来，临江市的儿童锻炼越来越不足。

C．临江市的非肥胖儿的数量 15 年来不断增长。

D．15 年来，临江市体重不足标准体重的儿童数量不断下降。

E．临江市每一个肥胖儿的体重与身高的比值都超过全市儿童的平均值。

10. 过去，我们在道德宣传上有很多不切实际的高调，以至于不少人口头说一套，背后做一套，发生人格分裂现象。通过对此种现象的思考，有的学者提出，我们只要求普通人遵守“底线伦理”。

根据你的理解，以下哪一选项作为“底线伦理”的定义最合适？

A．底线伦理就是不偷盗、不杀人。

B．底线伦理不是要求人无私奉献的伦理。

C．如果把人的道德比作一座大厦，底线伦理就是该大厦的基础部分。

D．底线伦理是作为一个社会普通人所应遵守的一些最起码、最基本的行为规范和准则。

E．底线伦理是社会发展的支柱，是我们国家昌盛的源泉。

11. 学习迁移广泛地存在于知识、技能、态度和行为规范的学习中，是指一种学习对另一种学习的影响，即已获得的知识经验、知识结构、动作技能、学习态度、策略和方法等与新知识、新技能之间所发生的影响。

下列属于学习迁移的是（ ）

A．小敏羽毛球打得很好，后来他准备学习网球，但网球的打法和羽毛球很不一样，因此他花了很长时间才学会。

B．小颖和小晨一起学习钢琴，小晨天赋很好，学得很快，为了帮助小颖，他经常陪着小颖一起练习，小颖也逐渐进步了。

C．小羽的父母都是中医，受父母的熏陶，他从小就对中医感兴趣，并立志要报考中医专业。

D．小元喜欢玩电脑游戏，经常玩到很晚，但是对学校里布置的计算机作业却不感兴趣，还常常逃课。

E．某人在学习过程中不认真，最终没有考上 MPAcc，第二年，他痛定思痛，卧薪尝胆，终于考上了清华大学。

12. 世界级的马拉松选手每天跑步不少于两小时，除非是元旦、星期天或得了较严重的疾病。

若以上论述为真，以下哪项所描述的人不可能是世界级马拉松选手？

A．某人连续三天每天跑步仅一个半小时，并且没有任何身体不适。

B．某运动员几乎每天都要练习吊环。

C．某人在脚伤已经痊愈的一周内每天跑步至多一小时。

D．某运动员在某个星期三没有跑步。

E．某运动员身体瘦高，别人都说他是跳高运动员，而且他的跳高成绩相当不错。

13. 某单位要从100名报名者中挑选20名献血者进行体检。最不可能被挑选上的是1993年以来已经献过血，或是1995年以来在献血体检中不合格的人。

如果上述断定是真的，则以下哪项所言及的报名者最有可能被选上？

A．小张1995年献过血，他的血型是O型，医用价值最高。

B．小王是区献血标兵，近年来每年献血，这次她坚决要求献血。

C．小刘1996年报名献血，因阳性体检不合格，这次出具转阴的证明，并坚决要求献血。

D．大陈最近一次献血时间是在1992年，他因公伤截肢，血管中流动着义务献血者的血。他说，我比任何人都有理由献血。

E．老孙1993年因体检不合格未能献血，1995年体检合格献血。

14. 常春藤通常指美国东部的八所大学。常春藤一词一直以来是美国名校的代名词，这八所大学不仅历史悠久、治学严谨，而且教学质量极高。这些学校的毕业生大多成为社会精英，他们中的大多数人年薪超过20万美元，有很多政界领袖来自常春藤，更有为数众多的科学家毕业于常春藤。

根据以上陈述，关于常春藤毕业生可以得出以下哪项？

A．有些社会精英年薪超过20万美元。

B．有些政界领袖年薪不足20万美元。

C．有些科学家年薪超过20万美元。

D．有些政界领袖是社会精英。

E．有些科学家成为政界领袖。

15. 我国计算机网络事业发展很快。据中国互联网络中心(CNNIC)的一项统计显示，截至1999年6月30日，我国上网用户人数约400万，其中使用专线上网的用户人数约为144万，使用拨号上网的用户人数约为324万。

根据以上统计数据，最可能推出以下哪项判断有误？

A．考虑到我国有12亿多的人口，与先进国家相比，我国上网的人数还是少得可怜。

B．专线上网与拨号上网的用户之和超过了上网用户的总数，这不能用四舍五入引起的误差来解释。

C．用专线上网的用户中，多数也选用拨号上网，可能是从家里用拨号连网更方便。

D．由于专线上网的设备能力不足，在使用拨号上网的用户中，仅少数用户有使用专线上网的机会。

E．从1994年到1999年的五年间，我国上网用户的平均年增长率在50%以上。

16. 某架直升机上有9名乘客，其中有1名科学家，2名企业家，2名律师，3名美国人，4名中国人。

补充以下哪一项，能够解释题干中提到的总人数和不同身份的人数之和不一样之间的不一致？

A．那位科学家和其中的1名美国人是夫妻。

B．其中1名企业家的产品主要出口到美国。

C．2名企业家都是中国人，另有1名美国人是律师。

D．其中1名律师是其中1名企业家的法律顾问。

E．科学家是澳大利亚人。

17. 一种检测假币的仪器在检测到假币时会亮起红灯，制造商称该仪器将真币误认为是假币的可能性只有0.1%。因此，该仪器在1000次亮起红灯时有999次会发现假币。

上述论证的推理是错误的，是因为(　　)

A．忽略了在假币出现时红灯不亮的可能性。

B．基于一个可能有偏差的事例概括出一个普遍的结论。

C．忽略了仪器在检测假币时操作人员可能发生的人为错误。

D．在讨论百分比时偷换了数据概念。

E．没有说明该仪器是否对所有的假币都同样敏感。

18. 所有的灰狼都是狼。这一断定显然是真的。因此，所有的疑似SARS病例都是SARS病例，这一断定也是真的。

以下哪项最为恰当地指出了题干论证的漏洞？

A．题干的论证忽略了：一个命题是真的，不等于具有该命题形式的任一命题都是真的。

B．题干的论证忽略了：灰狼与狼的关系，不同于疑似SARS病例和SARS病例的关系。

C．题干的论证忽略了：在疑似SARS病例中，大部分不是SARS病例。

D．题干的论证忽略了：许多狼不是灰色的。

E．题干的论证忽略了：此种论证方式会得出其他许多明显违反事实的结论。

19. "男女"和"阴阳"似乎指的是同一种区分标准，但实际上，"男人和女人"区分人的性别特征，"阴柔和阳刚"区分人的行为特征。按照"男女"的性别特征，正常人分为两个不重合的部分；按照"阴阳"的行为特征，正常人分为两个重合的部分。

以下各项都符合题干的含义，除了(　　)

A．人的性别特征不能决定人的行为特征。

B．女人的行为，不一定具有阴柔的特征。

C．男人的行为，不一定具有阳刚的特征。

D．同一个人的行为，可以既有阴柔又有阳刚的特征。

E．一个人的同一行为，可以既有阴柔又有阳刚的特征。

20. 一项时间跨度为半个世纪的专项调查研究得出肯定的结论：饮用常规的咖啡对人的心脏无害。因此，咖啡的饮用者完全可以放心地享用，只要不过量。

以下哪项最为恰当地指出了上述论证的漏洞？

A．咖啡的常规饮用量可能因人而异。

B．心脏健康不等同于身体健康。

C．咖啡饮用者可能在喝咖啡时吃对心脏有害的食物。

D．喝茶，特别是喝绿茶比喝咖啡有利于心脏保健。

E．有的人从不喝咖啡，但心脏仍然健康。

21. 在美国出生的正常的婴儿在3个月大时平均体重在12～14磅之间。因此，如果一个3个月大的小孩体重只有10磅，那么他的体重增长低于美国平均水平。

以下哪一项指出了上述推理中的一处缺陷？

A．体重只是正常婴儿成长的一项指标。

B．一些3个月大的小孩体重有17磅。

C．一个正常的小孩出生时体重达到10磅是有可能的。

D．短语"低于平均水平"并不一定意味着不够。

E．平均体重增长同平均体重并不相同。

22. 我最爱阅读外国文学作品，英国的、法国的、古典的，我都爱读。

上述陈列在逻辑上犯了哪项错误？

A．划分外国文学作品的标准混乱，前者是按国别的，后者是按时代的。

B．外国文学作品，没有分是诗歌、小说还是戏剧的。

C．没有说最喜好什么。

D．没有说是外文原版还是翻译本。

E．在“古典的”后面，没有紧接着指出“现代的”。

23. 帕累托最优，指这样一种社会状态：对于任何一个人来说，如果不使其他某个（或某些）人境况变坏，他的情况就不可能变好。如果 种变革能使至少有一个人的境况变好，同时没有其他人境况因此变坏，则称这一变革为帕累托变革。

以下各项均符合上述定义，除了（　　）

A．对于任何一个人来说，只要他的情况可能变好，就会有其他人的境况变坏。这样的社会，处于帕累托最优状态。

B．如果某个帕累托变革可行，则说明社会并非处于帕累托最优状态。

C．如果没有任何帕累托变革的余地，则社会处于帕累托最优状态。

D．对于任何一个人来说，只有使其他某个（或某些）人境况变坏，他的情况才可能变好。这样的社会，处于帕累托最优状态。

E．对于任何一个人来说，只要使其他人境况变坏，他的情况就可能变好。这样的社会，处于帕累托最优状态。

课后习题参考答案

1. 解析： 本题答案选 C。

本题考查概念的定义。根据题干知，满足“自我陶醉人格”的人具有以下特征：(1)过高估计自己的重要性，夸大自己的成就；(2)对批评反应强烈，希望他人注意自己和羡慕自己；(3)经常沉溺于幻想中，把自己看成是特殊的人；(4)人际关系不稳定，嫉妒他人，损人利己。

A 选项	符合特征(1)，属于“自我陶醉人格”，不选
B 选项	符合特征(2)，属于“自我陶醉人格”，不选
C 选项	该选项说的是“怕被人看不起而充面子”，不属于上述特征中的任何一条，选 C
D 选项	符合特征(1)、(3)，属于“自我陶醉人格”，不选
E 选项	符合特征(3)，属于“自我陶醉人格”，不选

2. 解析： 本题答案选 B。

根据题干信息：公元 2014 年为甲午年，公元 2012 年为甲辰年，公元 2024 年为丙辰年。

A 选项	公元 2014 年为甲午年，公元 2012 年为甲辰年，公元 2024 年为丙辰年，不选
B 选项	公元 2015 年为乙未年，公元 2075 年为乙未年，公元 2087 年为丁未年，选 B。
C 选项	无关选项，题干没有明确表示，不选

续表

D 选项	无关选项，题干没有明确表示，不选
E 选项	题干规定“甲子、乙丑、丙寅……”但是，天干和地支不是随意搭配的，而是“顺次以天干配地支”，没有甲丑年，不选

3. 解析：本题答案选 E。

题干中“原始动机”是人的本能需要为基础的动机。本题一方面需要阅读理解，另一方面也需要基本的常识，“对异性的追求，属于人的本能”是本题逻辑以外的常识，因此本题答案选 E。

4. 解析：本题答案选 B。

本题考查概念辨析。根据定义一一对比即可。

5. 解析：本题答案选 D。

题干中出现的两个北极熊，一个是集合概念，一个是非集合概念。选项 D 中清水街的建筑与康怡花园是整体与部分的关系，表示“每一栋清水街的建筑都属于违章建筑”，为非集合概念。

6. 解析：本题答案选 C。

陈先生邀请的客人中有男性，也有女性，因此至少是 2 人。男性客人可以同时是他父亲的姐夫，他姐夫的父亲，他岳母的父亲，他岳母的哥哥。因此，陈先生最少可能出面邀请 2 个客人。

7. 解析：本题答案选 D。

在本题题干中，小莫向孔先生提出了不分昼夜每天苦练能否缩短学习时间的问题。孔先生却指出，如果小莫不分昼夜每天苦练，则反而会需要更长的学习时间。显然，孔先生的回答主要提示出微雕艺术家应当具有耐心的素质。

8. 解析：本题答案选 A。

根据题干信息：张教授指出爱迪生时代的“接受正式教育”对于爱迪生时代的“技术发展中作出杰出贡献”并不必要。李研究员在反驳中认为，“接受爱迪生时代的正式教育”对“现代技术发展作出杰出贡献”不仅必要，甚至不够。二者在“技术发展”这个概念上混淆了历史时期的限定，实际上他采用了与张教授不一样的概念才得出不一样的结论。因此，本题答案选 A。

9. 解析：本题答案选 C。

根据题干信息，调查说明“一个儿童体重与身高的比值超过本地区 80%的儿童的水平，就称其为肥胖儿”，即此儿童是属于 20%的人，那一定会超过全市的平均水平。那么，随着“临江市的肥胖儿的数量一直在稳定增长”，说明“临江市的儿童数量一直在稳定增长”，因此“临江市的非肥胖儿童数量一直在稳定增长”。因此，本题答案选 C。

10. 解析：本题答案选 D。

本题考查概念的定义，给概念下定义，要能够体现出被定义概念所反映的对象的特点和本质。并且，要根据定义的四条规则对概念进行定义。选项 D 符合定义的要求和规则。

选项 A 犯了“定义过窄”的逻辑错误；

选项 B 犯了“否定定义”的逻辑错误；

选项 C 犯了“比喻定义”的逻辑错误；

选项 E 犯了“比喻定义”的逻辑错误。

11. 解析：本题答案选 A。

本题考查概念定义的辨析，学习迁移“是指一种学习对另一种学习的影响”，指的是同一个人不同技艺的相互影响。

选项 A 体现了不同技艺能力的相互影响，符合“学习迁移”，选 A；

选项 B 属于不同的人的技艺能力的相互影响，不选；

选项 C 属于不同的人的技艺能力的影响，不选；

选项 D 没有体现“玩电脑游戏”与“计算机作业”的相互影响，不选；

选项 E 没有体现两种不同的技艺能力，不选。

12. 解析：本题答案选 A。

根据题干信息知，世界级的马拉松选手应该满足：非(元旦∨星期天∨得了较严重的疾病)→每天跑步不少于两小时。

A 选项	“连续三天”不可能都是周末，且没有较严重的疾病，如果他是世界级的马拉松选手，应该每天跑步不少于两小时，而不是一个半小时，该选项不可能是世界级的马拉松选手，选 A
B 选项	题干论证未涉及“练习吊环”，可能为真，不选
C 选项	该选项表明受过较严重的疾病，即使是世界级的马拉松选手，也可能每天跑步不到两小时，不选
D 选项	“星期三”有可能是元旦，并且该运动员可能受过较严重的疾病，有可能为真，不选
E 选项	题干论证未涉及“跳高”，可能为真，不选

注意：“∨”表示“或者”，本书后面相同符号均表示“或者”。

13. 解析：本题答案选 D。

根据题干信息知，最不可能被挑选上的是：“1993 年以来已经献过血”或者“1995 年以来在献血体检中不合格”。

A 选项	该选项中的小张属于“1993 年以来已经献过血”，不可能选上，不选
B 选项	该选项中的小王每年献血，属于“1993 年以来已经献过血”，不可能选上，不选
C 选项	该选项中的小刘属于“1995 年以来在献血体检中不合格”，不可能选上，不选
D 选项	该选项中的大陈没有题干涉及的两种情况，有可能选上，选 D
E 选项	该选项中的老孙属于“1993 年以来已经献过血”，不可能选上，不选

14. 解析：本题答案选 A。

题干“他们中的大多数人年薪超过 20 万美元”表明“一半以上的人年薪超过 20 万美元”；

且“这些学校的毕业生大多成为社会精英”表明“一半以上的人毕业后成为社会精英”；

所以，“年薪超过 20 万美元”与“一半以上的人毕业后成为社会精英”之间必定有交集，所以“有些社会精英年薪超过 20 万美元”一定为真。

15. 解析：本题答案选 C。

根据题干信息可知：我国上网用户总人数约 400 万，其中使用专线上网的用户人数约为 144 万，使用拨号上网的用户人数约为 324 万。我们发现：144 万＋324 万＝468 万＞400 万，于是可以得到：在使用专线上网的用户中，有人使用拨号上网，根据概念交叉关系，得出既使用专线上网又使用拨号上网的用户数为(144 万＋324 万)－400 万＝68 万。

A 选项	题干未涉及“先进国家上网人数”，不确定真假，不选
B 选项	该选项体现了“概念交叉的特点”，为真，不选
C 选项	根据题干，在专线上网的用户中，同时使用拨号上网的人数为 68 万，68/144<1/2，不能称之为多数，因此，该选项为假，选 C
D 选项	根据题干，在专线上网的用户中，同时使用拨号上网的人数为 68 万，68/324<1/2，为真，不选
E 选项	题干未涉及“上网用户的平均年增长率”，不确定真假，不选

16. 解析：本题答案选 C。

根据题干信息，按照地域划分有 3 名美国人+4 名中国人=7 人。再根据直升机上有 9 名乘客，那么可以得出：1 名科学家、2 名企业家、2 名律师中，再有 2 个不同的人，即他们之间出现 3 个人次的交叉。

A 选项	未涉及“科学家的具体国籍”，可能为真，也可能为假，不选
B 选项	未涉及“企业家的具体业务范围”，可能为真，也可能为假，不选
C 选项	该选项表明职业和地域出现了 3 个人次的交叉，可以解释题干，选 C
D 选项	未涉及“律师的具体职能”，可能为真，也可能为假，不选
E 选项	该选项表示科学家既不是中国人，也不是美国人，无法解释，不选

17. 解析：本题答案选 D。

本题考查的是“偷换概念”。题干中的 0.1%是一个概率，概率的本质是一种可能性，但并不代表每 1000 次必有一次失误，显然选项 D 为正确答案。选项 A 是误把假币当真币，而题干中是误把真币当假币，不是相同的概念，因此犯了在百分比的内涵上偷换了数据概念。因此，本题答案选 D。

18. 解析：本题答案选 B。

根据题干知：狼与灰狼的关系是包含关系；SARS 病例和疑似 SARS 病例的关系不是包含关系。这是两种不同的关系。选项 B 恰当地指出了这一点。

19. 解析：本题答案选 E。

本题题干断定：性别特征是不可重叠的，一个人不是男就是女，是矛盾关系；行为特征是可以重叠的，阴柔和阳刚是相容关系。

A 选项	根据题干“但实际上，‘男人和女人’区分人的性别特征，‘阴柔和阳刚’区分人的行为特征”，说明“男女”和“阴阳”不能等同，符合题干意思，不选
B 选项	符合题干“‘男女’和‘阴阳’似乎指的是同一种区分标准”，不选
C 选项	符合题干“‘男女’和‘阴阳’似乎指的是同一种区分标准”，不选
D 选项	符合题干“按照‘阴阳’的行为特征，正常人分为两个重合的部分”，不选
E 选项	题干说的是“区分人的行为特征”，也就是“同一个人的行为特征”，但是并不等于“一个人的同一行为”，可以既有阴柔又有阳刚的特征，不符合题干，选 E

20. 解析：本题答案选 B。

本题题干论证：饮用常规的咖啡对人的心脏无害→咖啡的饮用者完全可以放心地享用，只要不过量。本题题干的论证隐含了这样一个假设：心脏健康就等同于身体健康。但是，这一假设并不成立，因此选项 B 最为恰当地指出了题干论证的漏洞。

21. 解析：本题答案选 E。

本题考查的是偷换概念，题干中说：在美国出生的正常的婴儿在 3 个月大时平均体重在 12～14 磅之间。因此，如果一个 3 个月大的小孩体重只有 10 磅，那么他的体重增长低于美国平均水平。其中，题干误将**平均体重增加**和**平均体重**混为一谈。事实上，它们是两个不同的概念。因此，E 项是正确答案。

22. 解析：本题答案选 A。本题犯了概念划分不当的错误。

23. 解析：本题答案选 E。

根据题干“以下各项均符合上述定义，除了”知，这是形式逻辑题，本题考查复合命题的推理。

由本题题干可知，在帕累托最优状态下：其他人不变坏→自己不可能变好。其等价命题是：自己变好→其他人变坏（逆否规则）；帕累托变革：至少一个人变好∧没有其他人变坏。

A 选项	题干推理为：自己变好→其他人变坏，符合题干“帕累托最优状态”，不选
B 选项	由题干推理知，“帕累托最优状态”与“帕累托变革”属于矛盾关系，该选项符合题干意义，不选
C 选项	“帕累托最优状态”与“帕累托变革”属于矛盾关系，该选项符合题干意义，不选
D 选项	题干推理为：自己变好→其他人变坏，符合题干“帕累托最优状态”，不选
E 选项	题干推理为：其他人变坏→自己变好，不符合题干“帕累托最优状态”，选 E

第三章　直言命题和模态命题

3.1　简单命题和复合命题的判别

命题(有些参考书称之为判断)是对思维对象**有所断定**的思维形式。例如：

(1) 所有商品都是有价值的。

(2) 如果刮台风,飞机就不会按时起飞。

命题断定的事物情况符合客观实际情况,则命题是真的;如果不符合客观实际情况,则命题是假的。**有所断定**和**有真有假**是命题的两个根本特征。

课堂训练：判断以下语句是否是命题?

(1) P老师是帅哥。——陈述句,是命题。

(2) 猪八戒不是好人。——陈述句,是命题。

(3) 啊!……大海…………感叹句,不涉及断定,不是命题。

(4) 今天的天气真好啊!——感叹句,是命题。

(5) 逻辑难学吗?——疑问句,不是命题。

(6) 请把门打开。——祈使句,不是命题。

命题可以分为简单命题和复合命题两大类,两者之间的区别就是：是否有逻辑连接词。如果有逻辑连接词,我们称之为复合命题;如果没有,则称之为简单命题。常见逻辑连接词有：既……又……、如果……就……、只有……才……、除非……否则……、或者……或者……、只要……就……,等等。

课堂训练：

(1) 热忱而谦虚的张先生是一位受人尊重的、勤劳的、刻苦的机械工程师。

(2) 逻辑是一门高端大气上档次的学科。

(3) 逻辑这门学科不但高端,而且大气,还上档次。

(4) 有些人既是机械师也是工程师。

(5) 你见或不见,我就在那里。

(6) 只有下雨,会议才延期。

解析：(1)、(2)为简单命题,(3)、(4)、(5)、(6)为复合命题。

3.2　简单命题的分类

3.2.1　简单命题的构成

简单判断尽管内容上各不相同,但在形式上却有相同之处,即它们都由主项、谓项、逻辑常项三个部分组成。主项是简单判断中被陈述事物的词项(通常用 S 表示,即 subject(主语)这个单词的缩写)。谓项是主项具有或不具有的性质(通常用 P 表示,即 property 这个单词的缩写)。由于不同内容的简单判断,主项和谓项是由不同的概念所充当,所以主项和谓项统称为逻辑变项。在阅读理解中,逻辑变项不是关注的重点。

例如：P 老师是帅哥。其中“P 老师”为主项,“帅哥”为谓项,“是”为逻辑常项。

中华人民共和国不是可以战胜的。其中“中华人民共和国”为主项,“可以战胜的”为谓项,“不是”为逻辑常项。

3.2.2　简单命题的三个维度

对简单判断的描述包括三个维度,分别是：

(1) 表示对象具有或不具有某种属性：是(表示肯定)、不是(表示否定)；

(2) 表范围：全称或者特称；

(3) 表可靠程度：必然或者可能。

这三个维度分别产生三组逻辑常项：**“是”或者“不是”；“所有”或者“有些”；“必然”或者“可能”**。

对于维度、逻辑常项、判断划分的关系总结如表 3－1：

表 3－1　简单命题维度、逻辑常项、判断之间的关系

维度	逻辑常项	判断	例子
性质：联项	肯定联项：是(有)	肯定判断	今天下雨。
	否定联项：不是、没有	否定判断	明天不下雪。
范围：量项	全称量项：所有(都、凡是、一切)	全称判断	人都是善良的。
	特称量项：有些(部分、少数、多数、一些、某一个)	特称判断	有些金属不导电。
	单称量项：确定的单数概念	单称判断	P 老师是帅哥。
程度：模态	可能模态：可能(也许、大概)	可能判断	可能有些人没到会。
	必然模态：必然(一定、必定、绝对)	必然判断	国家必然是有阶级的。

注意一：有些日常语言的表达在形式上是不标准的,在逻辑分析中应先整理成标准形式。例如,“无奸不商”,应整理成“所有的商人都是奸诈的”。有些判断可以在阅读理解中视分析的方便来定。例如,“有些人不自私”,可以等于：有些人不是自私的——特称否定判断；也可以等于：有些人是不自私的——特称肯定判断。

注意二：全称、单称、特称表示不同的范围,一定要注意三者的区别。例如：

(1) 一个人的个性是后天养成的。——全称判断：即,所有人的个性是后天养成的。

(2) 某个人的行为可能是无理性的。——特称判断：即,有些人的行为可能是无理性的。

(3) 张三是一个有理性的人。——单称判断。

注意三：所有学校都是培训机构＝所有学校是培训机构＝学校都是培训机构,这三句话都是全称肯定判断,并且,所有……都……＝所有……＝……都……。

注意四：模态词的位置变化不改变一句肯定句的含义。例如,可能明天下雨＝明天可能下雨＝明天下雨是可能的。

课堂训练：

(1) 孙中山是民国总统。——单称、肯定判断。

(2) 有一些金属不导电。——特称、否定判断。

(3) 所有天鹅都是白色的。——全称、肯定判断。

(4) 李白必然是一位中国诗人。——单称、必然、肯定判断。

(5) 杜甫可能不是一位理想主义诗人。——单称、可能、否定判断。

(6) 有一些美国人可能不是运动员。——特称、可能、否定判断。

3.3 简单命题等价改写——翻译

3.3.1 标准的简单命题

在标准的简单命题中，“不”或者“不是”应该紧跟谓项，若“不”或者“不是”出现在其他位置，命题者需要翻译成标准的简单命题。

例如，金属都不导电＝(所有)金属都不(是)**导电(的)**，其谓项是“导电的”，属于“不”或者“不是”，应该紧跟谓项，因此，其为标准的简单命题。

金属不都导电＝(所有)金属都不(是)**都导电(的)**，其谓项是“导电的”，在“不”和其谓项是“导电的”之间有一个逻辑常项“都”，因此，它不是标准的简单命题，需要进行翻译。

3.3.2 非标准简单命题的等价改写——翻译

翻译的基本原则：把“不”或者“不是”扔掉，把该“不”或者“不是”**后面的**逻辑常项全部取反。

课堂练习 1：不是所有骑白马的都是王子。

↓ ↓

有些骑白马的 不是王子。

第一步：补全，主要补“所有……都……”与“是”这两个逻辑常项。

第二步：“不是”在句子最开头，因此需要进行翻译，否定词后面的逻辑常项有两个：“所有……都……”与“是”，作好相应标记。

第三步：将“不”或者“不是”**后面的**逻辑常项全部取反，“是”与“不是”、“所有”与“有些”在逻辑上互为反义，如“所有”的取反就是“有些”；对于逻辑变项(即主谓项)，在翻译过程中不发生任何变化。

课堂练习 2：不可能所有鸟都会飞。

第一步：补全，不可能所有鸟都(是)会飞(的)。

第二步：不可能所有鸟都(是)会飞(的)。

↓ ↓ ↓

必然有些鸟 不是 会飞的。

注意：由于“所有……都……＝所有……＝……都……”，对于“所有……都……”的翻译，只需要将“所有”取反，变为“有些”即可，“都”可以不翻译，直接去掉。

课堂练习 3：金属都不导电＝(所有)金属都不(是)导电(的)，标准句。

课堂练习 4：不可能所有牛奶都是特仑苏。

不可能　所有　牛奶　都　是特仑苏。

↓　↓　↓

必然　有些　牛奶　不是　特仑苏。

课堂练习 5：所有牛奶可能不都是特仑苏。

所有　牛奶　可能　不　都　是　特仑苏。

↓　↓

有些　牛奶　可能　不是　特仑苏。

注意一：否定词“不”在“所有……都……”的中间，否定了“都”就相当于否定了“所有……都……”的这个整体；

注意二：“可能”在否定词“不”的前面，因此，“可能”不取反。

课堂练习 6：所有牛奶不可能都是特仑苏。

所有　牛奶　不　可能　都　是　特仑苏。

↓　↓　↓

有些　牛奶　必然　不是　特仑苏。

课堂练习 7：所有牛奶可能都不是特仑苏，标准句。

翻译的四个注意点：

注意一：变项(主项和谓项)不能取反，保持不变即可。

注意二：变项要统一。

举例：如果把“有些人不自私”看作否定句，则要把“张三自私”看作肯定句；

如果把“有些人不自私”看作肯定句，则要把“张三自私”看作否定句——以后统一使用。

注意三：根据阅读理解添加被省略的逻辑常项。

举例：“只要是钥匙就有它打不开的锁”，根据阅读理解，要翻译成：所有钥匙都打不开有的锁。

注意四：“存在”“可能”“必然”(及“不存在”“不可能”“不必然”)不能作谓项，如果看到其作谓项，必须(在去“不”前)先改写，将其提到最前面。

举例：“一把钥匙能开所有锁，这样的钥匙是不存在的”，首先要改写成“不存在一把钥匙开所有锁”，即“并非一把钥匙能打开所有锁”。

3.4　简单命题之间的关系——逻辑方阵与模态方阵

简单判断之间的关系是指具有同样的主语(主项)和性质(谓项)的同素材简单判断之间的对当关系。这些简单判断间只是三组维度产生的逻辑常项不同。在这些判断中，存在着一种特定的真假依存关系，通常称为对当关系。判断间的对当关系主要是矛盾关系和推理关系。对当关系可用图 3－1 来描述，称为逻辑方阵。逻辑方阵是对当关系的形象表述。

推理关系：推理关系是指通过某一判断为真，推出另外一句判断为真。具体来说，推理关系的规则概括为“同性质可推：全称真，则单称真，则特称真；必然真，则现实真，则可能真”。也就是说，由信息量大的简单判断决定信息量较小的简单判断。

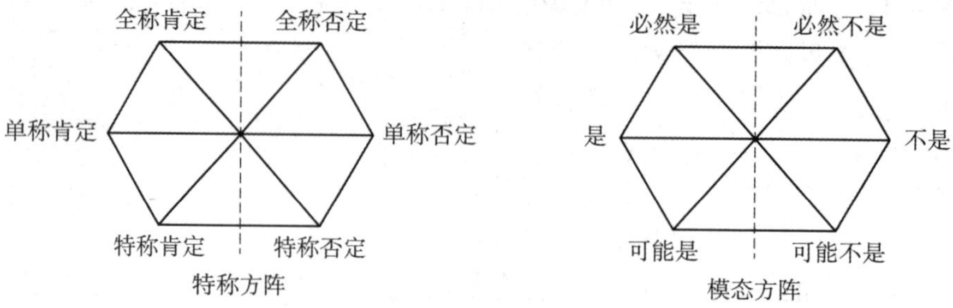

图 3-1 对当关系

矛盾关系：矛盾关系在图 3-1 中由对角线表示，来描述一种**不能同真、不能同假、且必定一真一假**的关系。一对关系是否是矛盾，首先看命题的主、谓项是否一致，不一致肯定不是矛盾；再看逻辑常项是否全部相反，如全部相反即为矛盾——矛盾的严格定义，仅此一种。同理，如果要写一个命题的矛盾也是这样：逻辑常项全部取反，或者在前面加一个“不”或“并非”。

矛盾关系对我们理解否定的含义非常重要。日常生活中经常有否定特称判断以强调全称判断的情况，如下面的对话：

甲：有些美国人在上海是临时居住。

乙：不对。从国籍上讲，应该是所有美国人在上海都是临时居住。

根据简单判断矛盾的规则知，上面乙的反对是错误的，因为，乙的反对最终含义是：所有美国人在上海都不是临时居住。

课堂练习：判断以下一对命题是否矛盾：

(1) 吾矛可穿天下所有盾；吾盾可挡天下所有矛。

(2) 人都是自私的；人都不是自私的。

(3) 我们班的同学都是团员；我不是团员。

(4) 汤姆是男人；汤姆是女人。

(5) 明天可能下雨；明天可能不下雨。

以上五个例子均不是矛盾关系，均不满足“不能同真、不能同假、且必定一真一假”的条件。

简单命题的矛盾可以表述为：主谓项一致，逻辑常项全部取反。

上对当关系是指上边两条横线之间的关系，也称之为“上反对关系”。其特点是不能同真，可以同假。我们常常利用这一关系来解决问题。例如：

(1) “教室里**所有**的人**都是**本科学历”与“教室里**所有**的人**都不是**本科学历”；

(2) “**所有**超市里的人**都是**买东西的”与“**所有**超市里的人**都不是**买东西的”。

从上边两个例子可以看出，每个例子中的两个判断，不可能同时为真，但是可以同时为假。

如例(1)，教室里如果有一个专科生的话，两个判断都是错的；而如果全是本科生的话，也只有前边一个真；如果全不是本科生的话，也只有后边的真。而教室里只能有这三种情况，不可能再有其他形式存在，所以，从这一点就可以看出两个上对当关系的判断：**不能同时为真，但可以同时为假，即至少有一个为假。**

下对当关系是指下边两条横线之间的关系，也就是“有些……是……”与“有些……不是……”之间的关系，其特点是不能同假，可以同真。我们常常利用这一关系来解决问题。例如：

(1) “教室里**有些人是**本科学历”与“教室里**有些人不是**本科学历”；

(2) “公园里的有些人是来游玩的”与“公园里有些人不是来游玩的”。

同样，如例(1)，如果全是本科的话，判断一真；如果全不是本科的话，判断二真；如果有些是本科，有些不是本科的话，两个都为真。所以，此关系的特点是：**可以同真，但不能同假，即至少有一个是真的。**

正确的推理规则可以表示为：“上真推下真、下假推上假、对角是矛盾、其他不知道。”

通过矛盾和推理两种关系，在已知某一判断为真或为假时，就可以将相同素材的其他判断的真假全部确定。

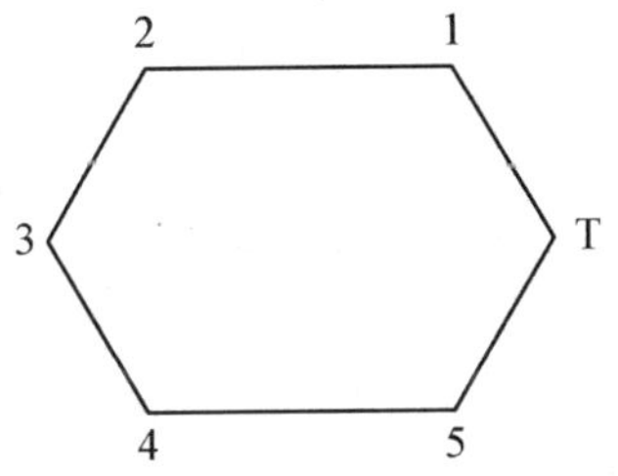

假设某一个点的真假，求剩余五个角的真假

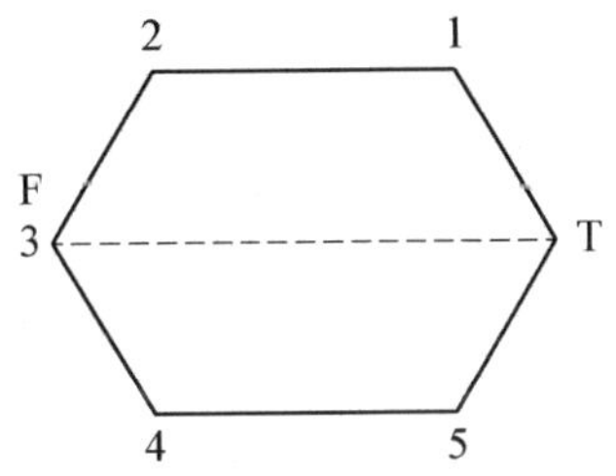

第一步，根据对角线一真一假，求出对角线为假

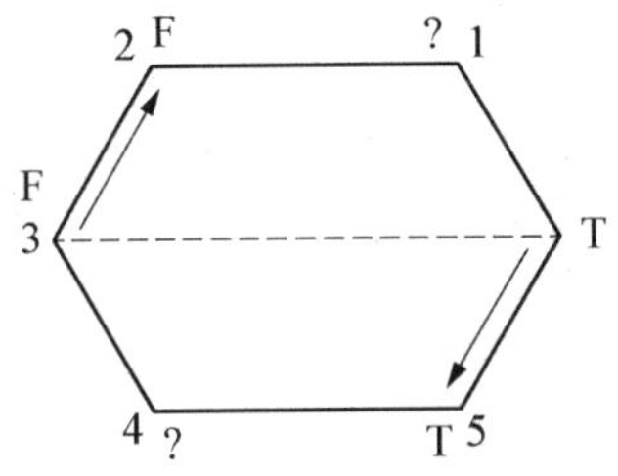

再利用“上真推下真、下假推上假、其他不知道”

综上所述：2、3 为假(一定为假)、5 为真(一定为真)、1 与 4 不确定真假

正是因为有了模态词及其否定，问题有八种方式，见表 3－2，分别为求真、求假、求真和不确定、求假和不确定(注意：在试题中，如果问题没有必然，则实质也是问必然，例如，能推出以下什么结论＝必然能推出以下什么结论)。

表 3－2　模态词及其否定

序号	问题	等价问题	问题要求
1	以下哪项必然为真？	以下哪项为真？	寻找真的，可以推理出的
2	以下哪项可能为真，除了？	以下哪项为假？	寻找假的，可以推理出矛盾的
3	以下哪项可能为真？	以下哪项不为假？	寻找真的或者不确定的、推不出的
4	以下哪项必然为真，除了？	以下哪项不为真？	寻找假的或者不确定的、推不出的
5＝2	以下哪项必然为假？	以下哪项为假？	寻找假的，可以推理出矛盾的
6＝1	以下哪项可能为假，除了？	以下哪项为真？	寻找真的，可以推理出的
7＝4	以下哪项可能为假？	以下哪项不为真？	寻找假的或者不确定的、推不出的
8＝3	以下哪项必然为假，除了？	以下哪项不为假？	寻找真的或者不确定的、推不出的

3.5 真话假话题——矛盾假设法

3.5.1 矛盾法

矛盾法识别：只要看到题干有好几个标语式的命题(好几句界限分明的话)，又告诉你仅有一真、仅有一假、两真两假、至少一真、至少一假等(即命题真假无法完全确定时)，首先就要想到矛盾法。

矛盾法的原理：在题干的几个命题中寻找是否有矛盾(主谓项一致，逻辑常项全部取反)，如果有，则这两个命题必定一真一假。如果题目中说仅有一真，则除了这对矛盾命题以外的其他命题全假；如果题目中说仅有一假，则除了这对矛盾命题以外的其他命题全真。

例如，假设(1)、(2)、(3)、(4)四个命题只有一个为真，且(1)和(3)是矛盾关系，那么可以得出(1)和(3)一定为一真一假，即真话一定在(1)和(3)之中，那么，(2)与(4)一定为假。

3.5.2 假设法

假设法识别：首先想到矛盾法的题目，如果经检验命题之间不存在矛盾关系，那么使用假设法。

假设法的原理：假设其中一个命题为真(一般先假设为真)来进行推理，如果推出矛盾(自相矛盾或与题干矛盾)，则说明假设错误，该命题为假；如果没有推出矛盾，说明原假设可能正确，该命题可能为真。

例如，要证明"P 老师帅气吗"，我们可以先假设"P 老师帅气"为真，如果能得出与现实相违背的结论，那么，该假设不正确，即可以得出"P 老师不帅气"为真。

假设的原则：在几句话中选哪一句话假设一般遵循以下原则：

原则一：假设单称命题(如果只有一个单称)；

原则二：假设特殊命题(此处的特殊是指与题干中的其他命题相比，表述是不一样的)。

3.5.3 矛盾法和假设法联合使用

当四个命题两真两假时，四个命题中必有两个矛盾还有两个不是矛盾，矛盾的一真一假，所以不矛盾的两个也是一真一假，然后再使用假设法，在不是矛盾的两个命题里选一个进行假设。

3.6 本章例题精讲

1. 不可能所有的错误都能避免。

以下哪项最接近上述断定的含义？

A. 所有的错误必然都不能避免。

B. 所有的错误可能都不能避免。

C. 有的错误可能不能避免。

D. 有的错误必然能避免。

E. 有的错误必然不能避免。

解析：本题答案选 E。

本题考查的是简单命题的等价命题。根据题干信息知：不可能所有的错误都能避免。

第一步：补全，不可能所有的错误都(是)能避免(的)。

第二步：不可能所有的错误都(是)能避免(的)。

↓ ↓ ↓

必然有些 错误 不是 能避免(的)。

等价于"有的错误必然不能避免"，因此，本题答案选 E。

2. 某公司人力资源管理部人士指出：由于本公司招聘职位有限，在本次招聘考试中不可能所有的应聘者都被录取。

基于以下哪项可以得出该人士的上述结论？

A. 在本次招聘考试中，可能有应聘者被录用。

B. 在本次招聘考试中，可能有应聘者不被录用。

C. 在本次招聘考试中，必然有应聘者不被录用。

D. 在本次招聘考试中，必然有应聘者被录用。

E. 在本次招聘考试中，可能有应聘者被录用，也可能有应聘者不被录用。

解析：本题答案选 C。

本题考查的是简单命题的等价命题。根据题干信息知：不可能所有应聘者都被录用。

第一步：补全，不可能所有应聘者都(是)被录用(的)。

第二步：不可能所有应聘者都(是)被录用(的)。

↓ ↓ ↓

必然有些应聘者 不是 被录用(的)。

等价于"必然有些应聘者不被录用"，因此，本题答案选 C。

3. 在国际大赛中，即使是优秀的运动员，也有人不必然不失误，当然，并非所有的优秀运动员都可能失误。

以下哪项与上述意思最接近？

A. 有的优秀运动员可能失误，有的优秀运动员可能不失误。

B. 有的优秀运动员可能失误，有的优秀运动员不可能失误。

C. 有的优秀运动员可能不失误，有的优秀运动员不可能失误。

D. 有的优秀运动员一定失误，有的优秀运动员一定不失误。

E. 优秀运动员都可能失误，其中有的优秀运动员不可能不失误。

解析：本题答案选 B。

第一部分：也有人不必然不失误；第二部分：并非所有的优秀运动员都可能失误。

第一步：补全，有些人不 必然 不(是)失误(的)；并非所有的优秀运动员都可能(是)失误(的)。

↓ ↓ ↓ ↓ ↓

有些人 可能 是失误(的)； 有些 优秀运动员 必然不是失误的。

因此，等价于"有的优秀运动员可能失误，有的优秀运动员不可能失误"，因此，本题答案选 B。

注意一：当一句话中出现两个否定词"不"时，一般去掉第一个"不"，第二个"不"当成否定词"不是"处理；

注意二：本题的第二部分选项也不标准，但注意“不可能失误”可以翻译成“必然不是失误的”。

4. 世界上不可能有某种原则适用所有不同的国度。

以下哪项与上述断定的含义最为接近？

A．有某种原则可能不适用世界上所有不同的国度。

B．有某种原则必然不适用世界上所有不同的国度。

C．任何原则都必然有它适用的国度。

D．任何原则都必然有它不适用的国度。

E．任何原则都可能有它不适用的国度。

解析：本题答案选 D。

根据题干可以得出：世界上不可能 有某种 原则 (是)适用 所有国度(的)。

↓ ↓ ↓ ↓

世界上 必然 所有 原则 不是适用 有些国度(的)。

因此，等价于“任何原则都必然有它不适用的国度”，因此，本题答案选 D。

5. 有人说：“哺乳动物都是胎生的。”

以下哪项最能驳斥以上判断？

A．也许有的非哺乳动物是胎生的。

B．可能有的哺乳动物不是胎生的。

C．没有见到过非胎生的哺乳动物。

D．非胎生的动物不大可能是哺乳动物。

E．鸭嘴兽是哺乳动物，但不是胎生的。

解析：本题答案选 E。

本题考查的是简单命题的矛盾命题。简单命题找矛盾的方法就是“主谓项一致，逻辑常项全部取反”，因此，可以表示为：

(所有)哺乳动物都是胎生的。

↓ ↓

有些哺乳动物 不是胎生的。

由 E 选项可以得知：鸭嘴兽是哺乳动物，但不是胎生的→有些哺乳动物不是胎生的，因此，本题答案选 E。

6. 学者张某说：“问题本身并不神秘，因与果不仅是哲学家的事。每个凡夫俗子一生之中都将面临许多问题，但分析问题的方法与技巧却很少有人掌握，无怪乎华尔街的大师们趾高气扬、身价百倍。”

以下哪项如果为真，最能反驳张某的观点？

A．有些凡夫俗子可能不需要掌握分析问题的方法与技巧。

B．有些凡夫俗子一生之中将要面临的问题并不多。

C．凡夫俗子中很少有人掌握分析问题的方法与技巧。

D．掌握分析问题的方法与技巧对多数人来说很重要。

E．华尔街的分析大师们大都掌握分析问题的方法与技巧。

解析：本题答案选 B。

题干形式化为“每个凡夫俗子一生之中都将面临许多问题＝所有凡夫俗子一生之中都(是)要面临许多问题(的)”。简单命题找矛盾的方法就是“主谓项一致，逻辑常项全部取反”，因此可以表示为：

所有凡夫俗子一生之中都(是)要面临许多问题(的)。

↓　　　　　　　　　　↓

有些　凡夫俗子一生之中　不是要面临许多问题(的)。

该命题的矛盾等价为“有些凡夫俗子一生之中不是将要面临许多问题的”，因此，本题答案选 B。

7. 已知“有的同学不是足球迷”为真，判断以下命题中有多少个不能确定真假：

(1) 所有同学都是足球迷。

(2) 所有同学都不是足球迷。

(3) 有的同学是足球迷。

(4) 张三同学不是足球迷。

(5) 张三同学是足球迷。

A. 1 个。　B. 2 个。　C. 3 个。　D. 4 个。　E. 5 个。

解析： 本题答案选 D。

根据题干“判断以下命题中有多少个不能确定真假”知，这是形式逻辑题，本题考查简单命题的推理关系。根据题干信息，可以得出“有的同学不是足球迷”为真。

<table>
<tr><td>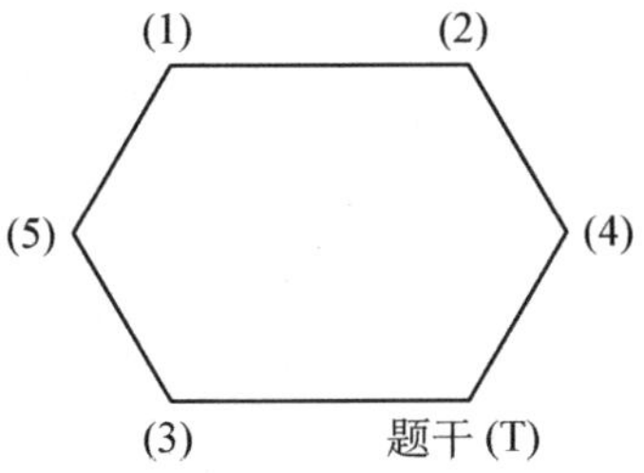
</td><td>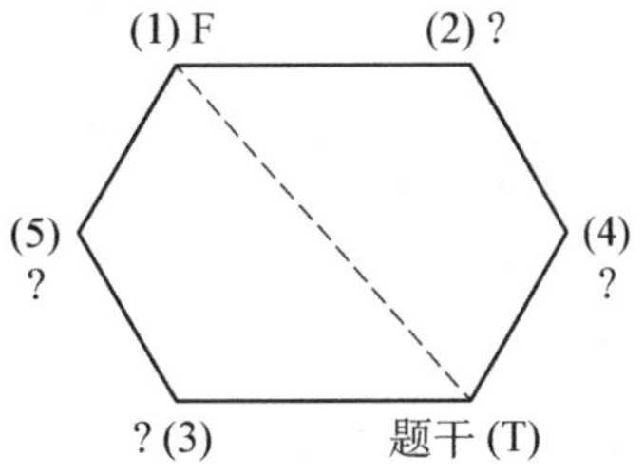
</td></tr>
<tr><td>第一步，确定题干命题的位置与真假(定位画图)</td><td>第二步，根据 20 字推理规则“上真推下真、下假推上假、对角是矛盾、其他不知道”，得出(1)为假，(2)、(3)、(4)、(5)不能确定真假，因此，不能确定真假的命题个数为 4，本题答案选 D。</td></tr>
</table>

8. 在中唐公司的中层干部中，王宜获得了由董事会颁发的特别奖。

如果上述断定为真，则以下哪项断定不能确定真假？

Ⅰ. 中唐公司的中层干部都获得了特别奖。

Ⅱ. 中唐公司的中层干部都没有获得特别奖。

Ⅲ. 中唐公司的中层干部中，有人获得了特别奖。

Ⅳ. 中唐公司的中层干部中，有人没有获得特别奖。

A. 只有Ⅰ。　B. 只有Ⅲ和Ⅳ。　C. 只有Ⅱ和Ⅲ。

D. 只有Ⅰ和Ⅳ。　E. Ⅰ、Ⅱ和Ⅲ。

解析： 本题答案选 D。

根据题干信息，可以得出“王宜获得了由董事会颁发的特别奖”为真。

<table>
<tr>
<td>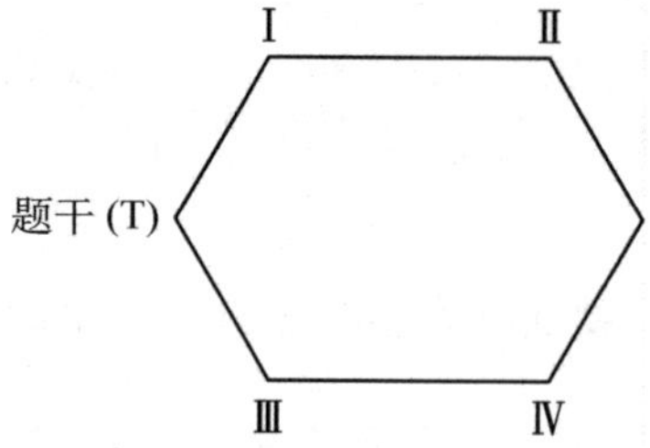
</td>
<td>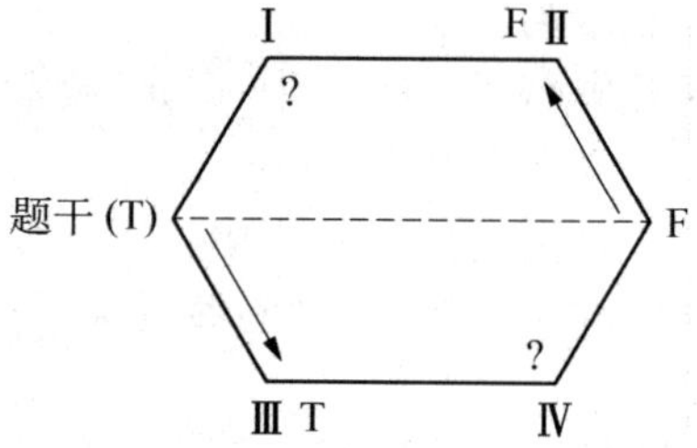
</td>
</tr>
<tr>
<td>第一步，确定题干命题的位置与真假（定位画图）</td>
<td>第二步，根据 20 字推理规则“上真推下真、下假推上假、对角是矛盾、其他不知道”，得出Ⅱ为假、Ⅲ为真，因此，不能确定真假的命题为Ⅰ和Ⅳ，本题答案选 D。</td>
</tr>
</table>

9. 近期国际金融危机对毕业生的就业影响非常大，某高校就业中心的陈老师希望广大同学能够调整自己的心态和预期。他在一次就业指导会上提到，有些同学对自己的职业定位还不够准确。

如果陈老师的陈述为真，则以下哪项不一定为真？

Ⅰ．不是所有人对自己的职业定位都准确。

Ⅱ．不是所有人对自己的职业定位都不够准确。

Ⅲ．有些人对自己的职业定位准确。

Ⅳ．所有人对自己的职业定位都不够准确。

A．仅Ⅱ和Ⅳ。　　B．仅Ⅲ和Ⅳ。　　C．仅Ⅱ和Ⅲ。

D．仅Ⅰ、Ⅱ和Ⅲ。　　E．仅Ⅱ、Ⅲ和Ⅳ。

解析：本题答案选 E。

根据题干“如果陈老师的陈述为真，则以下哪项不一定为真”知，这是形式逻辑题，本题考查简单命题的推理关系。根据题干信息，可以得出“有些同学对自己的职业定位还不够准确”为真。

<table>
<tr>
<td>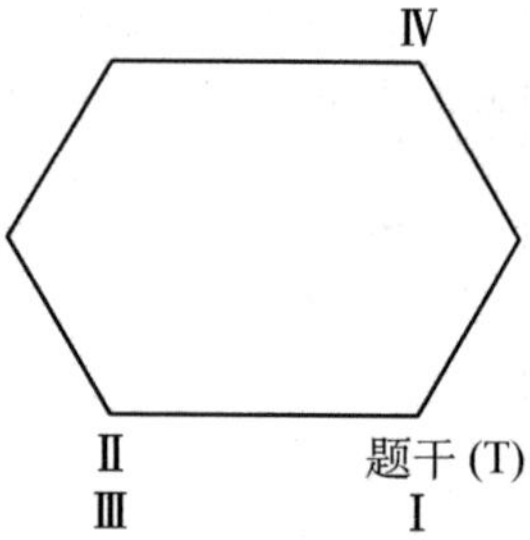
</td>
<td>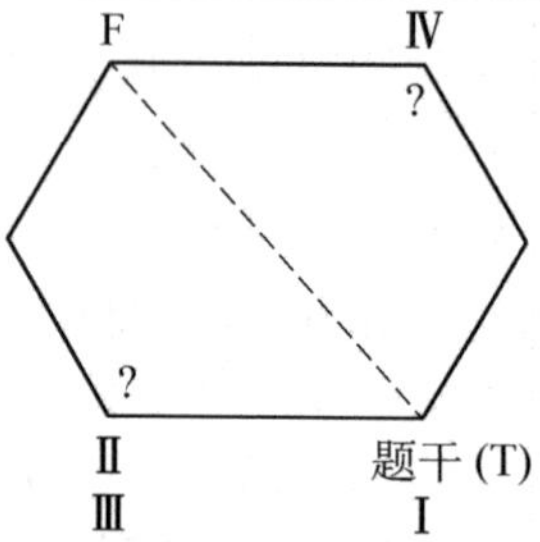
</td>
</tr>
<tr>
<td>第一步，确定题干命题的位置与真假（定位画图）</td>
<td>第二步，根据 20 字推理规则“上真推下真、下假推上假、对角是矛盾、其他不知道”，得出不能确定真假的命题为Ⅱ、Ⅲ和Ⅳ，本题答案选 E。</td>
</tr>
</table>

10. 某班有一位同学做了好事没留下姓名，他是甲、乙、丙、丁四人中的一个。当老师问他们时，他们分别这样说：

甲:“这件好事不是我做的。”

乙:“这件好事是丁做的。”

丙:“这件好事是乙做的。”

丁:“这件好事不是我做的。”

这四人中只有一个人说了真话,请你推出是谁做了好事?

A. 甲。　　B. 乙。　　C. 丙。

D. 丁。　　E. 不能推出。

解析: 本题答案选 A。

根据题干信息,可以得出:

(1) ¬甲;(2)丁;(3)乙;(4)¬丁。

显然,(2)与(4)为矛盾关系,必定一真一假,再根据“这四人中只有一个人说了真话”可以得出:真话必定在(2)与(4)中,那么(1)和(3)必定为假,(1)¬甲为假,那么,甲为真,因此,这件好事是甲做的,本题答案选 A。

注意: “¬”表示“非”,本书后面相同符号均表示“非”。

11. 甲、乙、丙和丁是同班同学。

甲说:“我们班的同学都是团员。”

乙说:“丁不是团员。”

丙说:“我班有人不是团员。”

丁说:“乙也不是团员。”

已知只有一人说假话,则可推出以下哪项断定是真的?

A. 说假话的是甲,乙不是团员。

B. 说假话的是乙,丙不是团员。

C. 说假话的是丙,丁不是团员。

D. 说假话的是丁,乙是团员。

E. 说假话的是甲,丙不是团员。

解析: 本题答案选 A。

根据题干信息,可以得出:

(1) 所有我班的同学都是团员;(2)¬丁;(3)有些人不是团员;(4)¬乙。

显然,(1)与(3)为矛盾关系,必定一真一假,再根据“这四人中只有一个人说了假话”可以得出:假话必定在(1)与(3)中,那么(2)和(4)必定为真,所以,¬乙、¬丁为真,那么乙和丁都不是团员,由此可以得出“(3)有些人不是团员”为真,那么(1)为假,因此,说假话的是甲,乙不是团员,本题答案选 A。

12. 小东在玩“勇士大战”游戏,进入第二关时,界面出现四个选项。第一个是“选择任意选项都需要支付游戏币”,第二个选项是“选择本项后可以得到额外游戏奖励”,第三个选项是“选择本项游戏后游戏不会进行下去”,第四个选项是“选择某个选项不需要支付游戏币”。

如果四个选项中的陈述只有一句为真,则以下哪项一定为真?

A. 选择任意选项都需要支付游戏币。

B. 选择任意选项都不需要支付游戏币。

C. 选择任意选项都不能得到额外游戏奖励。

D. 选择第二个选项后可以得到额外游戏奖励。

E．选择第三个选项后游戏能继续进行下去。

解析：本题答案选 E。

根据题干信息，可以得出：

(1) 所有选项都需要支付游戏币；

(2) 选择二后可以得到额外游戏奖励；

(3) 选择三后游戏不会进行下去；

(4) 有些选项不需要支付游戏币。

显然，(1)与(4)为矛盾关系，必定一真一假，再根据“四个选项中的陈述只有一句为真”可以得出：真话必定在(1)与(4)中，那么(2)和(3)必定为假，所以，“(2)选择二后可以得到额外游戏奖励”为假、“(3)选择三后游戏不会进行下去”为假，由此可以得出：选择二后得不到额外游戏奖励、选择三后游戏会进行下去，因此本题答案选 E。

13. 某律师事务所共有 12 名工作人员。

Ⅰ．有人会使用计算机；

Ⅱ．有人不会使用计算机；

Ⅲ．所长不会使用计算机。

上述三个判断中只有一个是真的，以下哪项正确表示了该律师事务所会使用计算机的人数？

A．12 人都会使用。　　B．仅有一人不会使用。　　C．12 人都不会使用。

D．仅有一人会使用。　　E．不能确定。

解析：本题答案选 A。

根据题干“上述三个判断中只有一个是真的，以下哪项正确表示了该律师事务所会使用计算机的人数”知，这是形式逻辑题，本题考查简单命题的真话假话推理。根据题干信息，可以得出：

(1) 有些人会使用计算机；(2)有些人不会使用计算机；(3)所长不会使用计算机。

显然，题干断定不存在矛盾关系，因此，使用“假设法”。

假设“(3)所长不会使用计算机”为真，那么可以推出“(2)有些人不会使用计算机”为真，此时至少有两个命题为真，与题干“上述三个判断中只有一个是真的”相违背，因此“(3)所长不会使用计算机”为假，由此可以得出：所长会使用计算机。

再由“所长会使用计算机”可以得出“(1)有些人会使用计算机”为真，由于“上述三个判断中只有一个是真的”，那么“(2)有些人不会使用计算机”为假，其矛盾“所有人都会使用计算机”为真，那么可以得出：12 人都会使用计算机，本题答案选 A。

14. 甲、乙、丙和丁进入某围棋邀请赛半决赛，最后要决出一名冠军。张、王和李三人对结果作了如下预测：

张：冠军不是丙；

王：冠军是乙；

李：冠军是甲。

已知张、王、李三人中恰有一人的预测正确，以下哪项为真？

A．冠军是甲。　　B．冠军是乙。　　C．冠军是丙。

D．冠军是丁。　　E．无法确定冠军是谁。

解析：本题答案选 D。

根据题干“已知张、王、李三人中恰有一人的预测正确，以下哪项为真”知，这是形式逻辑题，本题考查简单命题的真话假话推理。根据题干信息，可以得出：

(1) ¬丙；(2)乙；(3)甲。

显然，题干断定不存在矛盾关系，因此使用“假设法”。

假设“(3)甲”为真，那么可以推出“(1) ¬丙”为真，此时至少有两个命题为真，与题干“张、王、李三人中恰有一人的预测正确”相违背，因此“(3)甲”为假，由此可以得出：冠军不是甲。

同理，可以得出冠军不是乙；再假设“冠军是丙”，那么可以得出(1)、(2)、(3)均为假，与题干“张、王、李三人中恰有一人的预测正确”相违背，因此冠军不是丙；综上所述，冠军只能是丁，本题答案选 D。

3.7 课后习题

1. 并非不参加辅导班的同学都是不努力的。

下列哪项与上述命题含义相同？

A. 所有不参加辅导班的同学都不是不努力的。

B. 不参加辅导班的同学中有不努力的。

C. 有的不参加辅导班的同学是努力的。

D. 没有一个不参加辅导班的同学不是不努力的。

E. 有的参加辅导班的同学是不努力的。

2. 不必然任何经济发展都会导致生态恶化，但不可能有不阻碍经济发展的生态恶化。

以下哪项最为准确地表达了题干的含义？

A. 任何经济发展都不必然导致生态恶化，但任何生态恶化都必然阻碍经济发展。

B. 有的经济发展可能导致生态恶化，而任何生态恶化都可能阻碍经济发展。

C. 有的经济发展可能不导致生态恶化，但任何生态恶化都可能阻碍经济发展。

D. 有的经济发展可能不导致生态恶化，但任何生态恶化都必然阻碍经济发展。

E. 任何经济发展都可能不导致生态恶化，但有的生态恶化必然阻碍经济发展。

3. 人都不可能不犯错误，不一定所有人都会犯严重错误。

如果上述断定为真，则以下哪项一定为真？

A. 人都可能会犯错误，但有的人可能不犯严重错误。

B. 人都可能会犯错误，但所有的人都可能不犯严重错误。

C. 人都一定会犯错误，但有的人可能不犯严重错误。

D. 人都一定会犯错误，但所有的人都可能不犯严重错误。

E. 人都可能会犯错误，但有的人一定不犯严重错误。

4. 一把钥匙能打开天下所有的锁。这样的万能钥匙是不可能存在的。

以下哪项最符合题干的断定？

A. 任何钥匙都必然有它打不开的锁。

B. 至少有一把钥匙必然打不开天下所有的锁。

C. 至少有一把锁天下所有的钥匙都必然打不开。

D. 任何钥匙都可能有它打不开的锁。

E. 至少有一把钥匙可能打不开天下所有的锁。

5. 张经理在公司大会结束后宣布:“此次提出的方案得到一致赞同,全体通过。”会后,小陈就此事进行了调查,发现张经理所言并非是事实。

如果小陈的发现为真,以下哪项也必然为真?

A. 有少数人未发表意见。

B. 有些人赞同,有些人反对。

C. 至少有人不赞同。

D. 至少有人赞同。

E. 大家都不赞同。

6. 有球迷喜欢所有参赛球队。

如果上述断定为真,则以下哪项不可能为真?

A. 所有参赛球队都有球迷喜欢。

B. 有球迷不喜欢所有参赛球队。

C. 所有球迷都不喜欢某个参赛球队。

D. 有球迷不喜欢某个参赛球队。

E. 每个参赛球队都有球迷不喜欢。

7. 在 MBA 的“财务管理”课程期终考试后,班长想从老师那里打听成绩。班长说:“老师,这次考试不太难,我估计我们班同学们的成绩都在 70 分以上吧?”老师说:“你的前半句话不错,后半句话不对。”

根据老师的意思,下列哪项必为事实?

A. 多数同学的成绩在 70 分以上,有少数同学的成绩在 60 分以下。

B. 有些同学的成绩在 70 分以上,有些同学的成绩在 70 分以下。

C. 研究生的课程 70 分才算及格,肯定有的同学成绩不及格。

D. 这次考试太难,多数同学的考试成绩不理想。

E. 这次考试太容易,全班同学的考试成绩都在 80 分以上。

8. 某部门包括经理在内共 10 名人员,有关这 10 名人员在该公司的入股情况,以下三个断定中,只有一个是真的:

Ⅰ. 有人在该公司入股;

Ⅱ. 有人没在该公司入股;

Ⅲ. 经理没在该公司入股。

根据以上事实,则以下哪项是真的?

A. 10 名员工都入了股。

B. 10 名员工都没有入股。

C. 只有一人入了股。

D. 只有一人没有入股。

E. 无法确定入股人数。

9. 重点班有的同学迟到。

如果上述为真,则以下哪项不能判断真假?

Ⅰ. 此班所有同学都迟到;

Ⅱ. 此班有的同学没有迟到;

Ⅲ. 此班所有的同学都没有迟到。

A. 只有Ⅰ和Ⅱ。

B. 只有Ⅰ和Ⅲ。

C. 有Ⅰ、Ⅱ和Ⅲ。

D. 只有Ⅰ。

E. 只有Ⅱ和Ⅲ。

10. 你可以随时愚弄某些人。

假如以上属实,以下哪些判断必然为真?

Ⅰ. 张三和李四随时都可能被你愚弄;

Ⅱ. 你随时都想愚弄人;

Ⅲ. 你随时都可能愚弄人；

Ⅳ. 你只能在某些时候愚弄人；

Ⅴ. 你每时每刻都在愚弄人。

A. 只有Ⅲ。　　B. 只有Ⅱ。　　C. 只有Ⅰ和Ⅲ。

D. 只有Ⅱ、Ⅲ和Ⅳ。　　E. 只有Ⅰ、Ⅲ和Ⅴ。

11. 北方人不都爱吃面食，但南方人都不爱吃面食。

如果已知上述第一个断定真，第二个断定假，则以下哪项据此不能确定真假？

Ⅰ. 北方人都爱吃面食，有的南方人也爱吃面食；

Ⅱ. 有的北方人爱吃面食，有的南方人不爱吃面食；

Ⅲ. 北方人都不爱吃面食，南方人都爱吃面食。

A. 只有Ⅰ。　　B. 只有Ⅱ。　　C. 只有Ⅲ。

D. 只有Ⅱ和Ⅲ。　　E. Ⅰ、Ⅱ和Ⅲ。

12. 大多数独生子女都有以自我为中心的倾向，有些非独生子女同样有以自我为中心的倾向。以自我为中心倾向的产生有各种原因，但一个共同原因是缺乏父母的正确引导。

如果上述断定为真，则以下哪项一定为真？

A. 每个缺乏父母正确引导的家庭都有独生子女。

B. 有些缺乏父母正确引导的家庭有不止一个子女。

C. 有些家庭虽然缺乏父母正确引导，但子女并不以自我为中心。

D. 大多数缺乏父母正确引导的家庭都有独生子女。

E. 缺乏父母正确引导的多子女家庭，少于缺乏父母正确引导的独生子女家庭。

13. 在一次歌唱竞赛中，每一名参赛选手都有评委投了优秀票。

如果上述断定为真，则以下哪项不可能为真？

Ⅰ. 有的评委投了所有参赛选手优秀票；

Ⅱ. 有的评委没有给任何参赛选手投优秀票；

Ⅲ. 有的参赛选手没有得到一张优秀票。

A. 只有Ⅰ。　　B. 只有Ⅱ。　　C. 只有Ⅲ。

D. 只有Ⅰ和Ⅱ。　　E. 只有Ⅰ和Ⅲ。

14. 我想说的都是真话，但真话我未必都说。

如果上述断定为真，则以下各项都可能为真，除了(　　)

A. 我有时也说假话。

B. 我不是想啥说啥。

C. 有时说某些善意的假话并不违背我的意愿。

D. 我说的都是我想说的话。

E. 我说的都是真话。

15. 关于甲班体育达标测试，三位老师有如下预测：

张老师说："不会所有人都不及格。"

李老师说："有人会不及格。"

王老师说："班长和学习委员都能及格。"

如果三位老师中只有一人的预测正确，则以下哪项一定为真？

A. 班长和学习委员都没及格。　　B. 班长和学习委员都及格了。

C．班长及格，但学习委员没及格。

D．班长没及格，但学习委员及格了。

E．以上各项都不一定为真。

16. （1997.01）桌子上有四个杯子，每个杯子上写着一句话：第一个杯子："所有的杯子中都有水果糖。"第二个杯子："本杯中有苹果。"第三个杯子："本杯中没有巧克力。"第四个杯子："有些杯子中没有水果糖。"

如果其中只有一句真话，那么以下哪项为真？

A．所有的杯子中都有水果糖。

B．所有的杯子中都没有水果糖。

C．所有的杯子中都没有苹果。

D．第三个杯子中有巧克力。

E．第二个杯子中有苹果。

17. （2000.01）学校在为失学儿童义捐活动中收到两笔没有署真名的捐款，经过多方查找，可以断定是周、吴、郑、王中的某两位捐的。经询问，周说："不是我捐的。"吴说："是王捐的。"郑说："是吴捐的。"王说："我肯定没有捐。"最后经过详细调查证实四个人中只有两个人说的是真话。

根据已知条件，请你判断下列哪项可能为真。

A．是吴和王捐的。

B．是周和王捐的。

C．是郑和王捐的。

D．是郑和吴捐的。

E．是郑和周捐的。

18. 明天不必然下雨。

如果此表达真实，以下哪项与上述断定的意思最为接近？

A．明天必然不下雨。

B．明天可能下雨。

C．明天可能不下雨。

D．明天不可能下雨。

E．明天必然下雨。

19. 任何方法都是有缺陷的。在母语为非英语的外国学生中，如何公正合理地选拔合格的考生对于美国这样一个每年要吸收大量外国留学生的国家来说，目前实行的托福考试恐怕是所有带缺陷的方法中最好的方法了。

以下各项关于托福考试及其考生的断定都符合上述议论的含义，除了（　　）

A．大多数考生的实际水平与他们的考分是基本相符的。

B．存在低考分的考生，他们有较高的实际水平。

C．高分低能或低分高能现象的产生，是实际考试中操作失误所致。

D．存在高分的考生，他们并无相应的实际水平。

E．对美国来说，目前恐怕没有比托福考试更能使人满意的方法来测试外国考生的英语能力。

20. 不可能有足球爱好者不喜欢看球赛，但不一定所有足球爱好者都踢球，有的足球爱好者身体不好。

以下哪项最符合题干的断定？

A．足球爱好者都必然喜欢看球赛，但有的足球爱好者可能不踢球。

B．足球爱好者都必然踢球，爱看球赛的不一定都是足球爱好者。

C．足球爱好者都可能喜欢看球赛，非足球爱好者不一定不踢球。

D．喜欢看球赛的都可能是足球爱好者，踢球的可能不是足球爱好者。

E．不踢球的人都可能是身体不好的足球爱好者。

21. 孙先生的所有朋友都声称，他们知道某人每天抽烟至少两盒，而且持续了40年，但身体一直不错，不过可以确信的是，孙先生并不知道有这样的人，在他的朋友中也有像孙先生这样不知情的。

根据以上信息，最可能得出以下哪项？

A．抽烟的多少和身体健康与否无直接关系。

B．朋友之间的交流可能会夸张，但没有人想故意说谎。

C．孙先生的每位朋友知道的烟民一定不是同一个人。

D．孙先生的朋友中有人没有说真话。

E．孙先生的大多数朋友没有说真话。

22. 社区组织的活动有两种类型：养生型的和休闲型的。组织者对所有参加者的统计发现：社区老人有的参加了所有养生型的活动，有的参加了所有休闲型的活动。

按这个统计以下哪项一定为真？

A．社区组织的有些活动没有社区老人参加。

B．有些社区老人没有参加社区组织的任何活动。

C．社区组织的任何活动都有社区老人参加。

D．社区的中年人也参加了社区组织的活动。

E．有些社区老人参加了社区组织的所有活动。

23. 一对夫妻带着他们的一个孩子在路上碰到一个朋友。朋友问孩子："你是男孩还是女孩？"朋友没听清孩子的回答。孩子的父母中某一个说，我孩子回答的是"我是男孩"，另一个接着说："这孩子撒谎，她是女孩。"这家人中男性从不说谎，而女性从来不连续说两句真话，也不连续说两句假话。如果上述陈述为真，那么以下哪项一定为真？

Ⅰ．父母俩第一个说话的是母亲。Ⅱ．父母俩第一个说话的是父亲。Ⅲ．孩子是男孩。

A．只有Ⅰ。　　B．只有Ⅱ。　　C．只有Ⅰ和Ⅲ。

D．只有Ⅱ和Ⅲ。　　E．不能确定。

24. 人应对自己的正常行为负责，这种负责甚至包括因行为触犯法律而承受制裁。但是，人不应该对自己不可控制的行为负责。

以下哪项结论能从上述断定推出？

Ⅰ．人的有些正常行为会导致触犯法律；

Ⅱ．人对自己的正常行为有控制力；

Ⅲ．不可控制的行为不可能触犯法律。

A．只有Ⅰ。　　B．只有Ⅱ。　　C．只有Ⅲ。

D．只有Ⅰ和Ⅱ。　　E．Ⅰ、Ⅱ和Ⅲ。

课后习题参考答案

1．解析：本题答案选C。

根据题干信息知：先补全为：并非(所有)不参加辅导班的同学都　是不努力的。

↓　　　　　　　　　　↓

有些　不参加辅导班的同学　不是　不努力的。

因此，等价于"有的不参加辅导班的同学是努力的"，本题答案选C。

2. 解析：本题答案选 D。

不　必然　所有　经济发展　都(是)会导致生态恶化(的)，

↓　↓　↓

可能　有些　经济发展　不是　会导致生态恶化(的)，等价于“有的经济发展可能不导致生态恶化”；

不　可能有(些)生态恶化　不(是)阻碍经济发展(的)，

↓　↓　↓

必然　所有　生态恶化　是阻碍经济发展(的)，等价于“任何生态恶化都必然阻碍经济发展”。

综上所述，本题答案选 D。

3. 解析：本题答案选 C。

根据题干知：“人都不可能不犯错误”等同于“人都一定会犯错误”。

“不一定所有人都会犯严重错误”等同于“可能有的人不犯严重错误”，亦即“所有的人都可能不犯严重错误”。综上所述，本题答案选 C。

4. 解析：本题答案选 A。

根据题干信息：“一把钥匙能打开天下所有的锁，这样的万能钥匙是不可能存在的”=“一把能打开天下所有的锁的万能钥匙是不可能存在的”=“不可能存在一把钥匙能打开天下所有的锁”。再根据简单命题的翻译原则得出：(不)可能存在有些钥匙(是)能打开天下所有的锁(的)。

(不)可能　存在有些钥匙(是)能打开　所有的锁(的)。

↓　↓　↓　↓

必然　所有　钥匙　不是　能打开　有些　锁。

等价于“必然所有钥匙打不开有些锁”=“任何钥匙都必然有它打不开的锁”，因此本题答案选 A。

5. 解析：本题答案选 C。

根据题干信息可以得出：并非所有的人都赞同。因此可以改写为：

并非　所有　的人　都(是)赞同(的)。

↓　↓

有些　人　不是赞同(的)。因此，等价于“至少有人不赞同”，本题答案选 C。

6. 解析：本题答案选 C。

根据题干“如果上述断定为真，则以下哪项不可能为真”知，这是形式逻辑题，本题考查命题的矛盾。本题题干断定，有球迷喜欢所有参赛球队。其矛盾命题可以表示成：

有些　球迷　是　喜欢　所有　参赛球队(的)。

↓　↓　↓

所有　球迷　不是　喜欢有些参赛球队(的)。由上述断定可以推出，不存在这样的参赛球队，所有球迷都不喜欢该球队。因此，如果题干的断定为真，则选项 C 不可能为真。

7. 解析：本题答案选 C。

根据题干信息，可以得出“这次考试不太难”为真，“所有我们班同学们的成绩都在 70 分以上”为假，那么其矛盾“有些我们班同学们的成绩在70分以下”为真。

A选项	根据题干可以得出“有些我们班同学们的成绩在70分以下”，但不确定是否“有些我们班同学们的成绩在60分以下”，不能确定真假，不选
B选项	根据题干可以得出“有些我们班同学们的成绩在70分以下”，但不必然推出“有些同学的成绩在70分以上”，不能确定真假，不选
C选项	根据题干可以得出“有些我们班同学们的成绩在70分以下”，为真，选C
D选项	题干未涉及“同学的考试成绩理想与否”，属于无关选项，不选
E选项	根据题干可以得出“有些我们班同学们的成绩在70分以下”，因此，不可能“全班同学的考试成绩都在80分以上”，该选项为假，不选

技巧点拨：“有些S是P”不必然推出“有些S不是P”。

8. 解析：本题答案选A。

根据题干信息，可以得出：

(1) 有些人在该公司入股；

(2) 有些人没在该公司入股；

(3) 经理没在该公司入股。

显然，题干断定不存在矛盾关系，因此使用“假设法”。

假设“(3)经理没在该公司入股”为真，那么可以推出“(2)有些人没在该公司入股”为真，此时至少有两个命题为真，与题干“上述三个判断中只有一个是真的”相违背，因此“(3)经理没在该公司入股”为假，由此可以得出：经理在该公司入股。

再由“经理在该公司入股”可以得出“(1)有些人在该公司入股”为真，由于“上述三个判断中只有一个是真的”，那么“(2)有些人没在该公司入股”为假，其矛盾“所有人都在该公司入股”为真，那么可以得出：10名员工都入了股，本题答案选A。

9. 解析：本题答案选A。

根据题干“如果上述为真，则以下哪项不能判断真假”知，这是形式逻辑题，本题考查简单命题的推理关系。根据题干信息，可以得出“重点班有的同学迟到”为真。

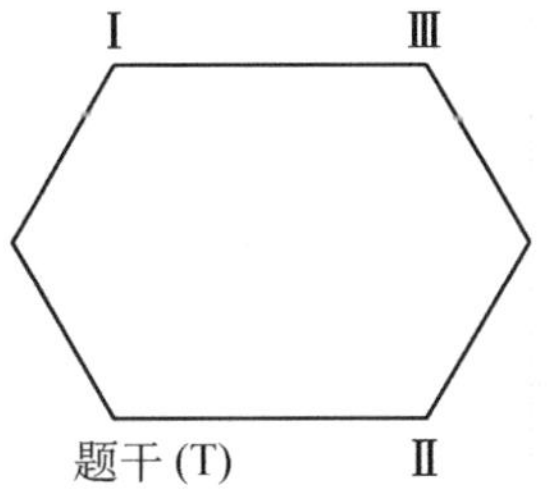	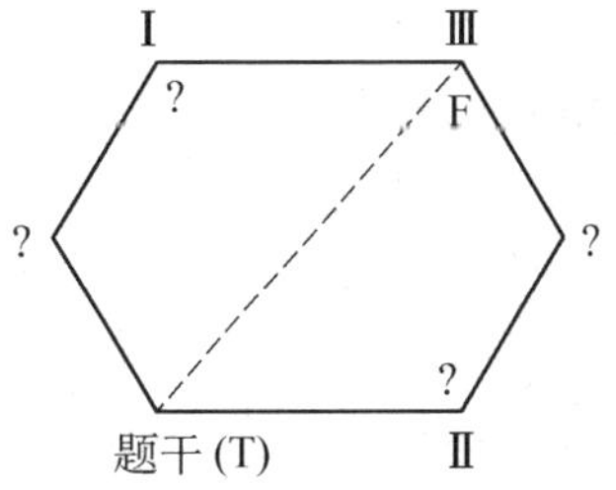
第一步，确定题十命题的位置与真假(定位画图)	第二步，根据20字推理规则“上真推下真、下假推上假、对角是矛盾、其他不知道”，得出不能确定真假的命题为Ⅰ和Ⅱ，本题答案选A。

10. 解析：本题答案选 A。

根据题干“假如以上属实，以下哪些判断必然为真”知，这是形式逻辑题，本题考查简单命题的推理关系。根据题干信息“你可以随时愚弄某些人”，可以得出“你经常具有愚弄某些人的能力”，其中“某些人”是一个确定的集合，比如张明、李芳、王鹏。

Ⅰ选项	“被愚弄的人”是张三或李四，则不能确定，不必然为真，不选
Ⅱ选项	“愚弄某些人”并不代表“想愚弄人”，不必然为真，不选
Ⅲ选项	“你随时都可能愚弄人”为真，并没有关心被愚弄的人是谁，只要有一个人就行，是上述确定集合的人当然可以。因此，由题干（具有能力）可以推出Ⅲ（行为发生），必然为真
Ⅳ选项	题干表示可以“随时”愚弄某些人，而不是“只能在某些时候”愚弄某些人，为假，不选
Ⅴ选项	“可以愚弄某些人”并不代表“随时随地愚弄人”，不必然为真，不选

综上所述，只有Ⅲ必然为真，因此本题答案选 A。

11. 解析：本题答案选 D。

根据题干知：“北方人不都爱吃面食”等同于“有的北方人不爱吃面食”。

<table>
<tr>
<td>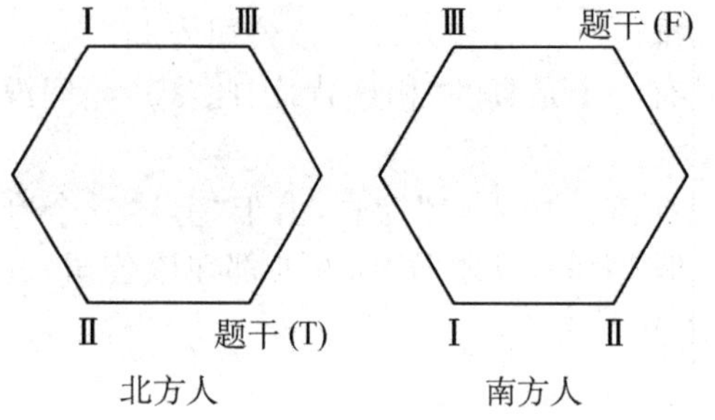
</td>
<td>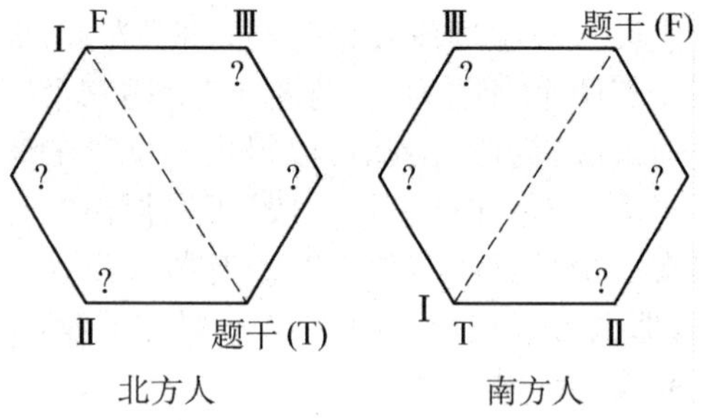
</td>
</tr>
<tr>
<td>第一步，确定题干命题的位置与真假（定位画图）</td>
<td>第二步，根据 20 字推理规则“上真推下真、下假推上假、对角是矛盾、其他不知道”，得出Ⅱ和Ⅲ不能确定真假，因此本题答案选 D。</td>
</tr>
</table>

12. 解析：本题答案选 B。

题干信息形式化为：

（1）有些独生子女有以自我为中心的倾向；

（2）有些非独生子女有以自我为中心的倾向；

（3）所有有以自我为中心的倾向的人都缺乏父母的正确引导。

A 选项	“有些独生子女缺乏父母的正确引导”显然推不出“每个缺乏父母正确引导的家庭都有独生子女”，不选
B 选项	“有些非独生子女缺乏父母的正确引导”等价于“有些缺乏父母的正确引导的是非独生子女”，“非独生子女”显然家里不止一个孩子，可以由题干推出，选 B

C 选项	“独生子女有以自我为中心的倾向”与“非独生子女有以自我为中心的倾向”的具体比例无法确定，不选
D 选项	“有些”是一个特称，无法推出具体数据，不选
E 选项	“独生子女有以自我为中心的倾向”与“非独生子女有以自我为中心的倾向”的具体比例无法确定，不选

13. 解析：本题答案选 C。

根据题干信息“如果上述断定为真，则以下哪项不可能为真”知，本题是形式逻辑题，本题考查直言命题的推理。题干信息形式化为：每一名参赛选手都有评委投了优秀票＝所有参赛选手都有评委投的优秀票。

Ⅰ选项	“所有参赛选手都有评委投的优秀票”不必然推出“有的评委投了所有参赛选手优秀票”，因此，该选项可能为真
Ⅱ选项	“所有参赛选手都有评委投的优秀票”，但同时也可能出现某些评委不投优秀票的情况，因此，该选项可能为真
Ⅲ选项	由题干知“所有参赛选手都有评委投的优秀票”，其矛盾是“有的参赛选手没有得到一张优秀票”，所以，该选项为假

综上所述，三个副选项只有Ⅲ一定为假，所以本题答案选 C。

14. 解析：本题答案选 C。

根据题干知，“则以下各项都可能为真，除了”＝不可能为真＝一定为假。

“我想说的都是真话”＝所有我想说的都是真话；

“真话我未必都说”＝真话我可能不都说——注意：未必＝可能不。

A 选项	“所有我想说的都是真话”，但是也可能会违心地说一些假话，可能为真，不选
B 选项	“我不是想啥说啥”没有涉及真话假话，可能为真，不选
C 选项	“有时说某些善意的假话并不违背我意愿”实际上告诉我们“我想说的都是真话，并不违背我意愿的都是真话”，那么说任何假话，包括善意的假话都不是我想说的，所以不可能为真，选 C
D 选项	“我说的都是我想说的话”没有涉及真话假话，可能为真，不选
E 选项	“我说的都是真话”显然与“所有我想说的都是真话”不矛盾，可能为真，不选

技巧点拨：“主观”与“客观”之间不可互推，即“我**想说**的是真话”不等于“我说的是真话”。

15. 解析：本题答案选 A。

根据题干信息，可以得出：

(1) 有些人会及格；(2) 有些人会不及格；(3) 班长和学习委员都及格。

显然，题干断定不存在矛盾关系，因此使用“假设法”。

假设“(3)班长和学习委员都及格”为真，那么可以推出“(1)有些人会及格”为真，此时至少有两个命题为真，与题干“三位老师中只有一人的预测正确”相违背，因此“(3)班长和学习委员都及格”为假，由此可以得出：班长和学习委员至少有一个不及格。

再由“班长和学习委员至少有一个不及格”可以得出“(2)有些人会不及格”为真，由于“上述三个判断中只有一个是真的”，那么“(1)有些人会及格”为假，其矛盾“所有人都会不及格”为真，那么可以得出：班长和学习委员都没及格，本题答案选 A。

16. 解析：本题答案选 D。

根据题干信息，可以得出：

(1) 所有的杯子中都有水果糖；(2) 苹果在第二个杯子中；

(3) 巧克力不在第三个杯子中；(4) 有些杯子中没有水果糖。

显然，(1)和(4)为矛盾关系，必定一真一假，再根据“其中只有一句真话”可以得出：真话必定在(1)和(4)中，那么(2)和(3)必定为假，由第二个杯子上的话“苹果在第二个杯子中”为假，可知苹果不在第二个杯子中；由第三个杯子上的话“本杯中没有巧克力”为假，可知“第三个杯子中有巧克力”为真。综上所述，本题答案选 D。

17. 解析：本题答案选 C。

根据题干信息，可以得出：

(1) ¬周；(2)王；(3)吴；(4)¬王。

很显然，(2)与(4)为矛盾关系，必定一真一假，再根据“四个人中只有两句真话”可以得出(1)和(3)必定为一真一假，那么可以有两种情况：(1)为真、(3)为假，或者(1)为假、(3)为真。假设“(1)为假、(3)为真”，那么可以得出是周、吴捐款；假设“(1)为真、(3)为假”，得出周和吴皆未捐款，那么只能是王、郑捐款。综上所述，符合题意的只有 C。

技巧点拨：对于“二真二假”题，很可能是“矛盾法＋假设法”的联合使用。

18. 解析：本题答案选 C。

根据“不必然”＝“可能不”进行同性替换，得到“明天可能不下雨”为准确表达，因此选 C。

19. 解析：本题答案选 C。

本题属于“语义分析型”。根据题干信息可知：(1)任何方法都是有缺陷的；(2)目前实行的托福考试恐怕是所有带缺陷的方法中最好的方法了。

A 选项	题干论证未涉及“实际水平与他们的考分是基本相符的”，可能为真，不选
B 选项	题干论证未涉及“低考分高能力的考生”，可能为真，不选
C 选项	该选项强调托福考试的缺陷并非方法设计上的问题，而是实际操作中的失误，与题干表述“任何方法都是有缺陷的”不一致，选 C
D 选项	题干论证未涉及“高考分低能力的考生”，可能为真，不选
E 选项	该选项与题干“目前实行的托福考试恐怕是所有带缺陷的方法中最好的方法了”表达一致，符合题干表达，不选

20. 解析：本题答案选 A。

根据题干“以下哪项最符合题干的断定”知，这是形式逻辑题，本题考查简单命题的等价。根据题干信息可以得出：(1)不可能有足球爱好者不喜欢看球赛。

＝不 可能 有些 足球爱好者不(是)喜欢看球赛(的)。

↓ ↓ ↓

必然 所有 足球爱好者 是 喜欢看球赛(的)。排除 B、C、D、E。

(2) 不一定所有足球爱好者都踢球＝[不] 必然 所有 的足球爱好者都是踢球(的)。

↓ 必然→可能，所有→有些，是→不是

可能 有些 足球爱好者 不是 踢球(的)。

因此,本题答案选 A。

21. 解析:本题答案选 D。

根据题干“根据以上信息,最可能得出以下哪项”知,这是形式逻辑题,本题考查简单命题推理。根据题干条件可知:

(1)“孙先生的有些朋友在不知情的情况下,声称了……”,即“有的 S 不是 P”;

(2) 而题干开头说“孙先生的所有朋友都声称……”,即“所有的 S 都是 P”。

显然,(1)与(2)是矛盾关系,必有一假,因此可以推出孙先生的有些朋友没有说真话,即本题答案选 D。

22. 解析:本题答案选 C。

根据题干“按这个统计以下哪项一定为真”知,这是形式逻辑题,本题考查简单命题推理。根据题干条件可知:

(1) 老人有的参加了所有养生型的活动,说明所有的养生活动有老人参与;

(2) 有的参加了所有休闲型的活动,说明所有休闲活动有老人参与。

然而,养生和休闲活动正好组成了社区所有活动,所以社区组织的所有活动必定有老人参与,因此,本题答案选 C。

23. 解析:本题答案选 A。

根据题干信息:(1)第一个说,我孩子的回答是“我是男孩”;(2)第二个说,孩子撒谎,孩子是女孩;(3)男性从不说谎,而女性说的话一真一假。

假设父母俩第一个说话的是父亲,则第二个说话的是母亲。由于这家人中男性从不说谎,因此,由父亲说的话可推知,孩子的回答确实是“我是男孩”。如果孩子是男孩,则母亲连续说了两句假话;如果孩子是女孩,则母亲连续说了两句真话。这与题干的断定矛盾。因此,假设不成立,即父母俩第一个说话的不是父亲,而是母亲,即Ⅰ项为真,Ⅱ项为假。因为父母俩第二个说话的是父亲,又男性都说真话,因此事实上孩子是女孩,即Ⅲ项为假。综上所述,本题答案选 A。

24. 解析:本题答案选 D。

由题干信息“以下哪项结论能从上述断定推出”知,本题是形式逻辑题,本题考查的是复合命题推理规则。题干断定:(1)人应对自己的正常行为负责＝如果这个行为是正常行为,那么一定要负责,即正常行为→负责;(2)人不应该对自己不可控制的行为负责＝如果这个行为不可控制,那么不负责任,即不可控→不负责。

Ⅰ选项	由(1)表明,正常行为里面包括“触犯法律而承受制裁的行为”,因此得出“有些正常行为会导致触犯法律”,因此,该选项为真
Ⅱ选项	本选项比较隐晦,根据(2)不可控→不负责＝负责→可控,再根据(1)正常行为→负责,联立得:正常行为→负责→可控,因此,Ⅱ选项可以从题干推出
Ⅲ选项	“有些正常行为会导致触犯法律”并不代表“不可控制的行为不可能触犯法律”,Ⅲ项不一定能推出

综上所述,三个副选项只有Ⅰ和Ⅱ为真,所以本题答案选 D。

第四章 三段论

4.1 三段论的基本概念

4.1.1 三段论的定义

三段论，也称为直言三段论，是由包含着一个共同词项的两个直言命题为前提，推出另一个直言命题作为结论的推理。如所有金属都是导电的，铜是金属，因此铜是导电的。

一个直言三段论都有并且只有三个不同的词项。这三个词项分别叫作中项、小项和大项。中项是指在两个前提中都出现而在结论中不出现的词项，用 M 表示，如上例中的“金属”。小项和大项在联考中不作要求，因此本章略。

中项的特点是有一个词项在两句作为前提的判断中都出现，起到桥梁作用，以使另外两个只出现一次的词项建立起联系。逻辑学将前提出现两次而结论不出现的这个词项称为“中项”。例如：

凡科学都是有用的；凡社会科学都是科学。所以，凡社会科学都是有用的。

该推理中“科学”在两句前提中各出现一次，但在结论中不出现，所以“科学”是中项。

课堂练习： 判断以下三段论的中项：

(1) 所有人都会死，苏格拉底是人，因此苏格拉底会死。

(2) 有些自然物品具有审美价值，所有的艺术品都有审美价值，因此有些自然物品也是艺术品。

答案： (1)中项是“人”；(2)中项是“有审美价值”。

4.1.2 周延规则

在进行三段论推理时，要注意词项的**周延性规则**。

是否周延：要看在一个判断中，词项(主项和谓项)的外延是否全部被涉及，如果全部被涉及，则该词项是周延的，否则是不周延的。在简单判断中，词项是否周延的判断依据如下：

主项是否周延，根据判断的范围。全称判断主项周延，特称判断主项不周延，单称判断主项只有一个，所以规定单称判断的主项周延。

例如：“所有金属都是导电的”中的“金属”周延；“有些人是教师”中的“人”不周延；“华盛顿可能是美国首都”中的“华盛顿”周延。

谓项是否周延根据判断的性质，肯定不周延，否定周延。

例如：“有些植物都不是动物”中的“动物”周延；“所有中国人都是亚洲人”中的“亚洲人”不周延。

注意：对于词项周延性判定，首先要将判断的性质和范围确定。

小练习：说明下列判断中主、谓项的周延性：

(1) 中国是亚洲国家。
(2) 没有中国人是黑皮肤的。
(3) 并非有些鸟不会飞。
(4) 中国人是勤劳勇敢的。
(5) 所有的动物都不是单细胞的生物。
(6) 他不是好人。
(7) 并非星期一是星期二。
(8) 所有的上海人都来自南方。
(9) 一些美国人不是黑人。
(10) 我不是教师。
(11) 有少数人不是很乐意。

答案：(9)和(11)的主项不周延，其他所有判断的主项都周延；(1)、(3)、(4)、(8)的谓项不周延，其他判断的谓项都周延。

4.2 三段论的基本规则

三段论的基本规则表明，并不是所有满足"是由包含着一个共同词项的两个直言命题为前提，推出另一个直言命题作为结论的推理"，都是有效的推理，还必须满足一定的推理规则，才能构成一个有效的三段论。

(1) 在一个三段论中，必须有而且只能有三个不同的概念。

例如：我国的大学是分布于全国各地的，复旦大学是我国的大学，所以复旦大学是分布于全国各地的。

这个就是一个典型的"四概念错误"，第一个"我国的大学"是指所有大学，第二个"我国的大学"是指复旦大学，是大学之一，不符合规则(1)。

(2) 中项在前提中至少必须周延一次，本规则简称为"中周规则"。

例如：所有的和尚是理光头的，陈佩斯是理光头的，所以陈佩斯是和尚。

中项是"理光头的"，均为肯定句的谓项，不周延，不符合规则(2)。

(3) 词项如果在前提中不周延，那么在结论中也不得周延；也就是说结论中周延的词项在前提中必须周延。本规则简称为"后周前周规则"。

例如：运动员需要努力锻炼身体，我不是运动员，所以我不需要努力锻炼身体。

"努力锻炼身体"在前提中不周延，但是"努力锻炼身体"在结论中周延，不符合规则(3)。

(4) 两个否定前提不能推出有效的结论；前提之一是否定的，结论也应当是否定的；结论是否定的，前提之一必须是否定的，本规则简称为"双否无结规则"。

例如：一切有神论者都不是唯物主义者，某人不是有神论者，所以某人不是唯物主义者。

前提为两个否定句，推不出有效的结论，不符合规则(4)。

(5) 两个特称前提不能得出有效的结论；前提之一是特称的，结论必然是特称的，本规则简称为"双特无结规则"。

例如：有的同学是运动员，有的运动员是影星，所以，有的同学是影星。

前提为两个特称句，推不出有效的结论，不符合规则(5)。

4.3 补充三段论

如果已知三段论的一个前提和结论，问"需要补充哪一个前提可以推出题干结论"，这类试题我们称之为"补充三段论"。

补充三段论的本质是一种充分性假设。充分假设是指：论证已知一些条件和结论，但是从已有条件不能推出结论，需要补充条件，当该条件为真时，论证的结论就必然被推出。充分假设是否正确采取的验证方法是肯定验证法：将被选项与题干已知的条件相结合，然后根据相应逻辑规则进行推导，当推导能够得到题干已知结论时，该被选项就是正确的答案。

上述肯定验证法一般形式是：已知论证条件 1、2 等，又已知论证结论 3，问补充什么前提才可以得到结论 3。正确的选项若是 A，则 A 需要满足：(A＋1＋2)→3。

4.4　欧拉图法

对于欧拉图的解题技巧，笔者总结有以下解题套路。

（1）只需要画："所有 S 都是 P"与"所有 S 都不是 P"两种情况，碰到"有些"最后再通过填小三角的方式进行填补，"有小三角的地方一定有该概念，没有小三角的地方未知，有小三角的地方不确定是否有该概念的补集"。

（2）两种画图方式的补充(见表 4－1)。

表 4－1　欧拉图解题示意

所有 S 都是 P	所有 S 都不是 P	有些 S 是 P
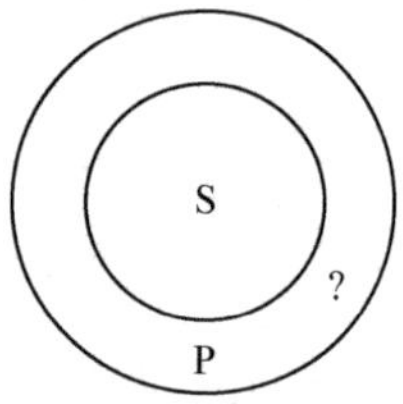 ? 表示：S 能否等于 P?	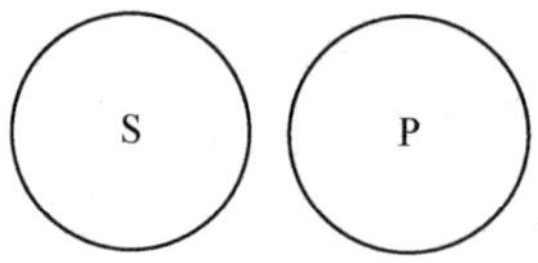	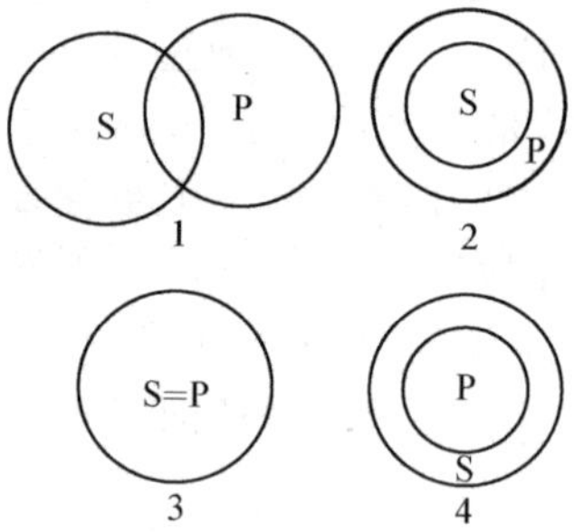
"所有 S 都是 P"不必然推出"所有 P 都是 S"	"所有 S 都不是 P"可以推出"所有 P 都不是 S"	"有些 S 是 P"可以推出"有些 P 是 S"

4.5　三段论比较结构

三段论的结构比较非常简单，只要掌握以下步骤。

（1）比较肯定、否定句。

一般来说比较结论就够了，如果题干结论是肯定句，那么结论是否定句的选项肯定就不类似。

（2）比较中项位置。

中项位置大致来说只有三种情况：两前、两后和一前一后。

注意一前一后和一后一前是无区别的，因为前提的顺序可以随意调换。

（3）比较结论中的主项在前提中的位置。

在前两个步骤比较完后，如果还有两个以上选项与题干类似，才需要步骤(3)。

考生需要确定题干和选项的结论中的主项是出现在前提中什么命题(肯定还是否定、全称还是特称)的什么位置(主项还是谓项),是否一致,不一致则不类似。

4.6 本章例题精讲

1. 有的外科医生是协和医科大学八年制的博士毕业生,所以有些协和八年制的博士毕业生有着精湛的医术。

以下哪项必须为真,才能够保证上述结论正确?

A. 有的外科医生具有精湛的医术。

B. 并非所有的外科医生都医术精湛。

C. 所有医术精湛的医生都是协和八年制的博士毕业生。

D. 所有的外科医生都具有精湛的医术。

E. 有的外科医生不是协和的博士。

解析: 本题的题型为"三段论补充前提"。关于三段论补充前提,需要充分利用三段论规则进行推理,本类题型主要采取"排除法"。主要解题步骤如下:

第一步:三个不同的概念两两重复,因此没有出现的两个概念就一定出现在需要补充的前提句中;

第二步:根据"双特无结"和"双否无结"的规则,来排除选项;

第三步:使用"周延规则":"中项至少周延一次"和"词项如果在前提中不周延,那么在结论中也不得周延",来排除选项。

三段论补充前提的方法一般采用排除法:

(1) 三个概念,且两两重复,所以选项中必须有"外科医生"和"有精湛的医术"两个概念	排除 C、E
(2) 双特无结	排除 A、B

注意:"并非所有的外科医生都医术精湛"="有的外科医生没有精湛的医术"。因此,本题答案选 D。

2. 有些低碳经济是绿色经济,因此低碳经济都是高技术经济。

以下哪项如果为真,最能反驳上述论证?

A. 绿色经济都不是高技术经济。

B. 绿色经济有些是高技术经济。

C. 有些低碳经济不是绿色经济。

D. 有些绿色经济不是低碳经济。

E. 低碳经济就是绿色经济。

解析: 本题需要"最能反驳上述论证",那么,补充一个条件如果得到的是题干结论的矛盾,无疑对题干是很强的反驳,题干结论"低碳经济都是高技术经济"的矛盾是"有些低碳经济不是高技术经济",相当于前提 A+(需要补充的前提)→题干结论的矛盾,剩下的过程可以按照上面的规则解答:

(1) 三个概念,且两两重复,所以选项中必须有"绿色经济"和"高技术经济"两个概念	排除 C、D、E
(2) 双特无结	排除 B

因此,本题答案选 A。

3. 所有参加此次运动会的选手都是身体强壮的运动员,所有身体强壮的运动员都是极少生病的,但是有一些身体不适的选手参加了此次运动会。

以下哪项不能从上述前提中得出?

A. 有些身体不适的选手是极少生病的。

B. 有些极少生病的选手感到身体不适。

C. 参加此次运动会的选手都是极少生病的。

D. 极少生病的选手都参加了此次运动会。

E. 有些身体强壮的运动员感到身体不适。

解析: 本题答案选 D。

根据题干信息"以下哪项不能从上述前提中得出"知,本题是形式逻辑题,本题考查欧拉图。

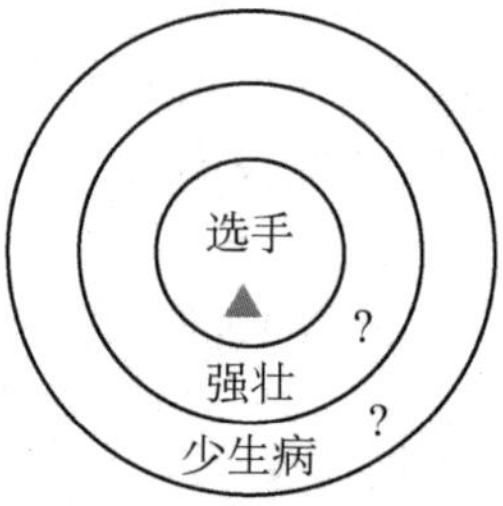

▲ 表示:身体不适的选手

由题干信息可以得出如上欧拉图,由此可以得出:

A 选项	由题干知,"极少生病的运动员"中存在"身体不适的选手",可以推出,不选
B 选项	由"有些身体不适的选手是极少生病的"可以推出"有些极少生病的选手感到身体不适",可以推出,不选——该选项的原理就是"有些 S 是 P"等价于"有些 P 是 S"
C 选项	由题干知,"所有参加此次运动会的选手都是极少生病的",可以推出,不选
D 选项	由题干知,"所有参加此次运动会的都是极少生病的"不必然推出"极少生病的选手都参加了此次运动会",不选——该选项的原理就是"所有的 S 都是 P"不必然推出"所有的 P 都是 S",选 D
E 选项	由题干知,"身体强壮的运动员"中存在"身体不适的选手",可以推出,不选

4. 去年 4 月,股市出现了强劲反弹,某证券部通过对该部股民持仓品种的调查发现,大多数经验丰富的股民都买了小盘绩优股,所有年轻的股民都选择了大盘蓝筹股,而所有买了小盘绩优股的股民都没有买大盘蓝筹股。

如果上述情况为真,则以下哪项关于该证券部股民的调查结果也必定为真?

Ⅰ. 有些年轻的股民是经验丰富的股民。

Ⅱ. 有些经验丰富的股民没买大盘蓝筹股。

Ⅲ. 年轻的股民都没买小盘绩优股。

A. 只有Ⅱ。　　B. 只有Ⅰ和Ⅱ。　　C. 只有Ⅱ和Ⅲ。
D. 只有Ⅰ和Ⅲ。　　E. Ⅰ、Ⅱ和Ⅲ。

解析：本题答案选 C。

根据题干信息，可以画出如下图形：

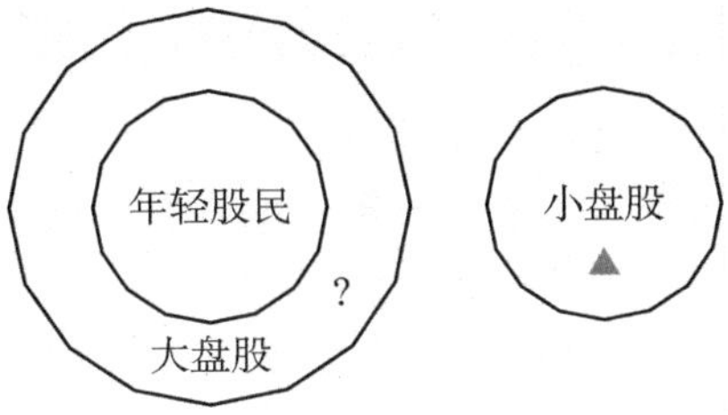

▲ 表示：经验丰富的股民

Ⅰ	年轻股民的圈内没有三角，即年轻股民中未必存在经验丰富的股民，不一定为真，不选
Ⅱ	“经验丰富的股民”与“大盘蓝筹股”之间没有交集，所以，Ⅱ一定为真
Ⅲ	“年轻的股民”与“小盘绩优股”之间没有交集，所以，Ⅲ一定为真

综上所述，三个副选项只有Ⅱ和Ⅲ为真，因此本题答案选 C。

5. 除了吃川菜，张涛不吃其他菜肴。所有林村人都爱吃川菜，川菜的特点为麻辣香，其中有大量的干鲜辣椒、花椒、大蒜、姜、葱、香菜等调料。大部分吃川菜的人都喜好一边吃川菜，一边喝四川特有的盖碗茶。

如果上述断定为真，则以下哪项一定为真？

A. 所有林村人都爱吃麻辣香的食物。　　B. 所有林村人都喝四川出产的茶。
C. 大部分林村人喝盖碗茶。　　D. 张涛喝盖碗茶。
E. 张涛是四川人。

解析：本题答案选 A。

根据题干信息，可以得出如下欧拉图：

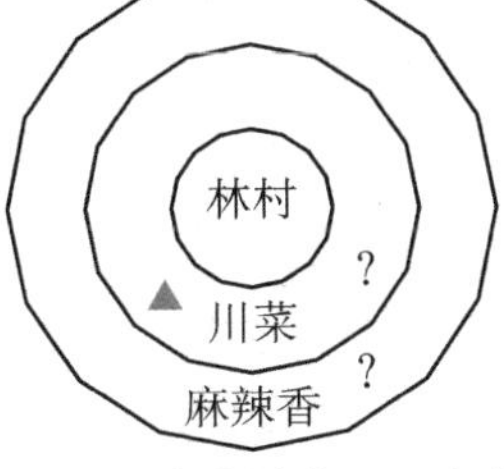

▲ 表示：一边吃川菜，一边喝盖碗茶

A 选项	由题干知，“林村人”这个概念在“麻辣香的食物”这个概念之内，可以从题干推出，选 A——注意“川菜的特点为麻辣香”=“所有的川菜都麻辣香”
B 选项	由题干知，“大部分吃川菜的人都喜好一边吃川菜，一边喝四川特有的盖碗茶”，但是“林村人”在“吃川菜的人”中所占的比例未知，无法推出，不选

续表

C 选项	“林村人”在“吃川菜的人”中所占的比例未知，无法推出，不选
D 选项	由题干知，“大部分吃川菜的人都喜好一边吃川菜，一边喝四川特有的盖碗茶”，张涛只是喜欢川菜的人之一，无法推出，不选
E 选项	张涛只是喜欢川菜的人之一，且“喜欢吃川菜”与“四川人”没有必然联系，无法推出，不选

6. 有些具有优良效果的护肤化妆品是诺亚公司生产的。所有诺亚公司生产的护肤化妆品都价格昂贵，而价格昂贵的护肤化妆品无一例外地受女士们的信任。

以下各项都能从题干的断定中推出，除了(　　)

A. 受到女士们信任的护肤化妆品中，有些实际效果并不优良。

B. 有些效果优良的护肤化妆品受到女士们信任。

C. 所有诺亚公司生产的护肤化妆品都受到女士们信任。

D. 有些价格昂贵的护肤化妆品是效果优良的。

E. 所有被女士们不信任的护肤化妆品价格都不昂贵。

解析：本题答案选 A。

根据题干信息，可以得出如下欧拉图：

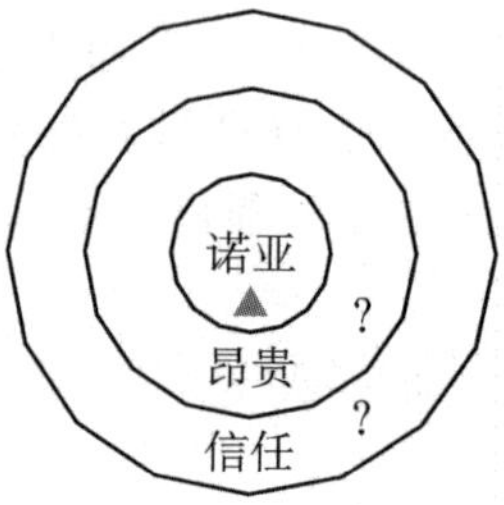

▲ 表示：效果良好的

A 选项	由题干知，“受到女士们信任的护肤化妆品中，有些实际效果优良”，但不必然推出“有些实际效果并不优良”，选 A
B 选项	由题干知，信任的圈内存在“效果优良的护肤品”，可以得出，不选
C 选项	由题干知，诺亚在信任的圈内，可以得出，不选
D 选项	由题干知，昂贵的圈内存在“效果优良的护肤品”，可以得出，不选
E 选项	由题干知，“信任”圈外的护肤品都是不昂贵的，可以得出，不选

7. 金属都是导电的，铜是导电的，所以铜是金属。

下面哪项与上述推理结构最相似？

A. 所有的鸟都是卵生动物，蝙蝠不是卵生动物，所以蝙蝠不是鸟。

B. 所有的鸟都是卵生动物，天鹅是鸟，所以天鹅是卵生动物。

C. 所有从事工商管理的都要学习企业管理，老陈是学习企业管理的，所以老陈是从事工商管理工作的。

D. 只有精通市场营销理论，才是一个合格的市场营销经理，老张精通市场营销理论，所以老张一定是合格的市场营销经理。

E．华山险于黄山，黄山险于泰山，所以华山险于泰山。

解析：本题答案选 C。

根据题干“下面哪项与上述推理结构最相似”知，这是形式逻辑题，本题考查三段论比较结构。

题干为肯定句，中项是“导电的”，属于双后。

A 选项	否定句，与题干结构不类似，不选
B 选项	肯定句，中项是“鸟”，属于一前一后，与题干结构不类似，不选
C 选项	肯定句，中项是“学习企业管理”，属于双后，与题干结构类似，选 C
D 选项	“只有……才……”属于复合命题的逻辑连接词，而三段论是针对“简单命题”而言，与题干结构不类似，不选
E 选项	肯定句，中项是“黄山”，属于一前一后，与题干结构不类似，不选

8.“有些自然物品具有审美价值，所有的艺术品都有审美价值，因此有些自然物品也是艺术品。”

以下哪个推理在结构上所犯的逻辑错误与题干推理相类似？

A．有些有神论者是佛教徒，所有的基督教徒都不是佛教徒，所以有些有神论者不是基督教徒。

B．有些牙科医生喜欢烹饪，李进是牙科医生，所以李进喜欢烹饪。

C．有些南方人喜欢吃辣椒，所有南方人都习惯吃大米，因此有些习惯吃大米的人爱吃辣椒。

D．有些进口货是假货，所有国内组装的彩电都不是进口货，所以有些国内组装的彩电不是假货。

E．有些研究生拥有了汽车，所有大款都有汽车，所以有些研究生也是大款。

解析：本题答案选 E。

根据题干“以下哪个推理在结构上所犯的逻辑错误与题干推理相类似”知，这是形式逻辑题，本题考查三段论比较结构。题干为肯定句，中项是“有审美价值”，属于双后。

A 选项	否定句，与题干结构不类似，不选
B 选项	肯定句，中项是“牙科医生”，属于一前一后，与题干结构不类似，不选
C 选项	肯定句，中项是“南方人”，属于双前，与题干结构不类似，不选
D 选项	否定句，与题干结构不类似，不选
E 选项	肯定句，中项是“汽车”，属于双后，与题干结构类似，选 E

9. 所有名词是实词，动词不是名词，所以动词不是实词。

以下哪项推理与上述推理在结构上最为相似？

A．凡细粮都不是高产作物。因为凡薯类都是高产作物，凡细粮都不是薯类。

B．先进学生都是遵守纪律的，有些先进学生是大学生，所以大学生都是遵守纪律的。

C．铝是金属，又因为金属都是导电的，所以铝是导电的。

D．虚词不能独立充当句法成分，介词是虚词，所以介词不能独立充当句法成分。

E．实词能独立充当句法成分，连词不能独立充当句法成分，所以连词不是实词。

解析：本题答案选 A。

根据题干“以下哪项推理与上述推理在结构上最为相似”知，这是形式逻辑题，本题考查三段论比较结构。本题注意前提与结论句的顺序问题，出现了结论句前置的情况。题干为否定句，中项是“名词”，属于一前一后，结论中的主项是“动词”，在前提中作为否定句的主项。

A 选项	否定句，中项是“薯类”，属于一前一后，结论中的主项是“细粮”，在前提中作为否定句的主项，与题干结构类似，选 A
B 选项	肯定句，与题干结构不类似，不选
C 选项	肯定句，与题干结构不类似，不选
D 选项	否定句，中项是“虚词”，属于一前一后，结论中的主项是“介词”，在前提中作为肯定句的主项，与题干结构不类似，不选
E 选项	否定句，中项是“独立充当句法成分”，属于双后，与题干结构不类似，不选

4.7 课后习题

1. 有些阔叶树是常绿植物，因此阔叶树都不生长在寒带地区。

以下哪项如果为真，最能反驳上述结论？

A．有些阔叶树不生长在寒带地区。

B．常绿植物都生长在寒带地区。

C．寒带某些地区不生长常绿植物。

D．常绿植物都不生长在寒带地区。

E．常绿植物不都是阔叶树。

2. 有些高校教师具有海外博士学位，所以有些海外博士具有很高的水平。

以下哪项能够保证上述论断的准确？

A．所有高校教师都具有很高的水平。

B．并非所有的高校教师都有很高的水平。

C．有些高校教师具有很高的水平。

D．所有水平高的教师都具有海外博士学位。

E．有些高校教师没有海外博士学位。

3. 某些理发师留胡子。因此，某些留胡子的人穿白衣服。

下述哪项如果为真，足以佐证上述论断的正确性？

A．某些理发师不喜欢穿白衣服。

B．某些穿白衣服的理发师不留胡子。

C．所有理发师都穿白衣服。

D．某些理发师不喜欢留胡子。

E．所有穿白衣服的人都是理发师。

4. 在某次综合性学术年会上，物理学会作学术报告的人都来自高校；化学学会作学术报告的人有些来自高校，但是大部分来自中学；其他作学术报告者均来自科学院。来自高校的学术报告者都具有副教授以上职称，来自中学的学术报告者都具有中高级以上职称。李默、张嘉参加了这次综合性学术年会，李默并非来自中学，张嘉并非来自高校。

以上陈述如果为真，可以得出以下哪项结论？

A．张嘉如果作了学术报告，那么他不是物理学会的。

B．张嘉不具有副教授以上职称。

C．李默不是化学学会的。

D．张嘉不是物理学会的。

E．李默如果作了学术报告，那么他不是化学学会的。

5. 翠竹的大学同学都在某德资企业工作，溪兰是翠竹的大学同学。涧松是该德资企业的部门经理。该德资企业的员工有些来自淮安。该德资企业的员工都曾到德国研修，他们都会说德语。

以下哪项可以从以上陈述中得出？

A．涧松来自淮安。

B．溪兰会说德语。

C．翠竹与涧松是大学同学。

D．涧松与溪兰是大学同学。

E．翠竹的大学同学有些是部门经理。

6. 有关部委负责人表示，今年将在部分地区进行试点，为全面清理“小产权房”作制度和政策准备。要求各地对农村集体土地进行确权登记发证，凡是小产权房均不予确权登记，不受法律保护。因此，河西村的这片新建房屋均不受法律保护。

以下哪项如果为真，最能削弱上述论证？

A．河西村的这片新建房屋已经得到相关部门的默许。

B．河西村的这片新建房屋都是小产权房。

C．河西村的这片新建房屋均建在农村集体土地上。

D．河西村的这片新建房屋有些不是建在农村集体土地上。

E．河西村的这片新建房屋有些不是小产权房。

7. 有些通信网络维护涉及个人信息安全，因而不是所有通信网络的维护都可以外包。

以下哪项可以使上述论证成立？

A．所有涉及个人信息安全的都不可以外包。

B．有些涉及个人信息安全的不可以外包。

C．有些涉及个人信息安全的可以外包。

D．所有涉及国家信息安全的都不可以外包。

E．有些通信网络维护涉及国家信息安全。

8. 一位房地产信息员通过对某地的调查发现：护城河两岸房屋的租金都比较廉价；廉租房都坐落在凤凰山北麓；东向的房屋都是别墅；非廉租房不可能具有廉价的租金；有些单室套的两限房建在凤凰山北麓；别墅都建在凤凰山南麓。

根据该房地产信息员的调查，以下哪项不可能存在？

A．东向的护城河两岸的房屋。

B．凤凰山北麓的两限房。

C．单室套的廉租房。

D．护城河两岸的单室套。

E．南向的廉租房。

9. 所有文学爱好者都爱好诗词，所有诗词爱好者对中国历史都有较深的了解。有些数学爱好者同时也爱好文学。所有痴迷于游戏机者对中国历史都不甚了解，有些未成年人痴迷于游戏机。

如果上述断定都是真的，以下哪项也一定是真的？

A. 有些数学爱好者不了解中国历史。

B. 有些未成年人不是文学爱好者。

C. 有些数学爱好者是痴迷于游戏机者。

D. 有些痴迷于游戏机者爱好文学。

E. 有些文学爱好者不爱好数学。

10. 翔云中学每个学生都会选择参加学校的社团，所有参加围棋社团的都参加了象棋社团，因此有些参加声乐社团的没有参加围棋社团。

为使上述论证成立，以下哪些断定是必须假设的？

A. 所有参加象棋社团的都参加了声乐社团。

B. 所有参加声乐社团的都参加了象棋社团。

C. 所有参加象棋社团的都没参加声乐社团。

D. 有些参加声乐社团的参加了象棋社团。

E. 有些没参加象棋社团的参加了声乐社团。

11. 所有男演员都是精力充沛的人。所有精力充沛的人都是性格外向的人。但是，仍然有一些害羞的人是男演员。

如果上面的陈述是正确的，下面除了哪一项之外也都是正确的？

A. 有些害羞的人也是性格外向的人。

B. 有些害羞的性格外向的人不是男演员。

C. 有些精力充沛的男演员是害羞的人。

D. 并非所有性格不外向的人都是男演员。

E. 有些性格外向的人是害羞的人。

12～13 题基于以下题干：

所有安徽来京打工人员，都办理了暂住证；所有办理了暂住证的人员，都获得了就业许可证；有些安徽来京打工人员当上了门卫；有些业余武术学校的学员也当上了门卫；所有的业余武术学校的学员都未获得就业许可证。

12. 如果上述断定都是真的，则除了以下哪项，其余的断定也必定是真的？

A. 所有安徽来京打工人员都获得了就业许可证。

B. 没有一个业余武术学校的学员办理了暂住证。

C. 有些安徽来京打工人员是业余武术学校的学员。

D. 有些门卫没有就业许可证。

E. 有些门卫有就业许可证。

13. 以下哪个人的身份，不可能符合上述题干所作的断定？

A. 一个获得了就业许可证的人，但并非是业余武术学校的学员。

B. 一个获得了就业许可证的人，但没有办理暂住证。

C. 一个办理了暂住证的人，但并非是安徽来京打工人员。

D. 一个办理了暂住证的业余武术学校的学员。

E. 一个门卫，他既没有办理暂住证，又不是业余武术学校的学员。

课后习题参考答案

1. 解析：本题答案选 B。

根据题干“以下哪项如果为真，最能反驳上述结论”知，这是形式逻辑题，本题考查三段论补充前提。有些阔叶树是常绿植物，因此阔叶树都不生长在寒带地区。

三段论里有三个概念，每个概念重复两次，因此，补充的这句话含有**常绿植物**和**寒带地区**，排除 A、E；根据“两句肯定前提只能得出肯定的结论”这个规则知，如果补充的是肯定句，那么得出的结论一定是肯定句，而题干中的结论是否定，对其进行了反驳，所以本题答案选 B。

2. 解析：本题答案选 A。

三段论补充前提的方法一般采用排除法：

(1) 三个概念，且两两重复，所以选项中必须有“高校教师”和“具有很高的水平”两个概念	排除 D、E
(2) 双特无结	排除 B、C

注意：“并非所有的高校教师都有很高的水平”=“有的高校教师没有很高的水平”。

因此，本题答案选 A。

3. 解析：本题答案选 C。

三段论补充前提的方法一般采用排除法：

(1) 三个概念，且两两重复，所以选项中必须有“理发师”和“穿白衣服”两个概念	排除 B、D
(2) 双特无结	排除 A
(3) 中项“理发师”至少周延一次	排除 E

因此，本题答案选 C。

4. 解析：本题答案选 A。

由题干信息可以得出如下欧拉图，根据题干中“李默并非来自中学，张嘉并非来自高校”可以推知：

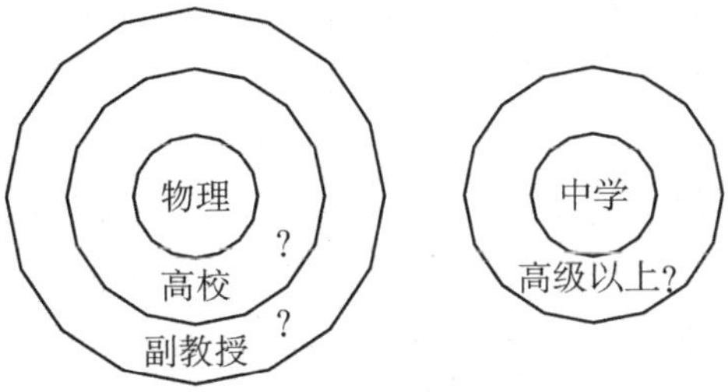

A 选项	“张嘉如果作了学术报告”+“张嘉并非来自高校”可以得出：他不是物理学会的，可以推出，选 A
B 选项	由上图知“不来自高校”也可能“具有副教授以上职称”，无法推出，不选
C 选项	“化学学会作学术报告的”并非都来自中学，无法推出，不选
D 选项	题干中“物理学会**作学术报告的**都来自高校”，“张嘉并非来自高校”只能推出他不是来自“物理学会作报告的”，而不是他“不是物理学会的”，偷换了概念，无法推出，不选
E 选项	“化学学会作学术报告的”并非都来自中学，无法推出，不选

5. 解析：本题答案选 B。

根据题干信息“以下哪项可以从以上陈述中得出”知，本题是形式逻辑题，本题考查欧拉图。由题干信息可以得出如下欧拉图：

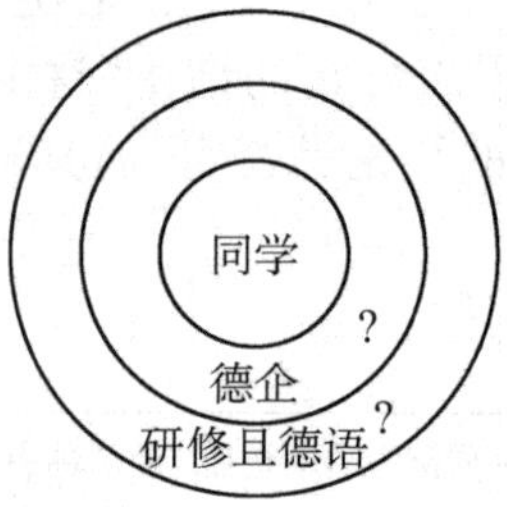

由上图知：翠竹的大学同学都在某德资企业工作，溪兰是翠竹的大学同学，该德资企业的员工都会说德语。推知：溪兰是该德企员工，也会说德语，因此本题答案选 B。

6. 解析：本题答案选 E。

根据题干"以下哪项如果为真，最能削弱上述论证＋逻辑连接词"知，这是形式逻辑题，本题考查三段论补充前提。对于形式逻辑而言，最强的削弱就是"找矛盾"，如果能得出题干的矛盾，无疑是最强削弱，那么得出结论"河西村的这片新建房屋有些是受法律保护的＝有些河西村的新建房屋是受法律保护的"，所以题干形式化为：所有的小产权房均不受法律保护＋（　　）→有些河西村的新建房屋是受法律保护的；接下来使用"三段论补充前提"的一般方法——排除法：

（1）三个概念，且两两重复，所以选项中必须有"小产权房"和"河西村的这片新建房屋"两个概念	排除 A、C、D
（2）双否无结	排除 B

因此，本题答案选 E。

技巧点拨：本题较难，由于"双否无结"中否定概念具有相对性，本题就是假设"不受法律保护"为肯定，那么与之对应的"受法律保护"的即为否定概念，因此需要补充一个否定句。

7. 解析：本题答案选 A。

根据题干"以下哪项可以使上述论证成立"知，这是形式逻辑题，本题考查三段论补充前提。

题干为有些通信网络维护涉及个人信息安全，推出有的通信网络的维护不可以外包。

由排除法结合三段论推理规则可迅速解题。首先，根据两特无结排除 B、C、E；然后，根据中项"涉及个人信息安全"至少周延一次，排除 E。所以选 A。

8. 解析：本题答案选 A。

根据题干信息"根据该房地产信息员的调查，以下哪项不可能存在"知，本题是形式逻辑题，本题考查欧拉图。由题干信息可以得出如下欧拉图：

A 选项	由上图知"东向的房屋"和"护城河两岸的房屋"之间全异，因此不可能从题干推出，选 A
B 选项	在"凤凰山北麓的房屋"中存在"两限房"，因此可能存在，不选
C 选项	"廉租房"与"单室套的房屋"之间可能有交集，可能没有交集，不选
D 选项	"护城河两岸的房屋"与"单室套的房屋"之间可能有交集，可能没有交集，不选
E 选项	"廉租房"与"南向的房屋"之间可能有交集，可能没有交集，不选

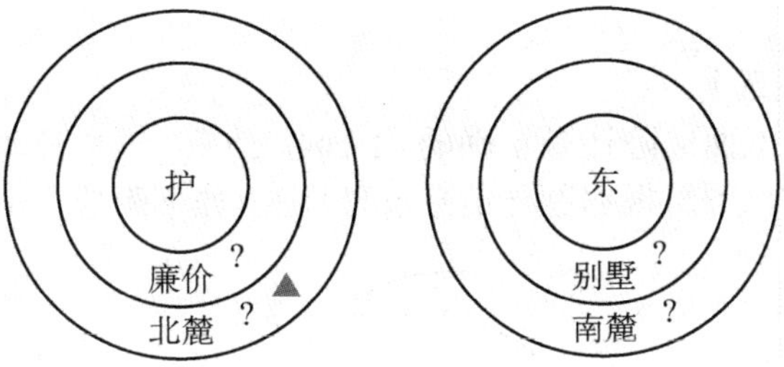

▲ 表示：单室套的两限房

9. 解析：本题答案选 B。

根据题干信息"如果上述断定都是真的，以下哪项也一定是真的"知，本题是形式逻辑题，本题考查欧拉图。

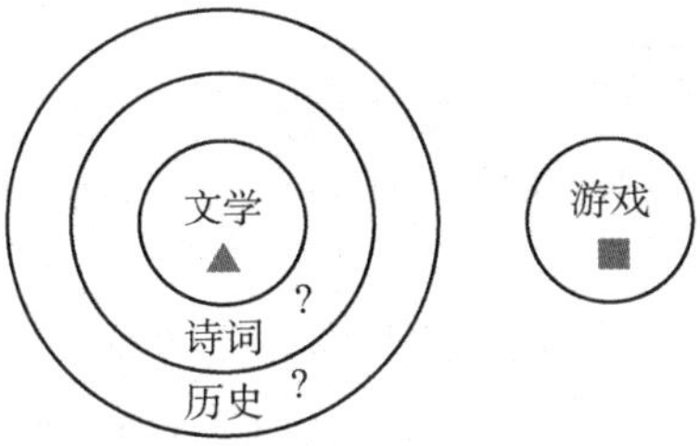

▲ 表示：数学爱好者　■ 表示：未成年人

由题干信息可以得出如上欧拉图，由此可以得出：

A 选项	由题干知，"有些了解历史的是数学爱好者"，但是推不出"有些数学爱好者不了解中国历史"，不选
B 选项	由题干知，"不是文学爱好者"范围内存在"未成年人"这个概念，因此得出"有些未成年人不是文学爱好者"，选 B
C 选项	由题干知，"有些数学爱好者不痴迷于游戏机"，不必然推出"有些数学爱好者是痴迷于游戏机者"，不选
D 选项	由题干知，"所有痴迷于游戏机者不爱好文学"，因此该选项为假，不选
E 选项	由题干知，"有些文学爱好者是数学爱好者"，不必然推出"有些文学爱好者不爱好数学"，不选

10. 解析：本题答案选 E。

根据题干信息"为使上述论证成立，以下哪些断定是必须假设的"知，本题是形式逻辑题，本题是充分条件假设中的"三段论补充前提"。三段论补充前提的方法一般采用排除法。

根据题干信息知："所有参加**围棋社团**的都参加了**象棋社团**，因此有些参加**声乐社团**的没有参加**围棋社团**。"

(1)三个概念，且两两重复，所以选项中必须有"象棋社团""声乐社团"	各个选项均满足
(2)双特无结/双否无结，所以要补充的必定是否定句	排除 A、B、D
(3)中项至少周延一次，所以"象棋社团"至少周延一次	排除 C

因此，本题答案选 E。

11. 解析： 本题答案选 B。

根据题干信息“如果上面的陈述是正确的，下面除了哪一项之外也都是正确的”知，本题是形式逻辑题，本题考查欧拉图。根据题干信息，可以画出如下图形：

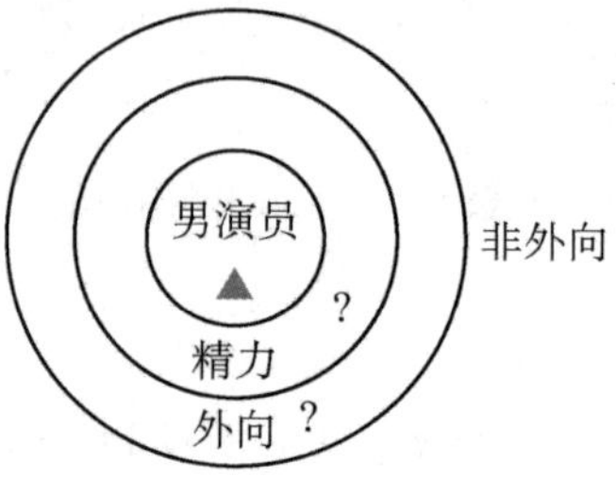

▲ 表示：害羞的人

A 选项	由题干知，“外向的人”中存在“害羞的人”，不选
B 选项	由题干知，“有些害羞的性格外向的人是男演员”，不必然推出“有些害羞的性格外向的人不是男演员”，选 B
C 选项	由题干知，“精力充沛的男演员”中存在“害羞的人”，不选
D 选项	由题干知，“性格不外向的都不是男演员”，该选项的意思是“有些性格不外向的不是男演员”，与题干不冲突，不选
E 选项	由题干知，“性格外向的人”中存在“害羞的人”，不选

12. 解析： 本题答案选 C。

根据题干信息“如果上述断定都是真的，则除了以下哪项，其余的断定也必定是真的”知，本题是形式逻辑题，本题考查欧拉图。根据题干信息，可以画出如下图形：

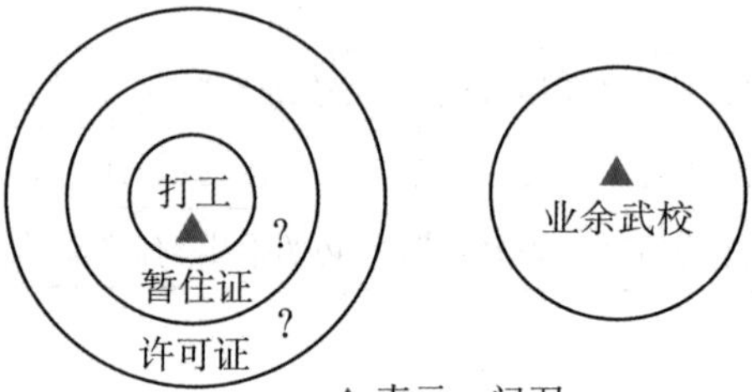

▲ 表示：门卫

A 选项	由题干知“所有安徽来京打工人员都获得了就业许可证”，一定为真，不选
B 选项	由题干知“所有业余武术学校的学员都办理了暂住证”，一定为真，不选
C 选项	由题干知“安徽来京打工人员”与“业余武术学校的学员”之间没有交集，选 C
D 选项	由题干知“就业许可证”的圈外有门卫，因此可以得出“有些门卫没有就业许可证”，不选
E 选项	由题干知“就业许可证”的圈内有门卫，因此可以得出“有些门卫有就业许可证”，不选

13. 解析：本题答案选 D。

根据题干信息“以下哪个人的身份，不可能符合上述题干所作的断定”知，本题是形式逻辑题，本题考查欧拉图。根据题干信息与上述欧拉图，可以得出：

A 选项	由题干知“所有获得了就业许可证的学员都不是业余武术学校的学员”，该选项一定为真，不选
B 选项	由题干知“所有办理了暂住证的人员都获得了就业许可证”，但获得了就业许可证的人也可能没有办理暂住证，该选项可能为真，不选
C 选项	由题干知“所有安徽来京打工人员都办理了暂住证”，但办理了暂住证的人也可能不是安徽来京打工人员，该选项可能为真，不选
D 选项	由题干知“所有办理了暂住证的学员都不是业余武术学校的学员”，所以该选项一定为假，选 D
E 选项	其他职业仍旧有可能存在门卫，该选项可能为真，不选

第五章　复合命题

5.1　复合命题的判别与分类

有逻辑连接词的命题，我们称之为复合命题，如果没有逻辑连接词，则称之为简单命题。常见逻辑连接词有：既……又……、如果……就……、只有……才……、除非……否则……、或者……或者……、只要……就……，等等。

根据逻辑连接词的含义，复合判断分为三种：**联言判断、选言判断、假言判断**。每种类型内部又有简单的区别。其中，假言判断在逻辑考试试题中涉及最多，并且作为分析推理的基础，所占分值最多，也最重要，而联言判断和选言判断则相对简单，但容易和其他知识点复合考查。

近年来，直接考查推理规则的试题在考试中所占的比例有下降的趋势，但仍旧是形式逻辑中最重要的考点。值得注意的是，近年来综合推理的考查越来越多，而综合推理的基础就是"假言三大推理规则"与选言命题的"否推肯规则"等，因此本章知识点仍旧是复习与备考的重中之重。

5.2　联言命题

5.2.1　联言命题的识别

"联言判断"中的联，和数学条件充分性判断中"联立"的联的意义一致，都是同时满足的意思。例如，条件(1)与条件(2)联立即表示：既满足条件(1)，又满足条件(2)。

联言判断是断定几种事物情况同时为真的复合判断，标准形式是"P 并且 Q"(符号表示为 $P \wedge Q$)。一个联言判断是真的，当且仅当联言肢判断都是真的，也就是说，联言肢判断只要有一个是假的，联言判断就是假的。

须强调的是，在日常语言中，表述联言判断的连接词是最丰富的，如"不仅 P，而且 Q""虽然 P，但是 Q"等。具体而言，日常语言的以下三种情况，其逻辑含义实质都是联言关系：

(1) 表示**并列**的。例如，他是工程师，并且我也是工程师。

(2) 表示**转折**的。例如，他非常有钱，可是他过得并不幸福。

(3) 表示**递进**的。例如，中国队不仅进入了世界杯，而且还打进了四强。

此外，还有一种情况是特殊的联言：当一个命题中没有逻辑连接词，而两句话之间采用"，"连接，例如：他是工程师，我也是工程师＝他是工程师，并且我也是工程师。

5.2.2　联言命题的真假判断

联言判断的逻辑涵义是联言肢都真，联言判断才真，因此联言判断的关系包括：联言判断与联言肢判断的关系；联言判断的否定。

表 5-1　联言命题的真假判断

P(联言肢)	Q(联言肢)	P∧Q(联言命题)
T	T	T
T	F	F
F	T	F
F	F	F

联言命题的判断：**全真为真，有假即假**(见表 5-1)。

P∧Q 为真，那么一定能推得 P 为真并且 Q 为真。

5.3　选言命题

5.3.1　选言命题的识别

选言判断分为两种情况：相容选言和不相容选言。

相容选言是断定几种事物情况至少有一种存在的复合判断。选言判断的标准形式是“P 或者 Q”(符号表示为 P∨Q)；相容选言判断为真时，选言肢判断至少有一真，也可以都真(这就是相容的含义)。也就是说，相容选言判断只有在选言肢判断都是假的情况下才假，在其余情况下都是真的。表示相容选言判断的连接词包括：**或者……或者……、也许……也许……、可能……可能……、至少……。**

不相容选言判断的逻辑连接词主要有四个：要么……要么……、择一……、必居其一……、不是……就是……，其余的选言均是相容选言。不相容选言判断中的肢判断有**且只有一个是真的**。

或者看电影，或者打游戏，二者必居其一。(不相容选言)

或者看电影，或者打游戏，二者至少其一。(相容选言)

由于不相容选言判断的相关试题较少，所以，本书所指出的“选言判断”，除非特殊说明，都是指“相容选言判断”。

5.3.2　选言命题的真假判断

选言判断分为相容选言和不相容选言，其真假判别也存在一定区别，具体如表 5-2。

表 5-2　选言命题的真假判断

P(选言肢)	Q(选言肢)	P∨Q(相容选言)	P∀Q(不相容选言)
T	T	T	F
T	F	T	T
F	T	T	T
F	F	F	F

相容选言的真假判断规则：有真即真，全假为假。

不相容选言的真假判断规则：有且仅有一真为真。

5.3.3 选言命题的否推肯——"否定必肯定"

选言命题推理是前提中有一个选言命题，并根据选言命题的逻辑性质进行的推理。根据选言命题种类的不同，选言命题推理可以分为相容选言推理和不相容选言推理。

相容选言的否推肯——**"否定必肯定，肯定不确定"**。

相容选言推理有两条规则：

(1) 否定一部分选言肢，则推出肯定另一部分选言肢。(简称为"否定肯定式")

(2) 肯定一部分选言肢，不能推出否定另一部分选言肢。

不相容选言推理是前提中有一不相容选言命题，并根据不相容选言命题与其肢命题之间的真假制约关系所进行的推理。

不相容选言推理公式：

要么P，要么Q		要么P，要么Q
既然P	或	既然非P
所以，非Q		所以，Q

不相容选言推理有两条规则：

(1) 否定一个选言肢，则推出肯定未被否定的那个选言肢。

(2) 肯定一个选言肢，就要否定其余的选言肢。

5.3.4 联言与相容选言的矛盾

一般情况下，联言的矛盾是选言，选言的矛盾是联言，例如：

"$P \wedge Q$的矛盾"可以表示为：$\overline{P \wedge Q} = \overline{P} \vee \overline{Q}$。

该法则类似于数学中的摩根定律，有一个口诀：**"长横变短横，符号要反向。"**

例如，"张先生在公司里既做销售又做财务工作"为假，等价于"张先生在公司里或者不做财务工作或者不做销售工作"，这是选言判断。所以，联言判断的否定等于选言判断，即：并非$(P \wedge Q)$ = (并非P) $\vee$ (并非Q)。

5.4 假言命题

5.4.1 假言命题的识别

假言判断是断定事物情况之间的依存条件关系的复合判断。按依存条件关系的不同，假言判断又分为三种：**充分条件、必要条件和充分必要条件**(充要条件)。其中，充要条件假言判断涉及较少，表示充要条件假言判断的逻辑连接词是"当且仅当"，在联考中，可以把它等价转换为"等于"。逻辑考试中最重要也最常见的是充分条件和必要条件。

充分条件与必要条件的假言判断最简单，但是一定要在掌握逻辑推理的基础上去解题。显示了一种前肢与后肢判断同真或同假的关系。

考生在试题中看到表示假言判断的逻辑连接词时，首先应知道怎样"形式化"。下面是充分条件和必要条件常见的自然语言逻辑连接词：

充分条件推理——(有之即可，无之未必不行)——“充分条件在前”：

天下雨，则地上湿。(天下雨→地湿)

若你去，我也去。(你去→我去)

如果我们胜利了，就可以有幸福生活。(胜利→幸福生活)

只要努力，就一定会成功。(努力→成功)

所有的商人都是奸诈的。(商人→奸诈)

技巧点拨：

(1) “如果 P，则 Q”=“P，则 Q”=“如果 P，Q”，三种形式都是充分条件的表示，都可以简化为：P→Q。

(2) 此类推理的简化应该严格执行“形式套路”，切不可代入自己的理解。例如，如果母猪能上树，那么奥巴马是好人，在我们逻辑上的推理就是：母猪能上树→奥巴马是好人，但是有很多同学会纠结“母猪怎么能上树呢”。关于这一点，我们要清楚逻辑考查的要点：重形式、轻具体专业内容。

必要条件推理——(有之未必行，无之一定不行)——“必要条件在后”。

只有年满 18 岁才有选举权。(选举权→年满 18 岁)

好好学习是考上大学的基础/前提/必要条件。(考上大学→好好学习)

除非我们谦虚，否则不会进步。(非谦虚→不会进步)

你很难考取大学，除非你认真听讲。(非认真听讲→很难考取大学)

你要听从我的吩咐，否则没有工资。(非听我的吩咐→没有工资)

技巧点拨：

(1) 对于“除非……否则……”的推理，有一个万能做法：

“除非 P，否则 Q”=“除非 P，Q”=“P，否则 Q”=非 P→Q。

(2) “只有 P，才 Q”=“只有 P，Q”=“P，才 Q”，三种形式都是必要条件的表示，都可以简化为：Q→P。

充要条件推理——“在联考中可以当‘等于’使用”。

我去当且仅当你去；我去=你去(你去是我去的充要条件)。

5.4.2 假言命题的真假判断

关于假言判断 P→Q：它是一个判断，与“P 并且 Q”“P 或者 Q”一样是复合判断(见表 5-3)。

表 5-3 假言命题的真假判断

P(前件)	Q(后件)	P→Q(假言命题)
T	T	T
T	F	F
F	T	T
F	F	T

对 P→Q 的否定即是指：P 发生了同时 Q 没有发生。因此，P→Q 的矛盾就是：P 且非 Q。P→Q 等价于“非 P 或 Q”。

5.4.3 假言命题的推理规则

假言命题的三大推理规则是联考的重中之重，主要有以下三大规则。

(1) 逆否规则：P→Q=非 Q→非 P。

例如，如果天下雨，那么地上湿(天下雨→地上湿)；如果地上没有湿，那么，一定没有下雨(非地上湿→非天下雨)。在此，笔者给大家提供一个口诀：**“前真推后真，后假推前假，其他不知道。”**假言的逆否规则是每年必考的重点。

(2) 传递规则：P→Q，Q→R，R→S=P→Q→R→S。

这是指前提中有两个或两个以上假言命题，并根据假言命题逻辑性质所进行的推理。例如：

如果没有天，就没有地；如果没有地，就没有家。

没有天→没有地→没有家。

(3) 逆否+传递规则：没有天→没有地→没有家。

假设现在有结论“有家”，那么能得出：有家→有地→有天。

5.5 二难推理

假言推理扩充形成了二难推理。二难推理的目的往往是为了说明结果的两难处境或者为了强调某一结论所进行的推理。二难推理具有多种形式，本书根据中国 MBA 和美国 GMAT 逻辑试题特点，把二难推理概括为以下形式：

基本形式为：

如果 P，则 Q；

如果非 P，则 Q；

所以，Q。

例如，如果周日下雨，那么会议延期；如果周日不下雨，会议也延期；所以，周日的会议将会延期。

扩展形式为：

如果 P，则 Q；

如果非 P，则 R；

所以，Q 或 R 一定成立。

例如，如果周日下雨，那么会议延期；如果周日不下雨，会议将在露天召开。所以，周日的会议或者延期，或者在露天召开。

一般形式为：

如果 P，则 Q；

如果 R，则 S；

又，P 或者 R；

所以，Q 或 S 一定成立。

例如，如果周日下雨，那么会议延期；如果周日晴天，那么会议在操场举行。又如，周日或者下雨或者晴天。所以，周日的会议或者延期，或者在操场举行。

5.6 本章例题精讲

1. 只有通过身份认证的人才允许上公司内网，如果没有良好的业绩就不可能通过身份认证，张辉有良好的业绩而王纬没有良好的业绩。

如果上述断定为真，则以下哪项一定为真？

A．允许张辉上公司内网。

B．不允许王纬上公司内网。

C．张辉通过身份认证。

D．有良好的业绩，就允许上公司内网。

E．没有通过身份认证，就说明没有良好的业绩。

解析：本题答案选 B。

充分条件推理规则为肯前推出肯后，否后推出否前；必要条件推理规则为肯后推出肯前，否前推出否后。题干形式化为：

(1) 内网→身份认证；

(2) $\overline{\text{业绩}}$→$\overline{\text{身份认证}}$＝身份认证→业绩。

由(1)、(2)知，内网→身份认证→业绩。

张辉有良好的业绩。（肯定后面没什么用）

王纬没有良好的业绩。（可以利用逆否规则：$\overline{\text{业绩}}$→$\overline{\text{身份认证}}$→$\overline{\text{内网}}$）

综上所述，本题答案选 B。

2. 如果他勇于承担责任，那么他就一定会直面媒体，而不是选择逃避；如果他没有责任，那么他就一定会聘请律师，捍卫自己的尊严。可是事实上，他不仅没有聘请律师，现在逃得连人影都不见了。

根据以上陈述，可以得出以下哪项结论？

A．即使他没有责任，也不应该选择逃避。

B．虽然选择了逃避，但是他可能没有责任。

C．如果他有责任，那么他应该勇于承担责任。

D．如果他不敢承担责任，那么说明他责任很大。

E．他不仅有责任，而且他没有勇气承担责任。

解析：本题答案选 E。

题干信息形式化为：

(1) 勇于承担责任→(直面媒体∧$\overline{\text{逃避}}$)；

(2) 没有责任→(聘请律师∧捍卫尊严)；

(3) 逃避∧没有聘请律师——(推理的起点)。

根据逆否规则知：$\overline{\text{(聘请律师}\wedge\text{捍卫尊严)}}$→$\overline{\text{没有责任}}$；

$\overline{\text{(直面媒体}\wedge\overline{\text{逃避}}\text{)}}$→$\overline{\text{勇于承担责任}}$；所以，他有责任∧$\overline{\text{勇于承担责任}}$。

3. 信仰乃道德之本，没有信仰的道德，是无源之水、无本之木。没有信仰的人是没有道德底线的；而一个人一旦没有了道德底线，那么法律对于他也是没有约束力的。法律、道德、信仰是社会和谐运行的基本保障，而信仰是社会和谐运行的基石。

根据以上陈述，可以得出以下哪项？

A．道德是社会和谐运行的基石之一。

B．如果一个人有信仰，法律就能对他产生约束力。

C．只有社会和谐运行，才能产生道德和信仰的基础。

D．法律只对有信仰的人具有约束力。

E．没有道德也就没有信仰。

解析：本题答案选 D。

题干形式化为：

$$\left.\begin{array}{l}(1)\ \overline{\text{信仰}} \to \overline{\text{道德}} = \text{道德} \to \text{信仰}；\\ (2)\ \overline{\text{道德}} \to \overline{\text{法律约束}} = \text{法律约束} \to \text{道德}。\end{array}\right\} \Rightarrow \text{法律约束} \to \text{道德} \to \text{信仰}。$$

那么，只有一个人有信仰，法律才对他有约束，所以，法律只对有信仰的人具有约束力，选 D。

4. 针对威胁人类健康的甲型 H1N1 流感，研究人员研制出了相应的疫苗，尽管这些疫苗是有效的，但某大学研究人员发现，阿司匹林、羟苯基乙酰胺等抑制某些酶的药物会影响疫苗的效果，这位研究人员指出："如果你使用了阿司匹林或者对乙酰氨基酚，那么你注射疫苗后就必然不会产生良好的抗体反应。"

如果小张注射疫苗后产生了良好的抗体反应，那么根据上述题干可以得出以下哪项？

A．小张服用了阿司匹林，但没有服用对乙酰氨基酚。

B．小张没有服用阿司匹林，但感染了 H1N1 流感病毒。

C．小张服用了阿司匹林，但没有感染 H1N1 流感病毒。

D．小张没有服用阿司匹林，也没有服用对乙酰氨基酚。

E．小张服用了对乙酰氨基酚，但没有服用羟苯基乙酰胺。

解析：本题答案选 D。

根据题干"可以得出以下哪项"知，这是形式逻辑题，本题考查复合命题推理规则。

(使用了阿司匹林或者对乙酰氨基酚)→不会产生良好的抗体反应。(A 或 B)→C。根据逆否命题：非 C→(非 A 且非 B)，即如果小张注射疫苗后产生了良好的抗体反应，那么他一定既没有服用阿司匹林，也没有服用对乙酰氨基酚。

5. 蟋蟀是一种非常有趣的小动物，宁静的夏夜，草丛中传来阵阵清脆的鸣叫声，那是蟋蟀在歌唱。蟋蟀优美动听的歌声并不是出自它的好嗓子，而是来自它的翅膀。左右两翅一张一合，相互摩擦，就可以发出悦耳的声响了。蟋蟀还是建筑专家，与它那柔软的挖掘工具相比，蟋蟀的住宅真可以算得上是伟大的工程了。在其住宅门口，有一个收拾得非常舒适的平台。夏夜，除非下雨或刮风，否则蟋蟀肯定会在这个平台上歌唱。

根据以上陈述，以下哪项是蟋蟀在无雨的夏夜所做的？

A．修建住宅。　　B．收拾平台。　　C．在平台上歌唱。

D．如果没有刮风，它就在抢修工程。　　E．如果没有刮风，它就在平台上歌唱。

解析：本题答案选 E。

"除非 A 否则 B"的逻辑形式：非 A→B，因此，"除非下雨或刮风，否则蟋蟀肯定会在这个平台上歌唱"的逻辑形式为：非(下雨或刮风)→歌唱，即，无雨且无风→歌唱。因此，正确选项为 E。

现在知道无雨，因为不知道是否刮风，所以 A、B、C 项均得不出。D 项错误，因为无雨又无风，蟋蟀一定在歌唱，而"抢修工程"题干没有涉及。

6. 小李考上了清华,或者小孙没考上北大。

增加了以下哪项条件,能推出小李考上了清华?

A. 小张和小孙至少有一人未考上北大。
B. 小张和小孙至少有一人未考上清华。
C. 小张和小孙都考上了北大。
D. 小张和小李都未考上清华。
E. 小张和小孙都未考上北大。

解析: 本题答案选 C。

题干信息形式化为:

$$\left.\begin{array}{l}\text{小李清华} \vee \overline{\text{小孙北大}} \\ (\text{小孙北大})\end{array}\right\} \Rightarrow \text{小李清华}$$

根据相容选言的否推肯原理,只须增加条件:小孙考上了北大。

小张和小孙都考上了北大,显然可以推出:小孙考上了北大。

所以,本题答案选 C。

7. 如果马来西亚航空公司的客机没有发生故障,也没有被恐怖组织劫持,那就一定是被导弹击落了。如果客机被导弹击落,一定会被卫星发现;如果卫星发现客机被导弹击落,一定会向媒体公布。

如果要得到"飞机被恐怖组织劫持了"这一结论,须补充以下哪项?

A. 客机没有被导弹击落。

B. 没有导弹击落客机的报道,客机也没有发生故障。

C. 客机没有发生故障。

D. 客机发生了故障,没有导弹击落客机。

E. 客机没有发生故障,卫星发现客机被导弹击落。

解析: 本题答案选 B。

根据题干信息:

(非故障∧非劫持)→击落→卫星→公布,现在要得出"飞机被恐怖组织劫持了"这一结论,第一步需要用逆否规则得出:¬公布→¬卫星→¬击落→(故障∨劫持)。然后,使用选言命题"否定必肯定"规则,补充条件"¬故障",可以得出:飞机被劫持了。因此,本题答案选 B。

8. 对本届奥运会所有奖牌获得者进行了尿样化验,没有发现兴奋剂使用者。

如果上述陈述为假,则以下哪项一定为真?

Ⅰ. 或者有的奖牌获得者没有化验尿样,或者在奖牌获得者中发现了兴奋剂的使用者。

Ⅱ. 虽然有的奖牌获得者没有化验尿样,但还是发现了兴奋剂使用者。

Ⅲ. 如果对所有奖牌获得者进行了化验尿样,则一定发现了兴奋剂使用者。

A. 只有Ⅰ。
B. 只有Ⅱ。
C. 只有Ⅲ。
D. 只有Ⅰ和Ⅲ。
E. 只有Ⅰ和Ⅱ。

解析: 本题答案选 D。

根据题干:所有获奖者都尿样化验∧¬发现兴奋剂使用者。

如果此陈述为假,则其否定,即¬(所有获奖者都化验尿样∧¬发现兴奋剂使用者)为真。

¬(所有获奖者都化验尿样∧¬发现兴奋剂使用者)

=¬所有获奖者都化验尿样∨发现兴奋剂使用者

=所有获奖者都化验尿样→发现兴奋剂使用者(Ⅲ)

=有的获奖者未化验尿样∨发现兴奋剂使用者(Ⅰ)。

综上所述,只有Ⅰ和Ⅲ为真,本题答案选D。

9. 一桩投毒谋杀案,作案者要么是甲,要么是乙,二者必有其一,所用毒药或者是毒鼠强,或者是乐果,二者至少其一。

如果上述断定为真,则以下哪项推断一定成立?

Ⅰ. 该投毒案不是甲投毒鼠强所为,因此一定是乙投乐果所为。

Ⅱ. 在该案侦破中发现甲投了毒鼠强,因此案中的毒药不可能是乐果。

Ⅲ. 该投毒案的作案者不是甲,并且所投毒药不是毒鼠强,因此一定是乙投乐果所为。

A. 只有Ⅰ。 B. 只有Ⅱ。 C. 只有Ⅲ。

D. 只有Ⅰ和Ⅲ。 E. Ⅰ、Ⅱ和Ⅲ。

解析: 本题答案选C。

题干形式化为:作案者要么是甲,要么是乙,二者必有其一(不相容选言);毒药是毒鼠强∨乐果,二者至少其一(相容选言)。

Ⅰ选项	作案者不相容,毒药相容,有三种不同情况,因此一共有六种情况,如可能是甲投乐果所为,或者乙投毒鼠强所为,因此Ⅰ项不一定成立
Ⅱ选项	毒药相容,有三种不同情况,可能是既投毒鼠强,又投乐果所为,因此Ⅱ项不一定成立
Ⅲ选项	根据选言命题的"否推肯"规则,如果该投毒案的作案者不是甲,则一定是乙;如果所投的毒药不是毒鼠强,则一定是乐果。因此,如果该投毒案的作案者不是甲,并且所投的毒药不是毒鼠强,那么,一定是乙投乐果所为,所以Ⅲ项成立

综上所述,三个副选项只有Ⅲ项成立,因此,本题答案选C。

10. 对所有产品都进行了检查,并没有发现假冒伪劣产品。

如果上述断定为假,则以下哪项为真?

Ⅰ. 有的产品尚未经检查,但发现了假冒伪劣产品。

Ⅱ. 或者有产品尚未经过检查,或者发现了假冒伪劣产品。

Ⅲ. 如果对所有产品都进行了检查,则可发现假冒伪劣产品。

A. 只有Ⅰ。 B. 只有Ⅱ。 C. 只有Ⅲ。

D. 只有Ⅰ和Ⅱ。 E. 只有Ⅱ和Ⅲ。

解析: 本题答案选E。

题干信息是:并非("对所有的产品都进行了检查",并且"没有发现假冒伪劣产品")=或者并非"对所有的产品都进行了检查",或者并非"没有发现假冒伪劣产品"=或者有的产品尚未经检查,或者发现了假冒伪劣产品。

Ⅰ选项	题干等价于"或者有的产品尚未经检查,或者发现了假冒伪劣产品",因此Ⅰ不一定为真,不选
Ⅱ选项	题干等价于"或者有的产品尚未经检查,或者发现了假冒伪劣产品",因此Ⅱ一定为真
Ⅲ选项	对所有产品都进行了检查→发现假冒伪劣产品=或者有的产品尚未经检查,或者发现了假冒伪劣产品,因此Ⅲ一定为真

综上所述，三个副选项只有Ⅱ和Ⅲ为真，因此本题答案选 E。

11. 总经理：根据本公司目前的实力，我主张环岛绿地和宏达小区这两项工程至少上马一个，但清河桥改造工程不能上马。董事长：我不同意。

以下哪项最为准确地表达了董事长实际同意的意思？

A．环岛绿地、宏达小区和清河桥改造这三个工程都上马。

B．环岛绿地、宏达小区和清河桥改造这三个工程都不上马。

C．环岛绿地和宏达小区两个工程中至多上马一个，但清河桥改造工程要上马。

D．环岛绿地和宏达小区两个工程至多上马一个，如果这点做不到，那也要保证清河桥改造工程上马。

E．环岛绿地和宏达小区两个工程都不上马，如果这点做不到，那也要保证清河桥改造工程上马。

解析：本题答案选 E。

根据题干信息：董事长不同意：（环岛绿地 ∨ 宏达小区）∧ 非清河桥。本题考察“摩根公式”：

并非（A 或者 B）＝非 A 并且非 B；

并非（A 并且 B）＝非 A 或者非 B；

并非（非 A）＝A；　　　A 或者 B＝如果非 A，则 B。

那么，董事长的观点是：（非环岛绿地 ∧ 非宏达小区）∨ 清河桥，选项 E 就属于否定其中一个，推出另一个。因此，本题答案选 E。

12. 陈先生在鼓励他孩子时说道：“不要害怕暂时的困难和挫折，不经历风雨怎么见彩虹？”他孩子不服气地说：“您说得不对。我经历了那么多风雨，怎么就没见到彩虹呢？”

陈先生孩子的回答最适宜用来反驳以下哪项？

A．如果想见到彩虹，就必须经历风雨。

B．只要经历了风雨，就可以见到彩虹。

C．只有经历风雨，才能见到彩虹。

D．即使经历了风雨，也可能见不到彩虹。

E．即使见到了彩虹，也不是因为经历了风雨。

解析：本题答案选 B。

题干形式化为：经历风雨 ∧ $\overline{\text{彩虹}}$。

该题干最适合反驳的结论就是其本身的矛盾：经历风雨→彩虹……（1）。

A 选项	彩虹→经历风雨，与（1）不一致，不选
B 选项	经历风雨→彩虹，与（1）一致，选 B
C 选项	彩虹→经历风雨，与（1）不一致，不选
D 选项	经历风雨 ∧ $\overline{\text{彩虹}}$，由于题干是联言命题，而该选项也是联言命题，两个联言命题是不可能矛盾的，不选
E 选项	$\overline{\text{经历风雨}}$ ∧ 彩虹，由于题干是联言命题，而该选项也是联言命题，两个联言命题是不可能矛盾的，不选

13. 这两个《通知》或者属于规章或者属于规范性文件，任何人均无权依据这两个《通知》将本来属于当事人选择公证的事项规定为强制公证的事项。

根据以上信息，可以得出以下哪项？

A．规章或者规范性文件既不是法律，也不是行政法规。

B．规章或规范性文件或者不是法律，或者不是行政法规。

C．这两个《通知》如果一个属于规章，那么另一个属于规范性文件。

D．这两个《通知》如果都不属于规范性文件，那么就属于规章。

E．将本来属于当事人选择公证的事项规定为强制公证的事项属于违法行为。

解析：本题答案选 D。

题干为相容选言推理的否推肯，P 或 Q 推理规则为：否定一部分推出另一部分，即如果非 P 则 Q，如果非 Q 则 P。属于规章或规范性文件，可以推出：如果不属于规章则属于规范性文件；如果不属于规范性文件，那么就属于规章。因此，本题答案选 D。

14. 某国大选在即，国际政治专家陈研究员预测：选举结果或者是甲党控制政府，或者是乙党控制政府。如果甲党赢得对政府的控制权，该国将出现经济问题；如果乙党赢得对政府的控制权，该国将陷入军事危机。

根据陈研究员上述预测，可以得出以下哪项？

A．该国可能不会出现经济问题也不会陷入军事危机。

B．如果该国出现经济问题，那么甲党赢得了对政府的控制权。

C．该国将出现经济问题，或者将陷入军事危机。

D．如果该国陷入了军事危机，那么乙党赢得了对政府的控制权。

E．如果该国出现了经济问题并且陷入了军事危机，那么甲党与乙党均赢得了对政府的控制权。

解析：本题答案选 C。

根据题干信息，P 或 Q，如果 P 则 R，如果 Q 则 S。从二难推理的规则，可推出 R 或 S，即出现经济问题或陷入军事危机。也可以把选言化成假言，三个假言进行连锁推理。没出现经济问题→甲党没控制政府→乙党控制政府→该国将陷入军事危机，即如果没出现经济问题，则该国将陷入军事危机，等价于该国将出现经济问题，或者将陷入军事危机。综上所述，本题答案选 C。

15. 10 月 6 日晚上，张强要么去电影院看电影，要么去拜访朋友秦玲。如果那天晚上张强开车回家，他就没去电影院看电影，只有张强事先与秦玲约定，张强才能拜访她，事实上，张强不可能事先约定。

根据上述陈述，可以得出以下哪个结论？

A．那天晚上张强没有开车回家。

B．张强那天晚上拜访了朋友。

C．张强晚上没有去电影院看电影。

D．那天晚上张强与秦玲一起看电影了。

E．那天晚上张强开车去电影院看电影。

解析：本题答案选 A。

题干形式化为：

(1) 看电影 $\forall$ 访秦玲；

(2) 张强开车回家→$\overline{\text{看电影}}$；

(3) 访秦玲→事先约定；

(4) $\overline{\text{事先约定}}\Rightarrow\overline{\text{事先约定}}\rightarrow\overline{\text{访秦玲}}$。

根据选言命题的否推肯，张强去看电影了，再根据推理(2)的逆否命题：看电影→

$\overline{\text{张强开车回家}}$，因此那天晚上张强没有开车回家。综上所述，本题答案选 A。

16. 张教授指出，明清时期科举考试分为四级，即院试、乡试、会试、殿试。院试在县府举行，考中者称“生员”，乡试每三年在各省省城举行一次，生员才有资格参加，考中者为举人，举人第一名称“解元”，会试于乡试后第二年在京城元都举行，举人才有资格参加，考中者称为“贡士”，贡士第一名称“会元”，殿试在会试当年举行，由皇帝主持，贡士才有资格参加，录取分为三甲，一甲三名，二甲、三甲各若干名，统称为“进士”，一甲第一名称“状元”。

根据张教授的陈述，以下哪项是不可能的？

A．中举者不曾中进士。

B．中状元者曾为生员和举人。

C．中会元者不曾中举。

D．可有连中三元者（解元、会元、状元）。

E．未中解元者，不曾中会元。

解析：本题答案选 C。

题干形式化为：

(1) 举人$\rightarrow$生员（第一名叫解元）；

(2) 贡士$\rightarrow$举人（第一名叫会元）；

(3) 进士$\rightarrow$贡士（第一名叫状元）

$\Rightarrow$进士$\rightarrow$贡士$\rightarrow$举人$\rightarrow$生员（推理的传递原理）。

A 选项	后真不知道前面的真假，该选项可能为真，不选
B 选项	前真推后真，该选项为真，不选
C 选项	会元必定是贡士，必定中举，该命题必假，选 C
D 选项	该选项为真，不选
E 选项	该选项可能为真，不选

17. 有人认为，任何一个机构都包括不同的职位等级或层级，每个人都隶属于其中一个层次。如果某人在原来级别岗位上干得出色，就会被提拔，而被提拔者得到重用后却碌碌无为，这会造成机构效率低下，人浮于事。

以下哪项为真，最能质疑上述观点？

A．个人晋升常常会在一定程度上影响所在机构的发展。

B．不同岗位的工作方法是不同的，对新的岗位要有一个适应过程。

C．王副教授教学科研都很强，而晋升正教授后却表现平平。

D．李明的体育运动成绩并不理想，但他进入管理层后却干得得心应手。

E．部门经理王先生业绩出众，被提拔为公司总经理后工作依然出色。

解析：本题答案选 E。

题干形式化为：

原本岗位出色被提拔$\rightarrow$提拔后碌碌无为；该命题的矛盾命题是：原本岗位出色被提拔$\wedge$$\overline{\text{提拔后碌碌无为}}$，选项 E 必假。

18. 在家电产品“三下乡”活动中，某销售公司的产品受到了农村居民的广泛欢迎。该公司总经理在介绍经验时表示：只有用最流行畅销的明星产品面对农村居民，才能获得他们的青睐。

以下哪项如果为真，最能质疑总经理的论述？

A. 某品牌电视由于其较强的防潮能力，尽管不是明星产品，仍然获得了农村居民的青睐。
B. 流行畅销的明星产品由于价格偏高，没有获得农村居民的青睐。
C. 流行畅销的明星产品只有质量过硬，才能获得农村居民的青睐。
D. 有少数娱乐明星为某些流行畅销的产品作虚假广告。
E. 流行畅销的明星产品最适合城市中的白领使用。

解析：本题答案选 A。

题干形式化为：受到青睐→明星产品。

其矛盾是：受到青睐 $\wedge\ \overline{\text{明星产品}}$。

综上所述，本题答案选 A。

19. 经理说："有了自信不一定赢。"董事长回应说："但是没有自信一定会输。"

以下哪项与董事长的意思最为接近？

A. 不输即赢，不赢即输。
B. 如果自信，则一定会赢。
C. 只有自信，才可能不输。
D. 除非自信，否则不可能输。
E. 只有赢了，才可能更自信。

解析：本题答案选 C。

题干信息形式化为：$\overline{\text{自信}}$→一定输。

A 选项	输 ∨ 赢，是一个不相容选言，显然不等价，不选
B 选项	自信→一定赢，这是一个不严格的前假推后假，显然不选
C 选项	可能不输→自信，原命题的逆否命题，显然等价，选 C
D 选项	$\overline{\text{自信}}$→不可能输，显然与原命题不等价，不选
E 选项	更自信→赢，与原命题不等价，显然不选

20. 小张是某公司营销部的员工，公司经理对他说："如果你争取到这个项目，我就奖励你一台笔记本电脑或者给你项目提成。"

以下哪项如果为真，说明该经理没有兑现承诺？

A. 小张没有争取到这个项目，该经理没有给他项目提成，但送了他一台笔记本电脑。
B. 小张没有争取到这个项目，该经理没奖励给他笔记本电脑，也没给他项目提成。
C. 小张争取到了这个项目，该经理给他项目提成，但并未奖励他笔记本电脑。
D. 小张争取到了这个项目，该经理奖励他一台笔记本电脑并给他三天假期。
E. 小张争取到了这个项目，该经理未给他项目提成，但奖励了他一台台式电脑。

解析：本题答案选 E。

题干形式化为：争取项目→(提成 ∨ 笔记本电脑)。

其矛盾是：争取项目 $\wedge\ \overline{(\text{提成} \vee \text{笔记本电脑})}$ ＝ 争取项目 $\wedge$ ($\overline{\text{提成}} \wedge \overline{\text{笔记本电脑}}$)。

综上所述，本题答案选 E(台式电脑不是笔记本电脑)。

21. 只有具有一定文学造诣且具有生物学专业背景的人，才能读懂这篇文章。

如果上述命题为真，以下哪项不可能为真？

A. 小张没有读懂这篇文章，但他的文学造诣是大家所公认的。
B. 计算机专业的小王没有读懂这篇文章。

C．从未接触过生物学知识的小李读懂了这篇文章。

D．小周具有生物学专业背景，但他没有读懂这篇文章。

E．生物学博士小赵读懂了这篇文章。

解析：本题答案选C。

题干形式化为：读懂→(文学∧生物)，其矛盾是：读懂∧$\overline{\text{(文学∧生物)}}$=读懂∧($\overline{\text{文学}}$∨$\overline{\text{生物}}$)，则“没有一定文学造诣或没有生物学专业背景，但能读懂这篇文章”不可能真。

所以，C不可能为真，本题答案选C。

22. 只有公司相关部门的所有员工都考试合格了，该部门的员工才能得到年终奖金。财务部有些员工考试合格了，综合部所有员工都得到了年终奖金，行政部的赵强考试合格了。

如果以上陈述为真，则以下哪项可能为真？

Ⅰ．财务部员工都考评合格了。

Ⅱ．赵强得到了年终奖金。

Ⅲ．综合部有些员工没有考评合格。

Ⅳ．财务部员工没有得到年终奖金。

A．仅Ⅰ、Ⅱ。　B．仅Ⅱ、Ⅲ。　C．仅Ⅰ、Ⅱ、Ⅳ。

D．仅Ⅰ、Ⅱ、Ⅲ。　E．仅Ⅱ、Ⅲ、Ⅳ。

解析：本题答案选C。

题干形式化为：

获得年终奖→该部门所有员工考评合格。

其矛盾为：获得年终奖∧$\overline{\text{该部门所有员工考评合格}}$(为假)，其余都可能为真。

“以下哪项可能为真”，除了必假的不选，其余都要选。

Ⅰ	“财务部有些员工考试合格了”+“财务部员工都考评合格了”，不属于矛盾的情况，可能为真
Ⅱ	“行政部的赵强考试合格了”+“赵强得到了年终奖金”，不属于矛盾的情况，可能为真
Ⅲ	综合部所有员工都得到了年终奖金，说明综合部所有员工都考评合格，所以“综合部有些员工没有考评合格”一定为假
Ⅳ	“财务部员工没有得到年终奖金”显然可能为真

综上所述：仅Ⅰ、Ⅱ、Ⅳ可能为真。所以，本题答案选C。

23. 某集团公司有四个部门，分别生产冰箱、彩电、电脑和手机。根据前三个季度的数据统计，四个部门经理对2010年全年的赢利情况作了如下预测：

(1) 冰箱部门经理：今年手机部门会赢利。

(2) 彩电部门经理：如果冰箱部门今年赢利，那么彩电部门就不会赢利。

(3) 电脑部门经理：如果手机部门今年没赢利，那么电脑部门也没赢利。

(4) 手机部门经理：今年冰箱和彩电部门都会赢利。

全年数据统计完成后，发现上述四个预测只有一个符合事实。

关于该公司各部门的全年赢利情况，以下除哪项外，均可能为真？

A．彩电部门赢利，冰箱部门没赢利。

B．冰箱部门赢利，电脑部门没赢利。

C．电脑部门赢利，彩电部门没赢利。

D．冰箱部门和彩电部门都没赢利。

E．冰箱部门和电脑部门都赢利。

解析：本题答案选B。

首先关注给出的信息中有无矛盾关系：

(2) 彩电部门经理：如果冰箱部门今年赢利，那么彩电部门就不会赢利。

(4) 手机部门经理：今年冰箱和彩电部门都会赢利。

这两个命题是矛盾关系（我们重申过，出现“如果……那么……”的，要么找矛盾关系，要么变成“或者”进行考核），必有一真一假。信息告诉我们只有一真，剩余的就是假的。

(1) 冰箱部门经理：今年手机部门会赢利。

(3) 电脑部门经理：如果手机部门今年没赢利，那么电脑部门也没赢利。

这两句话都是假的，即：手机赢利是假的，电脑没赢利也是假的。

考生只找出现手机和电脑的信息就可以。所以，本题答案选 B。

24. 在恐龙灭绝 6500 万年后的今天，地球正面临着又一次物种大规模灭绝的危机，截至上个世纪末，全球大概有 20%的物种灭绝，现在，大熊猫、西伯利亚虎、北美玳瑁、巴西红木等许多珍稀物种面临着灭绝的危险。有三位学者对此作了预测：

学者一：如果大熊猫灭绝，西伯利亚虎也将灭绝；

学者二：如果北美玳瑁灭绝，巴西红木不会灭绝；

学着三：或者北美玳瑁灭绝，或者西伯利亚虎不会灭绝。

如果三位学者的预测都为真，则以下哪项一定为假？

A．大熊猫和北美玳瑁都将灭绝。

B．巴西红木将灭绝，西伯利亚虎不会灭绝。

C．大熊猫和巴西红木都将灭绝。

D．大熊猫将灭绝，巴西红木不会灭绝。

E．巴西红木将灭绝，大熊猫不会灭绝。

解析：本题答案选 C。

根据题干“则以下哪项一定为假”知，这是形式逻辑题，本题考查找二难推理。题干形式化为：

学者一：大熊猫→西伯利亚虎；其逆否命题是：$\overline{\text{西伯利亚虎}}$→$\overline{\text{大熊猫}}$。

学者二：北美玳瑁→$\overline{\text{巴西红木}}$。

学者三：北美玳瑁 ∨ $\overline{\text{西伯利亚虎}}$。

显然，这是两个假言、一个选言的结构。首先想到二难推理，得出：$\overline{\text{巴西红木}}$ ∨ $\overline{\text{大熊猫}}$，所以巴西红木 ∧ 大熊猫必定为假，选 C。

25. 李明、王兵、马云三位股民对股票 A 和股票 B 分别作了如下预测：

李明：只有股票 A 不上涨，股票 B 才不上涨。

王兵：股票 A 和股票 B 至少有一个不上涨。

马云：股票 A 上涨当且仅当股票 B 上涨。

若三人的预测都为真，则以下哪项符合他们的预测？

A．股票 A 上涨，股票 B 不上涨。

B．股票 A 不上涨，股票 B 上涨。

C．股票 A 和股票 B 均上涨。

D．股票 A 和股票 B 均不上涨。

E．只有股票 A 上涨，股票 B 才不上涨。

解析：本题答案选 D。

“当且仅当”是充要条件的表述，根据马云为真，推出股票 A 是股票 B 上涨的充要条件，即二者同时上涨或同时不上涨。再根据王兵为真，可知两者同时不上涨。

26. 2010 年上海世博会盛况空前，200 多个国家场馆和企业主题馆让人目不暇接。大学生王刚决定在学校放暑假的第二天前往世博会参观。前一天晚上，他特别上网查看了各位网友对热门场馆选择的建议，其中最吸引王刚的有三条：

(1) 如果参观沙特馆，就不参观石油馆。

(2) 石油馆和中国国家馆择一参观。

(3) 中国国家馆和石油馆不都参观。

实际上，第二天王刚的世博会行程非常紧凑，他没有接受上述三条建议中的任何一条。关于王刚所参观的热门场馆，以下哪项描述正确？

A. 参观了沙特馆、石油馆，没有参观中国国家馆。

B. 沙特馆、石油馆、中国国家馆都参观了。

C. 沙特馆、石油馆、中国国家馆都没有参观。

D. 没有参观沙特馆，参观了石油馆、中国国家馆。

E. 没有参观石油馆，参观了沙特馆、中国国家馆。

解析：本题答案选 B。

题干信息形式化为：

(1) 沙特$\rightarrow\overline{\text{石油}}$；其矛盾为：沙特$\wedge$石油(为真)。

(2) 石油$\forall$中国；其矛盾为：(中国$\wedge$石油)$\vee$($\overline{\text{中国}}\wedge\overline{\text{石油}}$)(为真)。

(3) $\overline{\text{石油}}\vee\overline{\text{中国}}$；其矛盾为：中国$\wedge$石油(为真)。

综上所述：中国$\wedge$石油$\wedge$沙特(为真)，选 B。

27. 有五支球队参加比赛，对于比赛结果，观众有如下议论：

(1) 冠军队不是山南队，就是江北队。

(2) 冠军队既不是山北队，也不是江南队。

(3) 冠军队只能是江南队。

(4) 冠军队不是山南队。

比赛结果显示，只有一条议论是正确的。那么，获得冠军队的是(　　)

A. 山南队。　　B. 江南队。　　C. 山北队。

D. 江北队。　　E. 江东队。

解析：本题答案选 C。

题干进行形式化知：

(1) 山南$\vee$江北。

(2) $\overline{\text{山北}}\wedge\overline{\text{江南}}$。

(3) 江南。

(4) $\overline{\text{山南}}$。

由(1)、(4)知：假设冠军是山南，那么(1)为真；假设冠军不是山南，那么(4)为真。因此，(1)、(4)两个命题必有一真，所以，(2)、(3)为假，那么，冠军是山北$\vee$江南，冠军不是江南。根据选言命题的否推肯知，冠军必定是山北队。

综上所述，本题答案选 C。

28. 在潮湿的气候中仙人掌很难成活；在寒冷的气候中柑橘很难生长。在某省的大部分地区，仙人掌和柑橘至少有一种不难成活生长。

如果上述断定为真，则以下哪项一定为假？

A. 该省的一半地区，既潮湿又寒冷。

B. 该省的大部分地区炎热。

C．该省的大部分地区潮湿。

D．该省的某些地区既不寒冷也不潮湿。

E．柑橘在该省的所有地区都无法生长。

解析：本题答案选A。

题干信息是：

(1) 在潮湿的气候中仙人掌很难成活；在寒冷的气候中柑橘很难生长。

(2) 在某省的大部分地区，仙人掌和柑橘至少有一种不难成活生长。

A选项	该省的一半地区，既潮湿又寒冷，说明该省的一半地区仙人掌和柑橘都很难生长，与题干信息(2)矛盾，选A
B选项	"该省的大部分地区炎热"说明该省的大部分地区柑橘可能不难生长，不选
C选项	"该省的大部分地区潮湿"说明该省的大部分地区仙人掌很难成活，但是不排除该省的大部分地区柑橘可能不难生长，不选
D选项	"该省的某些地区既不寒冷也不潮湿"说明该省的大部分地区柑橘和仙人掌可能不难生长，不选
E选项	"柑橘在该省的所有地区都无法生长"有可能发生，如果该省都是寒冷的气候即可满足条件

29. 一个花匠正在配制插花。可供配制的花共有苍兰、玫瑰、百合、牡丹、海棠和秋菊六个品种，一件合格的插花必须至少由两种花组成，并同时满足以下条件：如果有苍兰或海棠，则不能有秋菊；如果有牡丹，则必须有秋菊；如果有玫瑰，则必须有海棠。

以下各项所列的两种花都可以单独或与其他花搭配，组成一件合格的插花，除了（　　）

A．苍兰和玫瑰。　　B．苍兰和海棠。　　C．玫瑰和百合

D．玫瑰和牡丹。　　E．百合和秋菊。

解析：本题答案选D。

题干形式化为：

(1) (苍兰∨海棠)→$\overline{\text{秋菊}}$。

(2) 牡丹→秋菊。

(3) 玫瑰→海棠。

A选项	可以共存，不矛盾，不选
B选项	可以共存，不矛盾，不选
C选项	可以共存，不矛盾，不选
D选项	如果有玫瑰，则必须有海棠；如果有海棠，则不能有秋菊；如果没有秋菊，就不能有牡丹。因此，如果有玫瑰，就不能有牡丹。所以，该选项所列不能组成一件合格的插花，选D
E选项	可以共存，不矛盾，不选

30. 一个人如果没有崇高的信仰，就不可能守住道德的底线；而一个人只有不断加强理论学习，才能始终保持崇高的信仰。

根据以上信息，可以得出以下哪项？

A．一个人只有不断加强理论学习，才能守住道德的底线。

B．一个人如果不能守住道德的底线，就不可能保持崇高的信仰。

C．一个人只要有崇高的信仰，就能守住道德的底线。

D．一个人只要不断加强理论学习，就能守住道德底线。

E．一个人没能守住道德的底线，是因为他首先丧失了崇高的信仰。

解析：本题答案选 A。

本题可形式化为：

(1) $\overline{\text{崇高信仰}}$→$\overline{\text{守住道德底线}}$⇒守住道德底线→崇高信仰；

(2) 崇高信仰→加强学习⇒由推理的传递规则：守住道德底线→崇高信仰→加强学习。

其逆否定理为：$\overline{\text{加强学习}}$→$\overline{\text{崇高信仰}}$→$\overline{\text{守住道德底线}}$。

显然，A 为正确选项。

31. 除非年龄在 50 岁以下，并且能持续游泳在 3 000 米以上，否则不能参加下个月举行的横渡长江活动。同时，高血压和心脏病患者不能参加。老黄能持续游泳 3 000 米以上，但没被批准参加这项活动。

以上断定能推出以下哪项结论？

Ⅰ．老黄的年龄至少 50 岁；

Ⅱ．老黄患有高血压；

Ⅲ．老黄患有心脏病。

A．只有Ⅰ。　　B．只有Ⅱ。　　C．只有Ⅲ。

D．Ⅰ、Ⅱ、Ⅲ至少有一。　　E．Ⅰ、Ⅱ、Ⅲ都不能从题干推出。

解析：本题答案选 E。

根据题干“以上断定能推出以下哪项结论”知，这是形式逻辑题，本题考查复合命题推理规则。

条件(1)：¬（50 岁以下∧3 000 米以上）→¬横渡长江＝横渡长江→(50 岁以下∧3 000 米以上)；

条件(2)：高血压→ ¬横渡长江；

条件(3)：心脏病→ ¬横渡长江；

条件(4)：(老黄) ¬横渡长江；

条件(5)：(老黄)3 000 米以上。

由上述条件，只能否定蕴涵式(……→……)的前件，或者肯定蕴涵式的后件，因此不能推出确定结论。

5.7　课后习题

1～2 基于以下题干：

只要不起雾，飞机就按时起飞。

1. 以下哪项正确地表达了上述断定？

Ⅰ．如果飞机按时起飞，则一定没起雾。

Ⅱ．如果飞机不按时起飞，则一定起雾。

Ⅲ．除非起雾，否则飞机按时起飞。

A．只有Ⅰ。　　B．只有Ⅱ。　　C．只有Ⅲ。　　D．只有Ⅱ和Ⅲ。

E．Ⅰ、Ⅱ和Ⅲ。

2. 以下哪项如果为真，说明上述断定不成立？

Ⅰ. 没起雾，但飞机没按时起飞。

Ⅱ. 起雾，但飞机仍然按时起飞。

Ⅲ. 起雾，飞机航班延期。

A. 只有Ⅰ。　　B. 只有Ⅱ。　　C. 只有Ⅲ。　　D. 只有Ⅱ和Ⅲ。

E. Ⅰ、Ⅱ和Ⅲ。

3. 中国要拥有一流的国家实力，必须有一流的教育。只有拥有一流的国家实力，中国才能作出应有的国际贡献。

以下各项都符合题干的意思，除了（　　）

A. 中国难以作出应有的国际贡献，除非拥有一流的教育。

B. 只要中国拥有一流的教育，就能作出应有的国际贡献。

C. 如果中国拥有一流的国家实力，就不会没有一流的教育。

D. 不能设想中国作出了应有的国际贡献，但缺乏一流的教育。

E. 中国面临选择：或者放弃应尽的国际义务，或者创造一流的教育。

4. 除非不把理论当作教条，否则就会束缚思想。

以下各项都表达了与题干相同的含义，除了（　　）

A. 如果不把理论当作教条，就不会束缚思想。

B. 如果把理论当作教条，就会束缚思想。

C. 只有束缚思想，才会把理论当作教条。

D. 只有不把理论当作教条，才不会束缚思想。

E. 除非束缚思想，否则不会把理论当作教条。

5. 尊重他人是一种高尚的美德，是个人内在修养的外在表现；受人尊重是一种享受，更是一种幸福。人都渴望得到他人的尊重，但只有尊重他人才能赢得他人的尊重。

根据以上陈述，可以得出以下哪项？

A. 只有具有高尚的美德才能赢得幸福。

B. 只有加强内在修养才能赢得他人尊重。

C. 不具备任何高尚的美德就不能赢得他人的尊重。

D. 尊重总是双方的，单方面的尊重是不存在的。

E. 如果你不尊重他人，就不可能得到幸福。

6. 肖群一周工作五天，除非这周内有法定休假日。除了周五在志愿者协会，其余四天肖群都在大平保险公司上班。上周没有法定休假日。因此，上周的周一、周二、周三和周四肖群一定在大平保险公司上班。

以下哪项是上述论证所假设的？

A. 一周内不可能出现两天以上的法定休假日。

B. 大平保险公司实行每周四天工作日制度。

C. 上周的周六和周日肖群没有上班。

D. 肖群在志愿者协会的工作与保险业有关。

E. 肖群是个称职的雇员。

7. 在接受治疗的腰肌劳损患者中，有人只接受理疗，也有人接受理疗与药物双重治疗。前者可以得到与后者相同的预期治疗效果。对于上述接受药物治疗的腰肌劳损患者来说，此种药物对于获得预期的治疗效果是不可缺少的。

如果上述断定为真，则以下哪项一定为真？

Ⅰ．对于一部分腰肌劳损患者来说，要配合理疗取得治疗效果，药物治疗是不可缺少的；

Ⅱ．对于一部分腰肌劳损患者来说，要取得治疗效果，药物治疗不是不可缺少的；

Ⅲ．对于所有腰肌劳损患者来说，要取得治疗效果，理疗是不可缺少的。

A．只有Ⅰ。　　B．只有Ⅱ。　　C．只有Ⅲ。　　D．只有Ⅰ和Ⅱ。

E．Ⅰ、Ⅱ和Ⅲ。

8. 大李和小王是某报新闻部的编辑，该报总编计划从新闻部抽调人员到经济部。总编决定：未经大李和小王本人同意，将不调动两人。大李告诉总编："我不同意调动，除非我知道小王是否调动。"小王说："除非我知道大李是否同意调动，否则我不同意调动。"

如果上述三人坚持各自的决定，则可推出以下哪项结论？

A．两人都不可能调动。　　B．两人都可能调动。

C．两人至少有一人可能调动，但不可能两人都调动。

D．要么两人都调动，要么两人都不调动。

E．题干的条件推不出关于两人调动的确定结论。

9. 一个产品要畅销，产品的质量和经销商的诚信缺一不可。

以下各项都符合题干的断定，除了(　　)

A．一个产品滞销说明它或者质量不好，或者经销商缺乏诚信。

B．一个产品只有质量高并且诚信经销才能畅销。

C．一个产品畅销，说明它质量高并有诚信的经销商。

D．一个产品，除非有高的质量和诚信的经销商，否则不能畅销。

E．一个质量好并且由诚信者经销的产品不一定畅销。

10. 一方面确保法律面前人人平等，同时又允许有人触犯法律而不受制裁，这是不可能的。

以下哪项最符合题干的断定？

A．或者允许有人凌驾于法律之上，或者任何人触犯法律都要受到制裁，这是必然的。

B．任何人触犯法律都要受到制裁，这是必然的。

C．有人凌驾于法律之上，触犯法律而不受制裁，这是可能的。

D．如果不允许有人触犯法律可以不受制裁，那么法律面前人人平等是可能的。

E．一方面允许有人凌驾于法律之上，同时声称任何人触犯法律都要受到制裁，这是可能的。

11. 正是因为有了第二味觉，哺乳动物才能够边吃边呼吸。很明显，边吃边呼吸对保持哺乳动物高效率的新陈代谢是必要的。

以下哪种哺乳动物的发现，最能削弱以上的断言？

A．有高效率的新陈代谢和边吃边呼吸能力的哺乳动物。

B．有低效率的新陈代谢和边吃边呼吸能力的哺乳动物。

C．有低效率的新陈代谢但没有边吃边呼吸能力的哺乳动物。

D．有高效率的新陈代谢但没有第二味觉的哺乳动物。

E．有低效率的新陈代谢和第二味觉的哺乳动物。

12. 东山市威达建材广场每家商店的门边都设有垃圾桶。这些垃圾桶的颜色是绿色或红色。

如果上述断定为真，则以下哪项一定为真?

Ⅰ. 东山市有一些垃圾桶是绿色的。

Ⅱ. 如果东山市的一家商店门边没有垃圾桶，那么这家商店不在威达建材广场。

Ⅲ. 如果东山市的一家商店门边有一个红色垃圾桶，那么这家商店在威达建材广场。

A. 只有Ⅰ。　B. 只有Ⅱ。　C. 只有Ⅰ和Ⅱ。　D. 只有Ⅰ和Ⅲ。

E. Ⅰ和Ⅱ、Ⅲ。

13. 一个人无法面对挫折，除非他具有坚定的信念；同时，除非一个人能勇敢地面对挫折，否则他就不能在逆境中成功。

以下各项都符合题干的断定，除了(　　)

A. 一个人如果能在逆境中成功，则有坚定的信念。

B. 一个人只有具备坚定的信念，才能在逆境中成功。

C. 一个人只要具备坚定的信念，就一定能成功。

D. 一个人或者具有坚定的信念，或者不能在逆境中成功。

E. 一个人没有坚定的信念，就不能在逆境中成功。

14. 只有具备足够的资金投入和技术人才，一个企业的产品才能拥有高科技含量。而这种高科技含量，对于一个产品长期稳定地占领市场是必不可少的。

以下哪项情况如果存在，最能削弱以上断定?

A. 苹果牌电脑拥有高科技含量并长期稳定地占领着市场。

B. 西子洗衣机没能长期稳定地占领市场，但该产品并不缺乏高科技含量。

C. 长江电视机没能长期稳定地占领市场，因为该产品缺乏高科技含量。

D. 清河空调长期稳定地占领着市场，但该产品的厂家没有足够的资金投入。

E. 开开电冰箱没能长期稳定地占领市场，但该产品的厂家有足够的资金投入和技术人才。

15. 储存在专用电脑中的某财团的商业核心机密被盗窃。该财团的三名高级雇员甲、乙、丙三人涉嫌被拘审。经审讯，查明了以下事实:

(1) 机密是在电脑密码被破译后窃取的；破译电脑密码必须受过专门训练。

(2) 如果甲作案，那么丙一定参与。

(3) 乙没有受过破译电脑密码的专门训练。

(4) 作案者就是这三人中的一人或一伙。

从上述条件，可推出以下哪项结论?

A. 作案者中有甲。　B. 作案者中有乙。

C. 作案者中有丙。　D. 作案者中有甲和丙。

E. 甲、乙和丙都是作案者。

16. 某科研单位2013年新招聘的研究人员，或者是具有副高以上职称的“引进人才”，或者是具有北京户籍的应届毕业的博士研究生。应届毕业的博士研究生都居住在博士后公寓中，“引进人才”都居住在“牡丹园”小区。

关于该单位2013年新招聘的研究人员，以下哪项判断是正确的?

A. 居住在博士后公寓的都没有副高以上职称。

B. 具有博士学位的都是具有北京户籍的。

C．居住在“牡丹园”小区的都没有博士学位。

D．非应届毕业的博士研究生都居住在“牡丹园”小区。

E．有些具有副高以上职称的“引进人才”也具有博士学位。

17. 思考是人的大脑才具有的机能。计算机所做的事(如深蓝与国际象棋大师对弈)更接近于思考，而不同于动物(指人以外的动物，下同)的任何一种行为。但是，计算机不具有意志力，而有些动物具有意志力。

如果上述断定为真，则以下哪项一定为真?

Ⅰ．具备意志力不一定要经过思考；

Ⅱ．动物的行为中不包括思考；

Ⅲ．思考不一定要具备意志力。

A．只有Ⅰ。　　B．只有Ⅱ。　　C．只有Ⅲ。　　D．只有Ⅰ和Ⅱ。

E．Ⅰ、Ⅱ和Ⅲ。

18. 某公司一批优秀的中层干部竞选总经理职位。所有的竞选者除了李女士自身外，没有人能同时具备她的所有优点。

从以上断定能合乎逻辑地得出以下哪项结论?

A．在所有竞选者中，李女士最具备条件当选总经理。

B．李女士具有其他竞选者都不具备的某些优点。

C．李女士具有其他竞选者的所有优点。

D．李女士的任一优点都有竞选者不具备。

E．任何其他竞选者都有不及李女士之处。

19. 某实验室一共有 A、B、C 三种类型的机器人，A 型能识别颜色，B 型能识别形状，C 型既不能识别颜色也不能识别形状。实验室用红球、蓝球、红方块和蓝方块对 1 号和 2 号机器人进行实验，命令它们拿起红球，但 1 号拿起了红方块，2 号拿起了蓝球。

根据上述实验，以下哪项断定一定为真?

A．1 号和 2 号都是 C 型。

B．1 号和 2 号中有且只有一个是 C 型。

C．1 号是 A 型且 2 号是 B 型。

D．1 号不是 B 型且 2 号不是 A 型。

E．1 号可能不是 A、B、C 三种类型的任何一种。

20. 小林因未戴泳帽被拒绝进入深水池。小林出示深水合格证说：根据规定我可以进入深水池。游泳池的规定是：未戴泳帽者不得进入游泳池；只有持有深水合格证，才能进入深水池。

小林最可能把游泳池的规定理解为(　　)

A．除非持有深水合格证，否则不能进入深水池。

B．只有持有深水合格证的人，才不需要戴泳帽。

C．如果持有深水合格证，就能进入深水池。

D．准许进入游泳池的，不一定准许进入深水池。

E．有了深水合格证，就不需要戴泳帽。

21. 域控制器存储了域内的账户、密码和属于这个域的计算机三项信息。当计算机接入网络时，域控制器首先要鉴别这台计算机是否属于这个域，用户使用的登录账户是否存在，密码是否正确。如果三项信息均正确，则允许登录；如果以上信息有一项不正确，那么域控制器就会拒绝这个用户从这台计算机登录。小张的登录账号是正确的，但是域控制器拒绝小张的计算机登录。

基于以上陈述能得出以下哪项结论？

A．小张输入的密码是错误的。

B．小张的计算机不属于这个域。

C．如果小张的计算机属于这个域，那么他输入的密码是错误的。

D．只有小张输入的密码是正确的，它的计算机才属于这个域。

E．如果小张输入的密码是正确的，那么它的计算机属于这个域。

22. 大小行星悬浮在太阳系边缘，极易受附近星体引力作用的影响。据研究人员计算，有时这些力量会将彗星从奥尔特星云拖出。这样，它们更有可能靠近太阳。两位研究人员据此分别作出了以下两种有所不同的断定：

(1) 木星的引力作用要么将它们推至更小的轨道，要么将它们逐出太阳系；

(2) 木星的引力作用或者将它们推至更小的轨道，或者将它们逐出太阳系。

如果上述两种断定只有一种为真，可以推出以下哪项结论？

A．木星的引力作用将它们推至更小的轨道，并且将它们逐出太阳系。

B．木星的引力作用没有将它们推至更小的轨道，但是将它们逐出太阳系。

C．木星的引力作用将它们推至更小的轨道，但是没有将它们逐出太阳系。

D．木星的引力作用既没有将它们推至更小的轨道，也没有将它们逐出太阳系。

E．木星的引力作用如果将它们推至更小的轨道，就不会将它们逐出太阳系。

23. 某中药配方有如下要求：

(1) 如果有甲药材，那么也要有乙药材；

(2) 如果没有丙药材，那么必须有丁药材；

(3) 人参和天麻不能都有；

(4) 如果没有甲药材而有丙药材，则需要有人参。

如果有天麻，则关于该配方的断定哪项为真？

A．含有甲药材。　　B．含有丙药材。

C．没有丙药材。　　D．没有乙药材和丁药材。

E．含有乙药材或丁药材。

24. 产品出售后发现有严重质量问题，用户提出：“要么调换，要么加倍赔款，二者必居其一。”卖方说：“我们不能同意。”

如果卖方坚持自己的主张，以下哪项断定是卖方在逻辑上必须同意的？

A．直接退货。

B．既不调换又不加倍赔款。

C．如果既不调换又不加倍赔款的话，就必须接受既调换又加倍赔款。

D．既调换又加倍赔款。

E．或者既不调换又不加倍赔款，或者既调换又加倍赔款。

25. 人或许可以分为两类：有那么一点雄心的和没有那一点雄心的。对普通人而言，那一点雄心，是把自己拉出庸常生活的坚定动力；没有那一点雄心的，只能无力甚至无知无觉地、慢慢地被庸常的生活所淹没。在变革时代，只有靠那一点雄心或许能导致波澜壮阔的结果。

以下哪项陈述构成对上文观点的反驳？

A．编草鞋的刘备，从没有忘记自己是皇叔的身份。就凭这一点，他从两手空空到三分天下有其一。

B．张雄虽壮志凌云，却才智庸常，一生努力奋斗，但一事无成，还弄得遍体鳞伤。

C．柳琴既无什么雄心，也无特别才华，仅凭天生丽质，一生有贵人相助，做成了很多事情。

D．菊花姐姐既不才高八斗，也不貌美如花，但自视甚高，不断折腾，一生也过得风生水起。

E．P某人自认为才高八斗，却无大志，人过而立，一事无成，不足为奇。

26. 在一次考试中，试卷上画了五大洲的图形，每个图形都编了号，要求填出其中任意两个洲名，分别有五名学生填了如下编号：

甲：3是欧洲，2是美洲； 乙：4是亚洲，2是大洋洲；

丙：1是亚洲，5是非洲； 丁：4是非洲，3是大洋洲；

戊：2是欧洲，5是美洲。

结果他们每人只填对一半，请根据以上条件判断下列正确的选项是（ ）

A．1是亚洲，2是欧洲。 B．2是大洋洲，3是非洲。

C．3是欧洲，4是非洲。 D．4是美洲，5是非洲。

E．3是欧洲，4是亚洲。

27. 企业要建设科技创新中心，就要推进与高校、科研院所的合作，这样才能激发自主创新的活力。一个企业只有搭建服务科技创新发展战略的平台、科技创新与经济发展对接的平台以及聚集创新人才的平台，才能催生重大科技成果。

根据上述信息，可以得出以下哪项？

A．如果企业搭建了科技创新与经济发展对接的平台，就能激发其自主创新的活力。

B．如果企业搭建了服务科技创新发展战略的平台，就能催生重大科技成果。

C．能否推进与高校、科研院所的合作决定企业是否具有自主创新的活力。

D．如果企业没有搭建聚集创新人才的平台，就无法催生重大科技成果。

E．如果企业推进与高校、科研院所的合作，就能激发其自主创新的活力。

28. 生态文明建设事关社会发展方式和人民福祉，只有实行最严格的制度、最严密的法治，才能为生态文明建设提供可靠保障；如果要实行最严格的制度、最严密的法治，就要建立责任追究制度，对那些不顾生态环境盲目决策并造成严重后果者，追究其相应的责任。

根据上述信息，可以得出以下哪项？

A．如果对那些不顾生态环境盲目决策并造成严重后果者追究相应责任，就能为生态文明建设提供可靠保障。

B．实行最严格的制度和最严密的法治是生态文明建设的重要目标。

C．如果不建立责任追究制度，就不能为生态文明建设提供可靠保障。

D．只有筑牢生态环境的制度防护墙，才能造福于民。

E．如果要建立责任追究制度，就要实行最严格的制度、最严密的法治。

29. 某县县委关于下周一几位领导的工作安排如下：

（1）如果李副书记在县城值班，那么他就要参加宣传工作例会；

（2）如果张副书记在县城值班，那么他就要做信访接待工作；

(3) 如果王书记下乡调研,那么张副书记或李副书记就须在县城值班;

(4) 只有参加宣传工作例会或做信访接待工作,王书记才不下乡调研;

(5) 宣传工作例会只须分管宣传的副书记参加,信访接待工作也只须一名副书记参加。

根据上述工作安排,可以得出以下哪项?

A. 张副书记做信访接待工作。
B. 王书记下乡调研。
C. 李副书记参加宣传工作例会。
D. 李副书记做信访接待工作。
E. 张副书记参加宣传工作例会。

30~31 题基于以下题干:

某大学运动会即将召开,经管院拟组建一支 12 人的代表队参赛,参赛队员将从该院四个年级学生中选拔。学校规定:每个年级都须在长跑、短跑、跳高、跳远、铅球等 5 个项目中选择 1~2 项参加比赛,其余项目可任意选择。一个年级如果选择长跑,就不能选择短跑或跳高,一个年级如果选择跳远,就不能选择长跑或铅球,每名队员只参加一项比赛。已知该院:

(1) 每个年级均有队员被选拔进入代表队;

(2) 每个年级被选拔进入代表队的人数各不相同;

(3) 有两个年级的队员人数相乘等于另一个年级的队员人数。

30. 根据以上信息,一个年级最多可选拔多少人?

A. 8 人。
B. 7 人。
C. 6 人。
D. 5 人。
E. 4 人。

31. 如果某年级队员人数不是最少的,且选择了长跑,那么对于该年级来说,以下哪项是不可能的?

A. 选择铅球或跳远。
B. 选择短跑或铅球。
C. 选择短跑或跳远。
D. 选择长跑或跳高。
E. 选择铅球或跳高。

32. 李丽和王佳是好朋友,同在一家公司上班,常常在一起喝下午茶,她们发现常去喝下午茶的人或者喜欢红茶,或者喜欢花茶,或者喜欢绿茶,李丽喜欢绿茶,王佳不喜欢花茶。

根据以上陈述,以下哪项必定为真?

Ⅰ. 王佳如果喜欢红茶,就不喜欢绿茶;

Ⅱ. 王佳如果不喜欢绿茶,就一定喜欢红茶;

Ⅲ. 常去喝下午茶的人如果不喜欢红茶,就一定喜欢绿茶或花茶;

Ⅳ. 常去喝下午茶的人如果不喜欢绿茶,就一定喜欢红茶和花茶。

A. 仅Ⅱ和Ⅳ。
B. 仅Ⅱ、Ⅲ和Ⅳ。
C. 仅Ⅲ。
D. 仅Ⅰ。
E. 仅Ⅱ和Ⅲ。

33. 某金库发生了失窃案,公安机关侦查确定,这是一起典型的内盗案,可以断定金库管理员甲、乙、丙、丁中至少有一人是作案者。办案人员对四人进行了询问,四人的回答如下:

甲:“如果乙不是窃贼,我也不是窃贼。”

乙:“我不是窃贼,丙是窃贼。”

丙:“甲或者乙是窃贼。”

丁:“乙或者丙是窃贼。”

后来事实表明,他们四人中只有一人说了真话。

根据以上陈述，以下哪项一定为假？

A. 乙不是窃贼。

B. 丙不是窃贼。

C. 甲说的是真话。

D. 丙说的是假话。

E. 丁说的是真话。

34. 所有好的评论家都喜欢格林在这次演讲中提到的每一个诗人。虽然格斯特是非常优秀的诗人，可是没有一个好的评论家喜欢他。

根据以上陈述，可以得出以下哪项？

A. 格斯特不是好的评论家。

B. 格林喜欢格斯特。

C. 格林不喜欢格斯特。

D. 有的评论家不是好的评论家。

E. 格林在这次演讲中没有提到格斯特。

35. 赵元的同事都是球迷，赵元在软件园工作的同学都不是球迷，李雅既是赵元的同学又是他的同事，王伟是赵元的同学但不在软件园工作，张明是赵元的同学但不是球迷。

根据以上陈述，可以得出以下哪项？

A. 王伟是球迷。

B. 赵元不是球迷。

C. 李雅不在软件园工作。

D. 张明在软件园工作。

E. 赵元在软件园工作。

36. 宏达汽车公司生产的小轿车都安装了驾驶员安全气囊。在安装驾驶员气囊的小轿车中，有50%安装了乘客安全气囊。只有安装乘客安全气囊的小轿车才会同时安装减轻冲击力的安全杠和防碎玻璃。

如果上述判定为真，并且事实上李先生从宏达汽车公司购进的一辆小轿车中装有防碎玻璃，则以下哪项一定为真？

Ⅰ. 这辆车一定装有安全杠；

Ⅱ. 这辆车一定装有乘客安全气囊；

Ⅲ. 这辆车一定装有驾驶员安全气囊。

A. 只有Ⅰ。

B. 只有Ⅱ。

C. 只有Ⅲ。

D. 只有Ⅰ和Ⅱ。

E. Ⅰ、Ⅱ和Ⅲ。

37. 许多国家首脑在就任前并未有丰富的外交经验，但这并没有妨碍他们做出成功的外交决策。外交学院的教授告诉我们丰富的外交经验对于成功的外交决策是不可缺少的。但事实上，一个人只要有高度的政治敏感、准确的信息分析能力和果断的个人勇气，就能很快地学会如何做出成功的外交决策。对于一个缺少以上三种素养的外交决策者来说，丰富的外交经验没有什么价值。

如果上述断定为真，则以下哪项一定为真？

A. 外交学院的教授比就任前的国家首脑具有更多的外交经验。

B. 具有高度的政治敏感、准确的信息分析能力和果断的个人勇气，是一个国家首脑做出成功的外交决策的必要条件。

C. 丰富的外交经验，对于国家首脑做出成功的外交决策来说，既不是充分条件，也不是必要条件。

D. 丰富的外交经验，对于国家首脑做出成功的外交决策来说，是必要条件，但不是充分条件。

E. 在其他条件相同的情况下，外交经验越丰富，越有利于做出成功的外交决策。

38. 环宇公司规定，其所属的各营业分公司，如果年营业额超过 800 万元，其职员可获得优秀奖；只有年营业额超过 600 万元的，其职员才能获得激励奖。年终统计显示，该公司所属的 12 个分公司中，6 个年营业额超过了 1 000 万元，其余的则不足 600 万元。

如果上述断定为真，则以下哪项关于该公司今年获奖的断定一定为真？

L. 获得激励奖的职员，一定获得优秀奖；

M. 获得优秀奖的职员，一定获得激励奖；

N. 半数职员获得了优秀奖。

A. 仅 L。　　B. 仅 M。　　C. 仅 N。　　D. 仅 L 和 N。

E. L、M 和 N。

39. 19 世纪前，技术、科学发展相对独立，而 19 世纪的电气革命，是建立在科学基础上的技术创新，它不可避免地导致两者的结合与发展，而这又使人类不可避免地面对尖锐的伦理道德、资源环境问题。

以下哪项符合题干的断定？

Ⅰ. 产生当今尖锐的伦理道德问题和资源环境问题的一个重要根源是电气革命；

Ⅱ. 如果没有电气革命，则不会产生当今尖锐的伦理道德问题和资源环境问题；

Ⅲ. 如果没有科学与技术的结合，就不会有电气革命。

A. 只有Ⅰ。　　B. 只有Ⅱ。　　C. 只有Ⅲ。　　D. 只有Ⅰ和Ⅲ。

E. Ⅰ、Ⅱ和Ⅲ。

40. 三分之二的陪审员认为证人在被告作案时间、作案地或作案动机上提供伪证。

以下哪项能作为结论从上述断定中推出？

A. 三分之二的陪审员认为证人在被告作案时间上提供伪证。

B. 三分之二的陪审员认为证人在被告作案地上提供伪证。

C. 三分之二的陪审员认为证人在被告作案动机上提供伪证。

D. 在被告作案时间、作案地或作案动机这三个问题中，至少有一个问题，三分之二的陪审员认为证人在这个问题上提供伪证。

E. 以上各项均不能从题干的断定推出。

41. 如果一个学校的大多数学生都具备足够的文学欣赏水平和道德自律意识，那么，像《红粉梦》和《演艺十八钗》这样的出版物就不可能成为在该校学生中销售最多的书。去年在 H 学院的学生中，《演艺十八钗》的销售量仅次于《红粉梦》。

如果上述断定为真，则以下哪项一定为真？

Ⅰ. 去年 H 学院的大多数学生都购买了《红粉梦》或《演艺十八钗》；

Ⅱ. H 学院的大多数学生既不具备足够的文学欣赏水平，也不具备足够的道德自律意识；

Ⅲ. H 学院至少有些学生不具备足够的文学欣赏水平，或者不具备足够的道德自律意识。

A. 只有Ⅰ。　　B. 只有Ⅱ。　　C. 只有Ⅲ。　　D. Ⅱ和Ⅲ。

E. Ⅰ、Ⅱ 和Ⅲ。

课后习题参考答案

1. 解析： 本题答案选 D。

本题考查命题的等价。令“起雾”为 P，“飞机按时起飞”为 Q。

题干断定，$\neg P \rightarrow Q$（特别注意“只要……就……”和“只有……才……”的区别）。

副选项Ⅰ断定Q→¬P，等同于P→¬Q，不符合题干。

副选项Ⅱ断定¬Q→P，等同于¬P→Q，符合题干。

副选项Ⅲ断定¬Q→P，等同于¬P→Q，符合题干。

综上所述，本题答案选D。

2. 解析：本题答案选A。

题干推理为：不起雾→按时起飞，其矛盾为：不起雾∧$\overline{\text{按时起飞}}$。

Ⅰ	不起雾∧$\overline{\text{按时起飞}}$，与题干矛盾，符合题意
Ⅱ	起雾∧按时起飞，不与题干矛盾，不符合题意
Ⅲ	起雾∧航班延误，不与题干矛盾，不符合题意

综上所述，本题答案选A。

3. 解析：本题答案选B。

题干断定的条件关系是：国际贡献→国家实力→一流教育。各选项的结构为：

A. ¬一流教育→¬国际贡献。

B. 一流教育→国际贡献。

C. 国家实力→一流教育。

D. ¬(国际贡献∧¬一流教育)=¬国际贡献∨一流教育=国际贡献→一流教育。

E. ¬国际贡献∨一流教育=国际贡献→一流教育。

显然，只有B项不符合题干。

4. 解析：本题答案选A。

令“把理论当作教条”为P，“束缚思想”为Q。题干断定P→Q。选项A断定¬P→¬Q，等同于Q→P。也就是题干将“把理论当作教条”作为“束缚思想”的充分条件，而选项A误将“把理论当作教条”视作“束缚思想”的必要条件，不符合题干。

5. 解析：本题答案选C。

根据题干“根据以上陈述，可以得出以下哪项”知，这是形式逻辑题，本题考查复合命题推理。

题干形式化为：

(1) 尊重他人→美德；(所有S是P的假言形式化)

(2) 受人尊重→(享受∧幸福)；

(3) 受人尊重→尊重他人。

由(1)、(3)知：受人尊重→尊重他人→美德；

其逆否命题是：$\overline{\text{美德}}$→$\overline{\text{尊重他人}}$→$\overline{\text{受人尊重}}$。

所以，如果一个人没有美德，就不会赢得他人的尊重，选C。

6. 解析：本题答案选C。

由题干的条件，除非这周内有法定休假日，否则肖群一周工作五天。

题干形式化为：$\overline{\text{法定假日}}$→一周工作五天；除了周五在志愿者协会，其余四天肖群都在大平保险公司上班。根据题干，上周肖群有四天在大平保险公司上班，不能推出这四天是周一、周二、周三和周四。要推出这一结论，还必须假设上周的周六和周日肖群没有上班。综上所述，本题答案选 C。

7. 解析：本题答案选 D。

(1) 有人只接受理疗，也有人接受理疗与药物双重治疗；

(2) 两种治疗的预期治疗效果一致；

(3) 接受理疗与药物治疗的腰肌劳损患者取得效果(P)→此种药物治疗是不可缺少的(Q)。

Ⅰ选项	根据(3)知，“对于一部分腰肌劳损患者来说，要配合理疗取得治疗效果，药物治疗是不可缺少的”必然为真
Ⅱ选项	根据(1)+(2)知，“有人只接受理疗”也能取得预期效果，所以Ⅱ必然为真
Ⅲ选项	文中只提到两种，“有的”+“有的”未必能涵盖全部，可能还有其他不需要理疗的治疗方法，所以Ⅲ未必为真

综上所述，本题答案选 D。

8. 解析：本题答案选 A。

题干信息为：大李不可能调动。因为在决定调动大李前，先要征得大李本人同意；要征得大李同意，先要调动小王；要调动小王，先要征得小王同意；要征得小王同意，先要调动大李。也就是说，在决定调动大李前，先要调动大李。这是不可能的。因此，大李不可能调动。同理，小王不可能调动。

9. 解析：本题答案选 A。

根据题干断定：产品的合格质量和经销商的诚信是产品畅销的必要条件。

畅销→(产品质量∧经销商的诚信)。

A 选项	$\overline{\text{畅销}}\rightarrow(\overline{\text{产品质量}}\vee\overline{\text{经销商的诚信}})$，前假推后假，与题干不等价，选 A
B 选项	畅销→(产品质量∧经销商的诚信)，与题干等价，不选
C 选项	畅销→(产品质量∧经销商的诚信)，与题干等价，不选
D 选项	$\overline{(\text{产品质量}\wedge\text{经销商的诚信})}\rightarrow\overline{\text{畅销}}$，题干的逆否命题，与题干等价，不选
E 选项	必要条件即使成立，也未必能推出产品畅销，符合题干，不选

10. 解析：本题答案选 A。

根据题干断定：(确保法律面前人人平等)且(允许有人触犯法律而不受制裁)，这是不可能的，假设“确保法律面前人人平等”＝P，“允许有人触犯法律而不受制裁”＝Q。将其形式化为：

$\overline{(\text{法律面前人人平等}\wedge\text{允许触犯法律而不受制裁})}=\overline{(P\wedge Q)}$；

$=\overline{\text{法律面前人人平等}}\vee\overline{\text{允许触犯法律而不受制裁}}=\overline{P}\vee\overline{Q}$。

A 选项	非 P 或非 Q，符合题干信息，选 A
B 选项	非 Q，选言命题为真不一定推出选言肢为真，不选
C 选项	非 P 且非 Q，这是一个联言命题，可能为真，也可能为假，相对来说，没有 A 更符合题干，不选

D 选项	不允许有人触犯法律可以不受制裁→法律面前人人平等是可能的＝允许有人触犯法律可以不受制裁或者法律面前人人平等是可能的，不符合题干断定，不选
E 选项	题干是“有人”，而该选项是“任何人”，不符合题干断定，不选

11. 解析：本题答案选 D。

由题干信息“以下哪种哺乳动物的发现，最能削弱以上的断言”知，本题是形式逻辑题，本题考查的是复合命题的矛盾命题。根据题干断定：边吃边呼吸对保持哺乳动物高效率的新陈代谢是必要的。

可以形式化为：高效率的新陈代谢→边吃边呼吸；其矛盾命题为：高效率的新陈代谢 ∧ ¬边吃边呼吸；正确选项只需要找出：存在高效率的新陈代谢但没有第二味觉的哺乳动物。因此，本题答案选 D。

12. 解析：本题答案选 B。

根据题干“如果上述断定为真，则以下哪项一定为真”知，这是形式逻辑题，本题考查复合命题推理规则。根据题干：

Ⅰ选项	Ⅰ不一定为真，如果东山市所有垃圾筒都是红色的，并不违反题干的条件
Ⅱ选项	Ⅱ一定为真，“东山市威达建材广场每家商店的门边都设有垃圾筒”可推出如果东山市的一家商店门边没有垃圾筒，那么这家商店不在威达建材广场
Ⅲ选项	Ⅲ不一定为真，“东山市威达建材广场每家商店的门边都设有垃圾筒”，由此不能推出“东山市只有威达建材广场的商店门边才设有垃圾筒”

综上所述，只有Ⅱ为真。因此，本题答案选 B。

13. 解析：本题答案选 C。

根据题干信息“以下各项都符合题干的断定，除了”知，本题是形式逻辑题，本题考查复合命题的等价命题。本题可形式化为：除非（他具有坚定的信念）；同时，除非（一个人能勇敢地面对挫折），否则他就不能在逆境中成功，再将其形式化为：

(1) $\overline{\text{具有坚定的信念}}$→$\overline{\text{在逆境中成功}}$＝在逆境中成功→具有坚定的信念（逆否规则）；

(2) $\overline{\text{勇敢面对挫折}}$→$\overline{\text{在逆境中成功}}$＝在逆境中成功→勇敢面对挫折（逆否规则）。

A 选项	逆境中成功→坚定的信念，符合逆否规则，能从题干推出，不选
B 选项	逆境中成功→坚定的信念，符合逆否规则，能从题干推出，不选
C 选项	坚定的信念→成功，无法从题干推出，选 C
D 选项	逆境中成功→坚定的信念＝非逆境中成功或坚定的信念，符合假言命题的等价规则，能从题干推出，不选
E 选项	题干原命题，不选

14. 解析：本题答案选 D。

对于形式逻辑题，最强削弱就是矛盾。根据题干信息：(1)高科技含量→资金投入和技术人才；(2)占领市场→高科技含量；(1)+(2)联立得：占领市场→高科技含量→资金投入和技术人才，其矛盾为：占领市场∧非科技含量、占领市场∧(非资金投入和技术人才)=(占领市场∧非资金投入)∨(占领市场∧非技术人才)。

A 选项	占领市场∧有高科技含量，与题干信息不矛盾，无法削弱题干，不选
B 选项	非占领市场∧有高科技含量，与题干信息不矛盾，无法削弱题干，不选
C 选项	非占领市场∧没有高科技含量，与题干信息不矛盾，无法削弱题干，不选
D 选项	占领市场∧非资金投入和技术人才，与题干信息矛盾，削弱了题干，选 D
E 选项	非占领市场∧资金投入和技术人才，与题干信息不矛盾，无法削弱题干，不选

15. 解析：本题答案选 C。

根据题干信息：

(1) 电脑密码被破译∧受过专门训练；

(2) 甲→丙=非丙→非甲；

(3) 乙没有受过破译电脑密码的专门训练；

(4) 至少有一人作案了。

假设丙没有作案，则甲没作案，则作案的是乙；又乙没有受过破译电脑密码的专门训练，不具备单独作案的条件。因此，三人中无人作案，与题干条件矛盾。因此，假设不成立。作案者中一定有丙。

因此，本题答案选 C。

16. 解析：本题答案选 D。

题干形式化为：

(1) 招聘人员→(副高∧引进人才)∨(北京∧应届博士)；

(2) 应届博士→博士后公寓；

(3) 引进人才→"牡丹园"小区。

A 选项	"居住在博士后公寓"与"副高以上职称"两个概念可能会有交叉，不选
B 选项	"具有北京户籍的应届毕业的博士研究生"显然无法推出"具有博士学位的都是具有北京户籍的"，不选
C 选项	"居住在'牡丹园'小区"与"博士学位"两个概念可能会有交叉，不选
D 选项	非应届毕业的博士研究生，肯定具有"副高以上职称"，那么一定居住在"牡丹园"小区，选 D
E 选项	该选项可能为真

17. 解析：本题答案选 D。

题干形式化为：

(1) 思考是人的大脑才具有的机能；

(2) 计算机**接近于**思考，而不同于动物=所有动物都不会思考；

(3) 计算机不具有意志力，而有些动物具有意志力。

Ⅰ 选项	由题干知"有些动物具有意志力"+"所有动物都不会思考"，可以得出"具备意志力不一定要经过思考"。因此，该选项一定为真

续表

Ⅱ选项	由题干知"所有动物都不会思考"，得出"动物的行为中不包括思考"。因此，该选项一定为真
Ⅲ选项	"计算机所做的事更接近于思考"但并不等于"就是思考"，因此即使"计算机不具有意志力"也不必然得出"思考不一定要具备意志力"。因此，该选项可能为真，可能为假

综上所述，三个副选项只有Ⅰ和Ⅱ一定为真，所以本题答案选D。

18. 解析：本题答案选E。

本题题干断定，不存在这样的其他竞选者，该竞选者同时具备李女士的所有优点。该断定可以表述为：任何其他竞选者在某一方面或某些方面都不如李女士。例如，李女士具有1、2、3、4优点，有可能甲具有1、2、3、5优点，而乙具有2、3、4、5优点，但不可能有人同时具有1、2、3、4优点。因此，题干的断定能合乎逻辑地得出选项E所示的结论。

19. 解析：本题答案选D。

根据题干：由1号拿起了红方块而A型能识别颜色，可知1号不是A型；由2号拿起了蓝球而B型能识别形状，可知2号不是B型。因此，本题的正确选项为D。

20. 解析：本题答案选C。

由本题题干可知，小林显然把游泳池的这一规定错误地理解为：持有深水合格证，是允许进入深水池的充分条件，而实际上"只有持有深水合格证，才能进入深水池"，持有深水合格证是允许进入深水池的必要条件。

21. 解析：本题答案选C。

本题题干可形式化为：(属于这个域)且(登录账户存在)且(密码正确)→允许登录。

现在，小张的登录账户是正确的，但是域控制器拒绝小张的计算机登录，说明登录账户存在和密码正确至少有一个不成立，所以，如果小张的计算机属于这个域，那么他输入的密码是错误的，因此正确选项为C。同样，如果小张输入的密码是正确的，那么它的计算机不属于这个域，因此E项从题干得不出。密码与是否属于这个域的关系，从题干中推不出。因此，D项不选。

22. 解析：本题答案选A。

题干进行形式化知：

(1) 木星的引力作用要么将它们推至更小的轨道，要么将它们逐出太阳系，表示的是只有一个成立。

(2) 木星的引力作用或者将它们推至更小的轨道，或者将它们逐出太阳系，表示的是至少一个成立。

因此，如果(1)成立，(2)一定成立。所以，(1)不能成立，只能是(2)成立，即"或者A或者B"成立。"或者A或者B"包含"要么A要么B"与"A且B"，"要么A要么B"不成立，故应是A且B成立，因此，正确答案是选项A。

23. 解析：本题答案选E。

根据题干"关于该配方的断定哪项为真"知，这是形式逻辑题，本题考查复合命题推理规则。

现在有天麻，根据(3)知人参和天麻不能都有，因此没有人参。

根据(4)：没甲且有丙→有人参，根据逆否命题，那么，没有人参→有甲或没丙。

根据(1)：有甲→有乙。

根据(2)：没丙→有丁。

因此，有甲或没丙→有乙或有丁（二难推理）。

24. 解析：本题答案选 E。

本题考查复合命题矛盾。题干形式化为：要么调换，要么加倍赔款，它是调换与加倍赔款的不相容选言，其矛盾是：（既不调换又不加倍赔款）或者（既调换又加倍赔款），选 E。

25. 解析：本题答案选 C。

本题推理关系为：只有靠那一点雄心或许（才）能导致波澜壮阔的结果。将其形式化为：波澜壮阔的结果→雄心；其矛盾是：波澜壮阔的结果∧$\overline{\text{雄心}}$。

因此，本题答案选 C。

26. 解析：本题答案选 C。

根据题干信息，编号 2 出现次数最多：

（1）假设 2 是美洲，那么戊的前半句 2 是欧洲是错的，后半句 5 是美洲也是错的，不满足一个对一半，与题干不符，故 2 不是美洲。

（2）由于 2 不是美洲，那么甲的后半句是错的，得出 3 是欧洲；因此，丁说 3 是大洋洲是错的，所以丁的前半句对，故 4 是非洲。

综上所述，本题答案选 C。

27. 解析：本题答案选 D。

第一个推理是"只有推进与高校、科研院所的合作，才能激发自主创新的活力"，形式化为：自主创新活力→推进合作；第二个推理是"一个企业只有搭建服务科技创新发展战略的平台，才能催生重大科技成果"，形式化为：科技成果→搭建平台。

A 选项	搭建平台→自主创新活力，显然将两个推理错位，不选
B 选项	搭建平台→科技成果，后真推前真，不选
C 选项	不是一个推理，无关选项
D 选项	$\overline{\text{搭建平台}}$→$\overline{\text{科技成果}}$，后假推前假，逆否规则，为正确选项
E 选项	推进合作→自主创新活力，后真推前真，不选

28. 解析：本题答案选 C。

根据题干信息："只有实行最严格的制度、最严密的法治，才能为生态文明建设提供可靠保障；如果要实行最严格的制度、最严密的法治，就要建立责任追究制度"，形式化为：

$$\left.\begin{array}{l}\text{可靠保障}\rightarrow\text{严密的法治}\\ \text{严密的法治}\rightarrow\text{责任追究制度}\end{array}\right\}\Rightarrow\text{可靠保障}\rightarrow\text{严密的法治}\rightarrow\text{责任追究制度。}$$

由推理的传递规则，再根据推理的逆否规则知：

$\overline{\text{责任追究制度}}$→$\overline{\text{严密的法治}}$→$\overline{\text{可靠保障}}$⇒本题答案选 C。

A 选项	追究责任→提供保障，后真推前真，不符合假言推理规则，不选
B 选项	不是一个推理，无关选项，不选
C 选项	$\overline{\text{责任追究制度}}$→$\overline{\text{可靠保障}}$，符合假言的逆否规则，选 C
D 选项	造福于民→制度防护墙，题干未涉及该推理，不选
E 选项	责任追究制度→严密的法治，后真推前真，不符合假言推理规则，不选

29. 解析：本题答案选 B。

本题题干进行形式化可知：

(1) 李值班→李参加宣传工作会；

(2) 张值班→张参加信访工作；

(3) 王下乡→(李值班∨张值班)；

(4) $\overline{\text{王下乡}}$→(王参加宣传工作会∨王参加信访工作)；

(5) $\overline{\text{王参加宣传工作会}}$∧$\overline{\text{王参加信访工作}}$。

由(4)、(5)知：$\overline{\text{(王参加宣传工作会∨王参加信访工作)}}$→王下乡⇒王书记下乡调研，所以，本题答案选 B。

30. 解析：本题答案选 C。

由条件(2)、条件(3)知：每个年级被选拔进入代表队的人数各不相同，则要使某年级人数最多，则四个年级人数为：1、2、3、6，此时刚好满足条件(3)，本题答案选 C。

31. 解析：本题答案选 C。

题干形式化为：

(1) 长跑→($\overline{\text{短跑∨跳高}}$)⇒长跑→($\overline{\text{短跑}}$∧$\overline{\text{跳高}}$)；

(2) 跳远→($\overline{\text{长跑∨铅球}}$)⇒跳远→($\overline{\text{长跑}}$∧$\overline{\text{铅球}}$)。

该年级选择了长跑，那么该年级不可能选择短跑，也不可能选择跳高。

根据推理(2)知，该年级不可能选择跳远，因此必须选择铅球，所以该年级选择了长跑和铅球，选项 C 不可能成立。综上所述，本题答案选 C。

32. 解析：本题答案选 E。

关于多个选言命题考点。A 或者 B 或 C，否定 A，可以得到 B 或 C。如果是肯定 A，得不到任何结果。

33. 解析：本题答案选 E。

题干形式化为：

(1) 非乙→非甲，等价于“乙或者非甲”；(2)非乙并且丙；

(3) 甲或者乙；(4)乙或者丙。

若干句仅有一真，真假话题。

第一步：看命题中是否有矛盾。四句命题之间如果没有矛盾，那么命题之间是否有真假依存关系？我们使用假设法：

(1) 假设乙是窃贼，那么(3)、(4)为真，与题干“他们四人中只有一人说了真话”不符，因此推出：乙不是窃贼；

(2) 假设丙是窃贼，再根据(1)得出的结论乙不是窃贼，那么(2)、(4)为真，与题干“他们四人中只有一人说了真话”不符，因此推出：丙不是窃贼。

由此推出，乙和丙都不是窃贼，因此丁的话必定为假。综上所述，本题答案选 E。

34. 解析：本题答案选 E。

“所有好的评论家都喜欢格林在这次演讲中提到的每一个诗人”相当于“所有这次演讲中提到的诗人都被所有好的评论家喜欢”，这个不是简单的“所有 S 都是 P”，而是“所有 S 都喜欢 P”，将其形式化为：

(1) 提到的诗人→好的评论家都喜欢；

其逆否命题是：$\overline{\text{好的评论家都喜欢}}$→$\overline{\text{提到的诗人}}$。

(2) 格斯特→$\overline{\text{好的评论家都喜欢}}$。

(1) +(2)可以得到：格斯特→$\overline{\text{好的评论家都喜欢}}$→$\overline{\text{提到的诗人}}$。

所以，这次演讲没有提到格斯特，选 E。

35. 解析：本题答案选 C。

题干中条件可转化为：(1)赵元的同事→球迷；(2)赵元在软件园工作的同学→不是球迷。李雅是赵元的同事，根据(1)可以推出李雅是球迷，再根据(2)，否定后件，推出否定前件，即李雅不是软件园工作的同学。而李雅又是赵元的同学，所以李雅不在软件园工作。

36. 解析：本题答案选 C。

由题干信息“如果上述判定为真，并且事实上李先生从宏达汽车公司购进的一辆小轿车中装有防碎玻璃，则以下哪项一定为真”知，本题是形式逻辑题，本题考查的是复合命题推理。

根据题干信息知：(1)宏达汽车→驾驶员安全气囊(所有 S 都是 P 的推理形式)；(2)安装驾驶员气囊的小轿车中，有 50%安装了乘客安全气囊；(3)(安全杠∧防碎玻璃)→乘客安全气囊。再根据推理的起点：李先生从宏达汽车公司购进的一辆小轿车中装有防碎玻璃。

Ⅰ选项：题干未涉及“是否装有安全杠”，不一定为真，不选；

Ⅱ选项：根据(2)、(3)均不能得出“一定装有乘客安全气囊”，不一定为真，不选；

Ⅲ选项：根据推理(1)，该选项一定为真。

综上所述，本题答案选 C。

37. 解析：本题答案选 C。

由题干信息“如果上述断定为真，则以下哪项一定为真”知，本题是形式逻辑题，本题考查的是充分必要条件。

根据题干信息：许多国家首脑在就任前并未有丰富的外交经验，但这并没有妨碍他们做出成功的外交决策。这说明丰富的外交经验，不是国家首脑做出成功的外交决策的必要条件。题干又断定：对于一个缺乏政治敏感、准确的信息分析能力和果断的个人勇气的外交决策者来说，丰富的外交经验没有什么价值。这说明：丰富的外交经验不是国家首脑做出成功的外交决策的充分条件。因此，丰富的外交经验对于国家首脑做出成功的外交决策来说，既不是充分条件，也不是必要条件。因此，本题答案选 C。

技巧点拨：充分条件的判别依据是：有之即可，无之未必不行；必要条件的判别依据是：无之一定不行，有之未必行。

38. 解析：本题答案选 A。

由题干信息“如果上述断定为真，则以下哪项关于该公司今年获奖的断定一定为真”知，本题是形式逻辑题，本题考查的是假言推理规则。

根据题干信息：年营业额超过 800 万元→可获得优秀奖；获得激励奖→年营业额超过 600 万元；6 个分公司年营业额超过了 1 000 万元，其余的则不足 600 万元。

L 选项	由题干，超过 600 万元的，一定超过 800 万元，即获得激励奖的职员所在的分公司，年营业额一定超过 800 万元；再由题干，年营业额超过 800 万元的分公司，其职员可获得优秀奖。因此，获得激励奖的职员，一定可获得优秀奖，该选项为真
M 选项	题干只断定：如果年营业额超过 800 万元，其职员可获得优秀奖；但没有断定只有年营业额超过 800 万元的，其职员才可获得优秀奖。因此，完全可能一个获优秀奖的职员所在的分公司的年营业额不足 600 万元，因此不能获得激励奖，该选项不一定为真
N 选项	分公司数量的半数，和职员数量的半数不是同一个概念，该选项不一定为真

39. 解析：本题答案选 D。

由题干信息“以下哪项符合题干的断定”知，本题是形式逻辑题，本题考查的是复合命题推理。

根据题干信息知：电气革命→科学基础上的技术创新→两者的结合与发展→面对尖锐的伦理道德、资源环境问题。

Ⅰ选项	由上述推理知：电气革命是人类面对尖锐的伦理道德问题和资源环境问题的充分条件。因此，产生当今尖锐的伦理道德问题和资源环境问题的一个重要根源是电气革命，即Ⅰ项成立
Ⅱ选项	该选项推理为：非（电气革命）→非（当今尖锐的伦理道德问题和资源环境问题），属于前假推后假，无法推出，不选
Ⅲ选项	该选项推理为：非（科学与技术的结合）→非（电气革命），属于假言推理的逆否规则，可以推出，即Ⅲ项成立

综上所述，三个副选项只有Ⅰ和Ⅲ可以从题干推出，所以，本题答案选 D。

40. 解析：本题答案选 E。

根据题干“以下哪项能作为结论从上述断定中推出”知，这是形式逻辑题，本题考查单步推理。

在本题的诸选项中，选项 A、B、C、D 的结论均不能从题干的断定中推出。

例如，假设只有三个陪审员，各位陪审员的观点如下表所示（Y 表示陪审员“认为证人提供伪证”，N 表示陪审员“不认为证人提供伪证”）：

	1 号陪审员	2 号陪审员	3 号陪审员
作案时间	N	Y	N
作案地点	N	Y	N
作案动机	Y	N	N

显然，上表所示的情况符合题干的要求，也就是三分之二的陪审员认为证人在被告作案时间、作案地点或作案动机上提供伪证。但是，在上表所示的情况下，三分之一的陪审员认为证人在被告作案时间上提供伪证，三分之一的陪审员认为证人在被告作案地点上提供伪证，三分之一的陪审员认为证人在被告作案动机上提供伪证。此外，在被告作案时间、作案地点或作案动机这三个问题中，没有一个问题，三分之二的陪审员认为证人在这个问题上提供伪证。因此，选项 A、B、C、D 的结论均不能从题干的断定中推出。

41. 解析：本题答案选 C。

根据题干“如果上述断定为真，则以下哪项一定为真”知，这是形式逻辑题，本题考查单步推理规则。题干信息为：

由去年 H 学院学生中《演艺十八钗》的销售量仅次于《红粉梦》，可得《红粉梦》和《演艺十八钗》是 H 学院销售最多的书。“仅次于”是表示第一、第二之间的关系。

如果一个学校的大多数学生都具备足够的文学欣赏水平和道德自律意识（P）→像《红粉梦》和《演艺十八钗》这样的出版物就不可能成为在该校学生中销售最多的书（Q）。

Ⅰ选项	“销量大”并不必然代表买的人多，有可能一个人买多本书，不必然为真
Ⅱ选项	题干的逆否命题是：$\overline{Q}\rightarrow\overline{P}$，$\overline{P}$＝$\overline{道德自律}\vee\overline{文学水平}$，根据摩根律知，其等价于$\overline{道德自律}\vee\overline{文学水平}$，显然该命题未必为真
Ⅲ选项	由Ⅱ知，$\overline{道德自律}\vee\overline{文学水平}$，所以，至少有些学生不具备足够的文学欣赏水平，或者不具备足够的道德自律意识，Ⅲ为真，为正确选项

综上所述，本题答案选 C。

第六章　逻辑计算和综合推理

随着2012年管理类联考的合并，逻辑考试越发将逻辑计算和综合推理作为重点的考查模块，尤其是2013年开始大规模出现逻辑计算推理题，该部分也是逻辑考试中难度最大的一部分，其考试范围广，缺乏系统性的知识体系，技巧性强，耗时长，可以说完全是“智商测试题”而非“知识、能力考题”，是历年来最让考生头疼的考试内容。该模块的试题有10～12道，占考试题的1/3左右，该部分内容分为逻辑计算和综合推理两大模块，本章将系统地对这类试题进行分析。

6.1　条件排列题型

试题特征识别：

该类试题的选项是有穷的，且各个选项之间的内容一样或者非常接近，只是排列顺序不一样。

解题技巧：

(1) 将选项代入题干，挨个排除；　　(2) 对照条件，逐个排除选项。

例题精析：

1. 在某次考试中，有三个关于北京旅游景点的问题，要求考生每题选择某个景点的名称作为唯一答案。其中六位考生关于上述三个问题的答案依次如下：

第一位考生：天坛、天坛、天安门；

第二位考生：天安门、天安门、天坛；

第三位考生：故宫、故宫、天坛；

第四位考生：天坛、天安门、故宫；

第五位考生：天安门、故宫、天安门；

第六位考生：故宫、天安门、故宫。

考试结果表明每位考生都至少答对其中一道题。

根据以上陈述，可知这三个问题的答案依次是(　　)

A. 天坛、故宫、天坛。　　B. 故宫、天安门、天安门。　　C. 天安门、故宫、天坛。

D. 天坛、天坛、故宫。　　E. 故宫、故宫、天坛。

解析：本题答案选B。

根据题干知，本题的选项为“列举所有元素”型选项，直接采用代入排除法，即把选项代入验证是否符合。如果给出的答案不能满足其中某一位考生的对应顺序，那么排除该选项。C和E选项不满足第一位考生的要求；D选项不满足第二位考生的要求；A选项不满足第六位考生的要求；B项代入符合题干至少答对一题，所以选B。

2. 某公司有一栋六层的办公楼，公司的财务部、企划部、行政部、销售部、人力资源部、研发部等六个部门在此办公，每个部门占据其中的一层。已知：

(1) 人力资源部、销售部两个部门所在的楼层不相邻；

(2) 财务部在企划部下一层；

(3) 行政部所在的楼层在企划部的上面，但是在人力资源部的下面。

按照从下到上的顺序，以下哪项符合上述楼层的分布？

A. 财务部、企划部、行政部、人力资源部、研发部、销售部。

B. 财务部、企划部、行政部、人力资源部、销售部、研发部。

C. 企划部、财务部、销售部、研发部、行政部、人力资源部。

D. 销售部、财务部、企划部、研发部、人力资源部、行政部。

E. 财务部、企划部、研发部、人力资源部、销售部、行政部。

解析： 本题答案选 A。

本题属于条件排列题中的"代入排除法"。根据条件(1)，排除 B、E；根据条件(2)，排除 C；根据条件(3)，排除 D。因此，本题答案选 A。

3. 李赫、张岚、林宏、何柏、邱辉是五位同事。近日他们各自买了一台不同品牌小轿车，分别为雪铁龙、奥迪、宝马、奔驰、桑塔纳。这五辆车的颜色分别与五人名字最后一个字谐音的颜色不同。已知李赫买的是蓝色的雪铁龙。

以下哪项排列可能依次对应张岚、林宏、何柏、邱辉所买的车？

A. 灰色奥迪、白色宝马、灰色奔驰、红色桑塔纳。

B. 黑色奥迪、红色宝马、灰色奔驰、白色桑塔纳。

C. 红色奥迪、灰色宝马、白色奔驰、黑色桑塔纳。

D. 白色奥迪、黑色宝马、红色奔驰、灰色桑塔纳。

E. 黑色奥迪、灰色宝马、白色奔驰、红色桑塔纳。

解析： 本题答案选 A。

本题考查的是逻辑计算题，属于条件排列题中的"代入排除法"。林宏不能买红色，排除 B 项；何柏不能买白色，排除 C、E 项；邱辉不能买灰色，排除 D 项。因此，本题答案选 A。

6.2 多重关系(双重属性)

4. 某综合性大学只有理科和文科，理科学生多于文科学生，女生多于男生。

如果上述断定为真，则以下哪项关于该大学学生的断定也一定为真？

Ⅰ. 文科的女生多于文科的男生；

Ⅱ. 理科的男生多于文科的男生；

Ⅲ. 理科的女生多于文科的男生。

A. 只有Ⅰ和Ⅱ。　　B. 只有Ⅲ。　　C. 只有Ⅱ和Ⅲ。

D. Ⅰ、Ⅱ和Ⅲ。　　E. Ⅰ、Ⅱ和Ⅲ都不一定是真的。

解析： 本题答案选 B。

由理科生多于文科生，得：(理科男生＋理科女生)＞(文科男生＋文科女生)(1)。

由女生多于男生，得：(理科女生＋文科女生)＞(理科男生＋文科男生)(2)。

显然，由不等式(1)的左项减去不等式(2)的右项所得的差，大于由不等式(1)的右项减去不等式(2)的左项所得的差,得出:(理科女生－文科男生)＞(文科男生－理科女生)(3)。

由不等式(3)得:理科女生＞文科男生;因此,理科女生＞文科男生。

技巧点拨:对于双重属性的大小对比,假如对于两个属性分别分为 A、B 和 C、D,A＞B,C＞D,那么 A 的 C＞B 的 D,这是一个非常管用的技巧。

5. 在世界总人口中,男女比例相当,但是黄种人是多于黑种人的,在其他肤色的人种中,男性比例大于女性,由此可见(　　)

A. 黄种女性多于黑种男性。

B. 黄种男性多于黑种女性。

C. 黄种男性多于黑种男性。

D. 黄种女性多于黑种女性。

E. 黄种女性等于黑种女性。

解析: 本题答案选 A。

根据题干信息:在黄黑人种中,黄种人＞黑种人,在其他肤色的人种中,男性比例大于女性,且在世界总人口中,男女比例相当,那么可以得出:在黄黑人种中,女性＞男性,综上所述,黄种女＞黑种男。因此,本题答案选 A。

6.3　概念的划分

6. 参加某国际学术研讨会的 60 名学者中,亚裔学者 31 人,博士 33 人,非亚裔学者中无博士学位的 4 人。

根据上述陈述,参加此次国际研讨会的亚裔博士有几人?

A. 1 人　　B. 2 人　　C. 4 人　　D. 7 人　　E. 8 人

解析: 本题答案选 E。

根据题干信息:60 名学者中,亚裔学者 31 人,则非亚裔学者是 29 人;非亚裔学者中无博士学位的 4 人,那么非亚裔学者中有博士学位的 25 人,再根据博士一共有 33 人,可以得出:非亚裔学者中有博士学位的人数为 33－25＝8(人)。因此,本题答案选 E。

6.4　对称关系

7. 在丈夫或妻子至少有一个是中国人的夫妻中,中国女性比中国男性多 2 万。

如果上述断定为真,则以下哪项一定为真?

Ⅰ. 恰有 2 万中国女性嫁给了外国人;

Ⅱ. 在和中国人结婚的外国人中,男性多于女性;

Ⅲ. 在和中国人结婚的人中,男性多于女性。

A. 只有Ⅰ。　　B. 只有Ⅱ。

C. 只有Ⅲ。　　D. 只有Ⅱ和Ⅲ。

E. Ⅰ、Ⅱ和Ⅲ。

解析: 本题答案选 D。

根据题干信息知“在丈夫和妻子至少有一个人是中国人的夫妻中,中国女性比中国男性多 2 万”,可以得出以下关系:中国男人(X)娶了中国女人(X)——有一个中国女人嫁给中国男人就必定有一个中国男人娶了中国女人；中国男人（Y）娶了外国女人（Y）；外国男人（Z）娶了中国女人（Z）；中国女性比中国男性多 2 万，其中中国女性包括（X+Z），中国男性包括（X+Y），由此可以得出：（X+Z）－（X+Y）＝Z－Y＝2 万。

Ⅰ选项	该选项表示“恰有 2 万中国女性嫁给了外国人”，而题干得出：嫁给外国男人的中国女人比娶了外国女人的中国男人多 2 万，与题干不符，不选
Ⅱ选项	“在和中国人结婚的外国人中”包括“嫁给**外国男人**的中国女人”和“娶了**外国女人**的中国男人”，Z－Y＝2 万，符合题干表述，正确
Ⅲ选项	“在和中国人结婚的人中”，其中中国女性包括（X+Z），中国男性包括（X+Y），由此可以得出：（X+Z）－（X+Y）＝Z－Y＝2 万，因此男性多于女性，符合题干表述，正确

综上所述，本题答案选 D。

8. 甲、乙、丙、丁、戊五人之间进行比赛（相互之间最多比赛一场），已知甲比赛了 4 场，乙比赛了 3 场，丙比赛了 2 场，丁比赛了 1 场，问戊比赛了几场？

A. 4。　　B. 3。　　C. 2。　　D. 1。　　E. 0。

解析：本题答案选 C。

根据题干信息，可以得出如下关系：

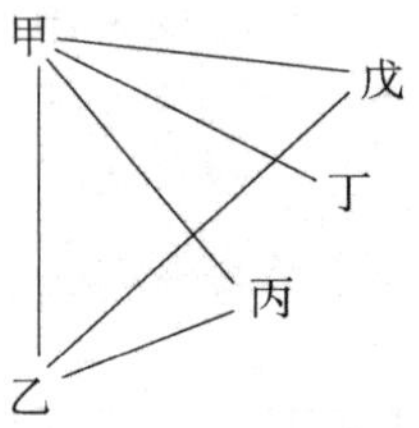	根据题干“甲比赛了 4 场”，那么甲与乙、丙、丁、戊四人均进行过比赛；再根据“丁比赛了 1 场”，那么丁只和甲比赛了，和其他人不进行比赛；再根据“乙比赛了 3 场”，乙不和丁比赛，所以和甲、丙、戊各比赛一场；再根据“丙比赛了 2 场”，可以得出丙和甲、乙各比赛了一场；因此得出：戊比赛了 2 场，和甲、乙各比赛了一场。因此，本题答案选 C。

6.5　比例、数量关系问题——“比例问题比例回答”

9. 近 10 年来，某电脑公司的个人笔记本电脑的销量持续增长，但其增长率低于该公司所有产品总销量的增长率。

以下哪项关于该公司的陈述与上述信息相冲突？

A. 近 10 年来，该公司个人笔记本电脑的销量每年略有增长。

B. 个人笔记本电脑的销量占该公司产品总销量的比例近 10 年来由 68%上升到 72%。

C. 近 10 年来，该公司产品总销量增长率与个人笔记本电脑的销量增长率每年同时增长。

D. 近 10 年来，该公司个人笔记本电脑的销量占该公司产品总销量的比例逐年下降。

E. 个人笔记本电脑的销量占该公司产品总销量的比例近 10 年来由 64%下降到 49%。

解析：本题答案选 B。

根据题干信息“某电脑公司的个人笔记本电脑的销量持续增长，但其增长率低于该公司所有产品总销量的增长率”可以得出：个人笔记本电脑的销量与所有产品总销量的比值在逐渐下降，而 B 项说明个人笔记本电脑销量占产品总销量的比例是最高的，与题干冲突，选 B。

10. A 地区与 B 地区相邻。如果基于耕种地和休耕地的总面积计算最近 12 年的平均亩产，A 地区是 B 地区的 120%；如果仅基于耕种地的面积，A 地区是 B 地区的 70%。

如果上述陈述为真，最可能推断出以下哪项？

A. A 地区生产的谷物比 B 地区多。

B. A 地区休耕地比 B 地区耕种地少。

C. A 地区少量休耕地是可利用的农田。

D. 耕种地占总农田的比例，A 地区比 B 地区高。

E. B 地区休耕地面积比 A 地区耕种地面积多。

解析：本题答案选 D。

由于题干只涉及"相对概念"比例，而不涉及"绝对概念"数量。在逻辑考试中"相对概念"与"绝对概念"之间不可互推，因此正确选项只能是与"比例"相关的内容。因此，本题答案选 D。

6.6 整体与局部关系

11. 某机关精简机构，计划减员 25%，撤销三个机构，这三个机构的人数正好占全机关的 25%。计划实施后，上述三个机构被撤销，全机关实际减员 15%。在此过程中，机关内部人员有所调动，但全机关只有减员没有增员。

如果上述断定为真，以下哪项一定为真？

Ⅰ. 上述计划实施后，有的机构调入新成员；

Ⅱ. 上述计划实施后，没有一个机构，调入的新成员的总数，超出机关总人数的 10%；

Ⅲ. 上述计划实施后，被撤销机构中的留任人员，不超过机关原总人数的 10%。

A. 只有Ⅰ。　B. 只有Ⅱ。　C. 只有Ⅲ。

D. 只有Ⅰ和Ⅱ。E. Ⅰ、Ⅱ和Ⅲ。

解析：本题答案选 A。

根据题干，可以得出：

(1) 撤销三个机构，这三个机构的人数正好占全机关的 25%；

(2) 全机关实际减员 15%。

Ⅰ选项	由于撤销三个机构的员工数大于全机关实际减员人数，因此有的机构调入新成员，为真
Ⅱ选项	由于题干只涉及"全机关实际减员人数"，但机关内部机构之间的人员流动不确定，未必为真
Ⅲ选项	由题干知，有可能"撤销三个机构的员工"全部留任，未必为真

综上所述，只有Ⅰ选项为真，本题答案选 A。

12. 现有甲、乙两所学校，根据上年度的经费实际投入统计，若仅仅比较在校本科生的学生人均投入经费，甲校是乙校的 86%；但若比较所有学生(本科生加上研究生)的人均经费投入，甲校是乙校的 118%。各校研究生的人均经费投入均高于本科生。

根据以上信息，最可能得出以下哪项？

A. 上年度，甲校学生总数多于乙校。

B. 上年度，甲校研究生人数少于乙校。

C．上年度，甲校研究生占该校学生的比例高于乙校。

D．上年度，甲校研究生人均经费投入高于乙校。

E．上年度，甲校研究生占该校学生的比例高于乙校，或者甲校研究生人均经费投入高于乙校。

解析：本题答案选 E。

根据题干条件可知：甲、乙两所院校仅比较本科生人均经费和比较所有学生人均经费的结果有差异，说明导致差异的原因是研究生学生在所有学生所占的比例或研究生的投入经费是不同的。如果研究生所占比例低，则所有学生的人均经费比单独计算本科生高；如果研究生投入人均经费高，也会使所有学生的人均经费比单独计算本科生高些。所以，E 项最可能推出。

6.7 “一一匹配”关系

13. 为了加强学习型机关建设，某机关党委开展了菜单式学习活动，拟开设课程有“行政学”“管理学”“科学前沿”“逻辑”和“国际政治”等五门课程，要求其下属的四个支部各选择其中两门课程进行学习。已知：第一支部没有选择“管理学”“逻辑”，第二支部没有选择“行政学”“国际政治”，只有第三支部选择了“科学前沿”。任意两个支部所选课程均不完全相同。

根据上述信息，关于第四支部的选课情况可以得出以下哪项？

A．如果没有选择“行政学”，那么选择了“管理学”。

B．如果没有选择“管理学”，那么选择了“国际政治”。

C．如果没有选择“行政学”，那么选择了“逻辑”。

D．如果没有选择“管理学”，那么选择了“逻辑”。

E．如果没有选择“国际政治”，那么选择了“逻辑”。

解析：本题答案选 D。

本题考查逻辑计算中的“图表推理法”，根据题干信息可以得出：

	行政学	管理学	科学前沿	逻辑	国际政治
第一支部	√	×	×	×	√
第二支部	×	√	×	√	×
第三支部			√		
第四支部			×		
没有选择“行政学”	×		×		
没有选择“管理学”		×	×		

由上述表格可知：第一支部选择了“行政学”和“国际政治”；第二支部选择了“管理学”和“逻辑”；根据只有第三支部选择了“科学前沿”，可知第四支部只能选择其他四门课程。如果不选“行政学”，只能在“逻辑”“管理学”和“国际政治”三门中选两门，但是“逻辑”“管理学”不能同

时选择，否则与第二支部的选择相同，那么必须选择“国际政治”，排除 A、C；如果不选“管理学”，只能在“逻辑”“行政学”和“国际政治”三门中选两门，但如果不选“逻辑”，则与第一支部相同，与题干条件各支部均不完全相同矛盾，所以第四支部如果不选“管理学”则一定要选“逻辑学”。因此，本题答案选 D。

14. 某省大力发展旅游产业，目前已经形成东湖、西岛、南山三个著名景点，每处景点都有二日游、三日游、四日游三种路线。李明、王刚、张波拟赴上述三地进行九日游，每个人都设计了各自的旅游计划。后来发现，每处景点他们三人都选择了不同的路线：李明赴东湖的计划天数与王刚赴西岛的计划天数相同，李明赴南山的计划是三日游，王刚赴南山的计划是四日游。

根据以上陈述，可以得出以下哪项？

A. 李明计划东湖二日游，王刚计划西岛二日游。

B. 王刚计划东湖三日游，张波计划西岛四日游。

C. 张波计划东湖四日游，王刚计划西岛三日游。

D. 张波计划东湖三日游，李明计划西岛四日游。

E. 李明计划东湖二日游，王刚计划西岛三日游。

解析： 本题答案选 A。

根据题干条件可知，本题采用图表法比较容易，是一个 3×3 的矩阵：

	东湖	西岛	南山
李明	2 天		3 天
王刚		2 天	4 天
张波			

李明赴东湖的计划天数与王刚赴西岛的计划天数相同，根据条件知，他们的计划天数只能是两天。所以，本题答案选 A。

6.8 方位图推导

15. 甲、乙、丙、丁、戊和己等六人围坐在一张正六边形的小桌前，每边各坐一人。已知：

(1) 甲与乙正面相对；

(2) 丙与丁不相邻，也不正面相对。

如果乙与己不相邻，则以下哪一项一定为真？

A. 戊与乙相邻。　　B. 甲与丁相邻。

C. 己与乙正面相对。　　D. 如果甲与戊相邻，则丁与己正面相对。

E. 如果丙与戊不相邻，则丙与己相邻。

解析： 本题答案选 E。

根据甲、乙相对可以知道丙、丁、戊、己处于中间四个位置上，又由丙、丁既不相邻又不相对，则只能在甲或乙两侧，而戊、己在甲、乙中另一个人的两侧，所以丙的一侧为甲或乙，另一侧为戊或己，具体排列方式见下图：

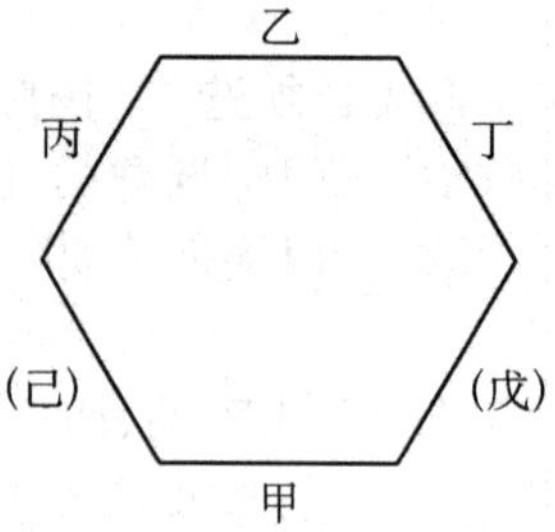

16. 小区业主委员会的四名成员晨桦、建国、向明和嘉媛坐在一张方桌前（每边各坐一人）讨论小区大门旁的绿化方案。四人的职业各不相同，每个人的职业是高校教师、软件工程师、园艺师或邮递员之中的一种。已知：晨桦是软件工程师，他坐在建国的左手边；向明坐在高校教师的右手边；坐在建国对面的嘉媛不是邮递员。

根据以上信息，可以得出以下哪项？

A．嘉媛是高校教师，向明是园艺师。

B．向明是邮递员，嘉媛是园艺师。

C．建国是邮递员，嘉媛是园艺师。

D．建国是高校教师，向明是园艺师。

E．嘉媛是园艺师，向明是高校教师。

解析： 本题答案选 B。

对于方位图的试题，先确定其**正方向**，一般不会让你确定绝对方向，只需要确定相对位置关系即可。根据题干信息，不妨设建国坐在正方向，容易推出四个人座位按逆时针排序为：晨桦（软件工程师）、建国、向明、嘉媛（不是邮递员）。再根据"向明坐在高校教师的右手边"可推出建国为高校教师，再由嘉媛不是邮递员可推出嘉媛是园艺师，所以向明是邮递员，他们之间相对关系如下图：

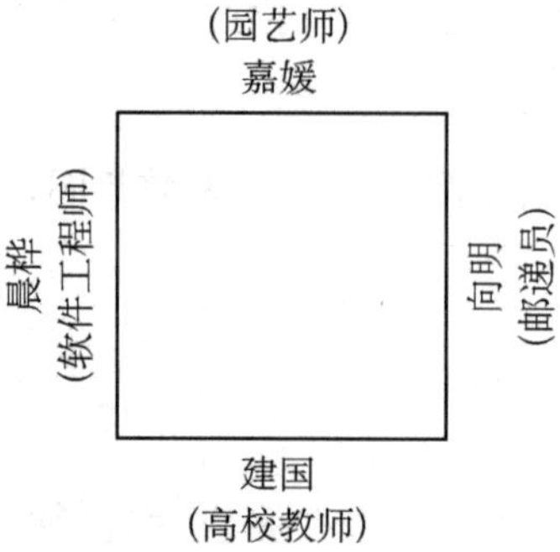

17. 某镇进行新区规划，决定以市民公园为中心，在东南西北分别建设一个特色社区。这四个社区分别定位为：文化区、休闲区、商业区和行政服务区。已知：行政服务区在文化区的西南方向，文化区在休闲区的东南方向。

根据以上陈述，可以得出以下哪项？

A．市民公园在行政服务区的北面。

B．休闲区在文化区的西南方向。

C．文化区在商业区的东北方向。

D．商业区在休闲区的东南方向。

E．行政服务区在市民公园的西南方向。

解析： 本题答案选 A。

题干的方位图表示可以是：行政服务区在文化区的西南方向，文化区在休闲区的东南方向，休闲区就在最北方（相当于在其南面两个位置，所以休闲区一定在最北方）。

	北(休闲区)	
西(商业区)	市民公园	东(文化区)
	南(行政区)	

6.9 比例论证的应用

18. 对某高校本科生的某项调查统计发现：在因成绩优异被推荐免试攻读硕士研究生的文科专业学生中，女生占有70%，由此可见，该校本科生专业的女生比男生优秀。

以下哪项如果为真，能最有力地削弱上述结论？

A．在该校本科文科专业学生中，女生占30%以上。

B．在该校本科文科专业学生中，女生占30%以下。

C．在该校本科文科专业学生中，男生占30%以上。

D．在该校本科文科专业学生中，男生占30%以下。

E．在该校本科文科专业学生中，男生占70%以上。

解析：本题答案选D。考查的是逻辑计算，部分概率与整体概率的关系。

某高校本科生在因成绩优异被推荐免试攻读硕士研究生的文科专业学生中，女生占有70%，并不能说明本科生文科专业的女生比男生优秀，还要看本科生文科专业女生占本科生文科专业学生的比例。如果在该校本科文科专业学生中，女生占70%以上，说明女生没有男生优秀。

19. 一项调查报告显示，儿童意外伤害地点排名中，客厅卧室占39.85%，排名居首；其次才是幼儿园，占37.41%；再次是公共场所和娱乐场所，占22.74%。由此有专家认为：儿童受伤，头号凶手是“家”。

以下选项中，最能削弱上述结论的是(　　)

A．调查显示，很多情况下儿童受伤是因为年轻父母缺乏经验造成的。

B．据调查，造成意外死亡的地点大多是在公共场所和娱乐场所。

C．统计显示，儿童在客厅卧室的时间占儿童活动时间的50%以上。

D．这份调查是针对3至6岁儿童进行的。

E．有些儿童在其他场所也会受伤。

解析：本题答案选C。

题干论证是：儿童在家里受伤概率最高→儿童受伤，头号凶手是“家”。本题是“比例论证”，要削弱它，只要说明儿童经常待在家里的比例最高。

A选项	题干未涉及“儿童受伤的原因”，属于无关选项，不选
B选项	题干未涉及“儿童的意外死亡”，属于无关选项，不选
C选项	“儿童在客厅卧室的时间占儿童活动时间的50%以上”，但是只有不到40%的受伤是发生在家里的，说明在家里受伤的概率比外面整体要低，削弱了题干，选C
D选项	题干未涉及“儿童意外受伤的年龄”，属于无关选项，不选
E选项	题干未涉及“儿童在其他场所也会受伤”，儿童在其他场所会受伤与在家里受伤没有关系，属于无关选项，不选

6.10 “分组”问题

20～21 题基于以下题干：

天南大学准备派两名研究生、三名本科生到山村小学支教。经过个人报名和民主决议，最终人选将在研究生赵婷、唐玲和殷倩三人和本科生周艳、李环、文琴、徐昂、朱敏五人中产生。按规定，同一学院或者同一社团至多选派一人。已知：(1)唐玲和朱敏均来自数学学院；(2)周艳和徐昂均来自文学院；(3)李环和朱敏均来自辩论协会。

20. 根据上述条件，以下必定入选的是(　　)

A. 文琴。　B. 唐玲。　C. 殷倩。　D. 周艳。　E. 赵婷。

21. 如果唐玲入选，下面必定入选的是(　　)

A. 赵婷。　B. 殷倩。　C. 周艳。　D. 李环。　E. 徐昂。

20. 解析：本题答案选 A。

根据题干“根据上述条件，以下必定入选的是”知，这是形式逻辑题，本题考查逻辑计算中的“不同时存在问题”。

将数学学院记为 A，文学院记为 B，辩论协会记为 C。

研究生：赵婷、唐玲^{A}、殷倩；

本科生：周艳^{B}、李环^{C}、文琴、徐昂^{B}、朱敏^{AC}。

显然，周、徐二人最多入选一人，李、朱二人最多入选一人，需要选出三人，四名本科生最多选出两人，因此文琴一定入选。综上所述，本题答案选 A。

技巧点拨：对于两人不能同时在一起，不能同时干一件事情时，采用上标法。

21. 解析：本题答案选 D。

根据题干“如果唐玲入选，下面必定入选的是”知，这是形式逻辑题，本题考查综合推理。

如果唐玲入选，那么与之同一学院的朱敏一定不入选，周、李、文、徐四个人要入选三个，而周、徐两人中最多只有一个人入选，那么文琴和李环一定入选，综上所述，本题答案选 D。

22～23 题基于以下题干：

某公司有 F、G、H、I、M 和 P 六位总经理助理，三个部门，每一部门恰由三个总经理助理分管。每个总经理助理至少分管一个部门。以下条件必须满足：

(1) 有且只有一位总经理助理同时分管三个部门；

(2) F 和 G 不分管同一部门；

(3) H 和 I 不分管同一部门。

22. 以下哪项一定为真？

A. 有的总经理助理恰分管两个部门。　B. 任一部门由 F 或 G 分管。

C. M 和 P 只分管一个部门。　D. 没有部门由 F、M 和 P 分管。

E. P 分管的部门 M 都分管。

23. 如果 F 和 M 不分管同一部门，则以下哪项一定为真？

A. F 和 H 分管同一部门。　B. F 和 I 分管同一部门。

C. I 和 P 分管同一部门。　D. M 和 G 分管同一部门。

E. M 和 P 不分管同一部门。

22. 解析：本题答案选 A。

根据题干知：由于该公司有三个部门，每一个部门恰由三个总经理助理分管，从而存在 $3\times3=9$ 个职位空缺，而该公司只有六位总经理助理，从而存在三个额外的职位空缺。题干所给条件(1)规定，有且只有一位总经理助理同时分管三个部门，从而这剩下一个额外职位空缺，该职位空缺将赋予上述同时分管三个部门的总经理助理以外的五位总经理助理中的一位，也就是说，有的总经理助理恰分管两个部门。因此，本题选项 A 一定为真。

23. 解析：本题答案选 C。

由题干条件推出，同时分管三个部门的只可能是 M 或 P。由本题条件，可推出同时分管三个部门的不是 M，而是 P。因此，P 和其余任一总经理助理同时分管某一部门，自然与 I 分管同一部门。

6.11 “真话假话”问题

24. 某高中一次临时测验中，有学生作弊，现在可以断定张明、李欣、王峰、谢虎四人当中至少有一人是作弊者。班主任老师对四人进行问话，四人回答如下：

张明：“如果李欣不是作弊者，我也不是作弊者。”

李欣：“我不是作弊者，王峰是作弊者。”

王峰：“张明或者李欣是作弊者。”

谢虎：“李欣或者王峰是作弊者。”

后来事实表明，他们四人中只有一人说了真话。

根据以上陈述，以下哪项一定为假？

A．王峰说的是假话。　　B．王峰不是作弊者。　　C．李欣不是作弊者。

D．谢虎说的是真话。　　E．张明说的是真话。

解析：本题答案选 D。

题干形式化为：

(1) $\overline{\text{李欣}}\rightarrow\overline{\text{张明}}=\text{张明}\rightarrow\text{李欣}$；

(2) $\overline{\text{李欣}}\wedge\text{王峰}$；

(3) $\text{张明}\vee\text{李欣}$；

(4) $\text{李欣}\vee\text{王峰}$。

假设张明作弊了，那么(3)为真；假设张明没作弊，那么(1)为真(前假即真)；那么，真话一定在(1)和(3)中。又根据“他们四人中只有一人说了真话”，推出(2)和(4)为假⇒李和谢说的一定是假话，选项 D 一定为假。所以，本题答案选 D。

25～26 题基于以下题干：

某公司年度审计期间，审计人员发现一张发票，发票上有赵义、钱仁礼、孙智、李信四个签名，签名者的身份各不相同，是经办人、复核、出纳或审批领导之中的一个，且每个签名都是本人所签。询问四位相关人员，得到以下答案：

赵义：“审批领导的签名不是钱仁礼。”　①

钱仁礼：“复核的签名不是李信。”　②

孙智：“出纳的签名不是赵义。”　③

李信：“复核的签名不是钱仁礼。”　④

已知上述每个回答中，如果提到的人是经办人，则该回答为假；如果提到的人不是经办人，则为真。

25. 根据以上信息，可以得出经办人是(　　)

A．赵义。　B．钱仁礼。　C．孙智。　D．李信。　E．无法确定。

26. 根据以上信息，该公司的复核与出纳分别是(　　)

A．李信、赵义。　B．孙智、赵义。

C．钱仁礼、李信。　D．赵义、钱仁礼。

E．孙智、李信。

25. 解析： 本题答案选 C。

根据题干信息：上述每个回答中，如果提到的人是经办人，则该回答为假；如果提到的人不是经办人，则为真。设赵提到(即钱)的是经办人，则赵说的话①为假，则审批领导是钱，钱既是经办人又是审批领导，显然违反题意，假设错误，即赵提到的钱不是经办人，①真。

同理，钱、孙、李提到的人也不是经办人，即李和钱也不是经办人，此外，②、③、④也真。

综上，只能孙是经办人。因此，本题答案选 C。

26. 解析： 本题答案选 D。

因为①、④为真，说明钱不是审批领导也不是复核，也不可能是经办人(孙是)，所以钱只能是出纳，再根据②得李是审批领导，则赵是复核，因此，本题答案选 D。

6.12　综合推理

27～29 题基于以下题干：

孔智、孟睿、荀慧、庄聪、墨灵、韩敏等六人组成一个代表队参加某次棋类大赛，其中两人参加围棋比赛，两人参加中国象棋比赛，还有两人参加国际象棋比赛。有关他们具体参加比赛项目的情况还须满足以下条件：

(1) 每位选手只能参加一个比赛项目；

(2) 孔智参加围棋比赛，当且仅当，庄聪和孟睿都参加中国象棋比赛；

(3) 如果韩敏不参加国际象棋比赛，那么墨灵参加中国象棋比赛；

(4) 如果荀慧参加中国象棋比赛，那么庄聪不参加中国象棋比赛；

(5) 荀慧和墨灵至少有一人不参加中国象棋比赛。

27. 如果荀慧参加中国象棋比赛，那么可以得出以下哪项?

A．庄聪和墨灵都参加围棋比赛。　B．孟睿参加围棋比赛。

C．孟睿参加国际象棋比赛。　D．墨灵参加国际象棋比赛。

E．韩敏参加国际象棋比赛。

28. 如果庄聪和孔智参加相同的比赛项目，且孟睿参加中国象棋比赛，那么可以得出以下哪项?

A．墨灵参加国际象棋比赛。　B．庄聪参加中国象棋比赛。

C．孔智参加围棋比赛。　D．荀慧参加围棋比赛。

E．韩敏参加中国象棋比赛。

29. 根据题干信息，以下哪项可能为真?

A．庄聪和韩敏参加中国象棋比赛。　B．韩敏和荀慧参加中国象棋比赛。

C．孔智和孟睿参加围棋比赛。　D．墨灵和孟睿参加围棋比赛。

E．韩敏和孔智参加围棋比赛。

27～29 题考查的显然是综合推理，题干信息形式化为：

(1) 每位选手只能参加一个比赛项目；

(2) 孔围棋＝(庄中国象棋 ∧ 孟中国象棋)——当且仅当表示“充要条件”；

(3) $\overline{\text{韩国际象棋}}$→墨中国象棋；

(4) 荀中国象棋→$\overline{\text{庄中国象棋}}$；

(5) $\overline{\text{荀中国象棋}}$ ∨ $\overline{\text{墨中国象棋}}$。

27. 解析： 本题答案选 E。

如果“荀慧参加中国象棋比赛”，结合(5)推出墨灵不参加中国象棋比赛(选言命题的否推肯)，再结合(3)，得出$\overline{\text{墨中国象棋}}$→韩国际象棋(假言命题的逆否规则)，因此得出韩敏参加国际象棋比赛。因此，本题答案选 E。

28. 解析： 本题答案选 D。

根据庄聪和孔智参加比赛相同，再根据题干“一个比赛只有两人参加”，可以推出庄聪和孟睿参加的比赛不同，再结合(2)可知孔智不能参加围棋比赛；根据孟睿参加中国象棋比赛，可推出庄和孔不能参加中国象棋比赛，所以庄和孔都参加国际象棋比赛。再根据(4)可推出荀慧不能参加中国象棋比赛，所以只能荀慧参加围棋比赛。

29. 解析： 本题答案选 D。

本题采用排除法，假设韩敏参加中国象棋，根据(3)可推出墨灵参加中国象棋，可排除 A 和 B 项；假设孔参加围棋比赛，可以推出庄和孟都参加中国象棋，可排除 C 项。庄和孟都参加中国象棋进一步推出墨灵不能参加中国象棋，结合(3)推出韩敏参加国际象棋比赛，因此排除 E 项。

6.13 课后习题

1. 某医院采用了一种新方法来测试献血者是否服用胃药。在这种方法实施前，估计报名献血者中将有 5%因服用过胃药而被淘汰。实际结果显示，仍有三分之二的服用过胃药的报名献血者通过测试而献了血，他们占实际献血人数的 10%。

以下哪项最可能是上述断定的逻辑结论？

A．是否服用胃药的测定是国际范围内医学界的难题。

B．实施测试方法前对被淘汰的胃药服用者数量百分比的估计偏高。

C．实施测试方法前对被淘汰的胃药服用者数量百分比的估计偏低。

D．实施测试方法前对被淘汰的胃药服用者数量百分比的估计非常准确。

E．由含药物输血引起的输血后不良反应将可能在该院上升大约 10%。

2. 有 A、B、C、D 四个有实力的排球队进行循环赛(每个队与其他队各比赛一场)。比赛结果，B 队输了一场，C 队比 B 队少赢一场，而 B 队又比 D 队少赢一场。

关于 A 队的名次，下列哪项为真？

A．第一名。　　B．第二名。　　C．第三名。　　D．第四名。

E．条件不足，不能判定。

3. P 老师统计学生们的模拟考试成绩发现：在数学、英语、逻辑、写作四门科目中：70%的考生数学及格了，75%的考生英语及格了，80%的考生写作及格了，85%的考生逻辑及格了。

如果上述情况属实，那么以下哪项一定为真？

A. 在此次考试中，大部分考生四门课都及格了。

B. 在此次考试中，大部分考生四门课没有都及格。

C. 在此次考试中，四门课不都及格的考生不到 90%。

D. 在此次考试中，有不少于 10% 的考生，四门课程都及格了。

E. 在此次考试中，有不少于 10% 的考生，四门课程都没有及格。

4. 某机关拟在全民国防教育日举办专项教育活动，至于采取何种方式，组织者甲、乙、丙三人意见如下：

甲：如果搞读书演讲、知识竞赛，那就不搞文艺演出和专题展览；

乙：如果不搞文艺演出和专题展览，那就搞读书演讲、知识竞赛；

丙：不搞读书演讲、知识竞赛。

如果上述三个人的意见中，只有一个人的意见与最后结果相符合，以下哪项是最终的结果？

A. 搞读书演讲、知识竞赛，也搞文艺演出和专题展览。

B. 搞读书演讲、知识竞赛，不搞文艺演出和专题展览。

C. 如果搞读书演讲、知识竞赛，则也要搞文艺演出和专题展览。

D. 不搞读书演讲、知识竞赛，搞文艺演出和专题展览。

E. 不搞读书演讲、知识竞赛，也不搞文艺演出和专题展览。

5. Q、T、W 三位老师分别在小学三年级教劳动、科学、自然、手工、音乐、德育，且每位老师教两门课。自然老师和劳动老师住同一个宿舍。W 老师最年轻，自然老师和 Q 老师都爱打篮球，T 老师比科学老师岁数大，比手工老师岁数小，三人中年级中等的老师住得比其他两位老师远。

由此可以推断出：

A. Q 老师教：手工、劳动；T 老师教：自然、音乐；W 老师教：科学、德育。

B. Q 老师教：自然、手工；T 老师教：音乐、德育；W 老师教：劳动、科学。

C. Q 老师教：手工、劳动；T 老师教：德育、音乐；W 老师教：科学、自然。

D. Q 老师教：手工、德育；T 老师教：自然、音乐；W 老师教：劳动、科学。

E. Q 老师教：手工、科学；T 老师教：音乐、德育；W 老师教：劳动、手工。

6. 没有人爱每一个人；牛郎爱织女；织女爱每一个爱牛郎的人。

如果以上陈述为真，则下列哪项不可能为真？

Ⅰ. 每一个人都爱牛郎。Ⅱ. 每一个人都爱一些人。Ⅲ. 织女不爱牛郎。

A. 仅Ⅰ。　　B. 仅Ⅱ。　　C. 仅Ⅲ。　　D. 仅Ⅰ和Ⅱ。

E. Ⅰ、Ⅱ和Ⅲ。

7. 以下诸项结论都是根据 1998 年度西单繁星商厦各个职能部收到的雇员报销单据综合得出的，在此项综合统计作出后，有的职能部又收到了雇员补交上来的报销单据。

以下哪项结论不可能被补交报销单据这一新的事实所推翻？

A. 超级市场部仅有 14 个雇员交了报销单据，报销了至少 8700 元。

B. 公关部最多只有 3 个雇员交了报销单据，总额不多于 2600 元。

C. 后勤部至少有 8 个雇员交了报销单据，报销总额为 5234 元。

D. 会计部至少有 4 个雇员交了报销单据，报销了至少 2500 元。

E．总经理事务部至少有 7 个雇员交了报销单据，报销额不比后勤部多。

8～9 题基于以下题干：

李浩、王鸣和张翔是同班同学，住在同一宿舍，其中，一个是湖南人，一个是重庆人，一个是辽宁人。李浩和重庆人不同岁，张翔的年龄比辽宁人小，重庆人比王鸣年龄大。

8. 根据题干所述，可以推出以下哪项结论？

A．李浩是湖南人，王鸣是重庆人，张翔是辽宁人。

B．李浩是重庆人，王鸣是湖南人，张翔是辽宁人。

C．李浩是重庆人，王鸣是辽宁人，张翔是湖南人

D．李浩是辽宁人，王鸣是湖南人，张翔是重庆人。

E．李浩是辽宁人，王鸣是重庆人，张翔是湖南人。

9. 根据题干所述，以下哪项是关于他们三人的年龄次序（由大到小）的正确表述？

A．李浩、王鸣、张翔。

B．李浩、张翔、王鸣。

C．王鸣、李浩、张翔。

D．张翔、李浩、王鸣。

E．张翔、王鸣、李浩。

10. 公司派三位年轻的工作人员乘动车到南方出差，他们三人恰好坐在一排。坐在 24 岁右边的两人中至少有一个人是 20 岁，坐在 20 岁左边的两人中也恰好有一人是 20 岁；坐在会计左边的两人中至少有一个人是销售员，坐在销售员右边的两人中也恰好有一人是销售员。

根据以上陈述，可以得出三位出差的年轻人是：

A．20 岁的会计、20 岁的销售员、24 岁的销售员。

B．20 岁的会计、24 岁的销售员、24 岁的销售员。

C．24 岁的会计、20 岁的销售员、20 岁的销售员。

D．20 岁的会计、20 岁的会计、24 岁的销售员。

E．24 岁的会计、20 岁的会计、20 岁的销售员。

11. 张明、李英、王佳和陈蕊四人在一个班组工作，他们来自江苏、安徽、福建和山东四个省，每个人只会说原籍的一种方言。现已知福建人会说闽南方言，山东人学历最高且会说中原官话，王佳比福建人的学历低，李英会说徽州话并且和来自江苏的同事是同学，陈蕊不懂闽南方言。

根据以上陈述，可以得出以下哪项？

A．陈蕊不会说中原官话。

B．张明会说闽南方言。

C．李英是山东人。

D．王佳会说徽州话。

E．陈蕊是安徽人。

12. 在某公司的招聘会上，公司行政部门、人力资源部和办公室拟各招聘一名工作人员，来自中文系、历史系和哲学系的三名毕业生前来应聘这三个不同的职位。招聘信息显示，历史系毕业生比应聘办公室的年龄大，哲学系毕业生和应聘人力资源部的着装颜色相近，应聘人力资源部的比中文系毕业生年龄小。

根据以上陈述，可以得出以下哪项？

A．哲学系毕业生比历史系毕业生年龄大。

B．中文系毕业生比哲学系毕业生年龄大。

C．历史系毕业生应聘行政部。

D．中文系毕业生应聘办公室。

E．应聘办公室的比应聘行政部的年龄大。

第 13～17 题基于以下共同题干：

沿江高铁某段由西向东设置了五个站点，已知：

（1）扶夷站在灏韵站之东、胡瑶站之西，并与胡瑶站相邻；

（2）韭上站与银岭站相邻。

13. 根据以上信息，关于五个站点由西向东的排列顺序，以下哪项是可能的？

A. 银岭站、灏韵站、韭上站、扶夷站、胡瑶站。

B. 扶夷站、胡瑶站、韭上站、银岭站、灏韵站。

C. 灏韵站、银岭站、韭上站、扶夷站、胡瑶站。

D. 灏韵站、胡瑶站、扶夷站、银岭站、韭上站。

E. 扶夷站、银岭站、灏韵站、韭上站、胡瑶站。

14. 如果韭上站与灏韵站相邻并且在灏韵站之东，则可以得出（　　）

A. 胡瑶站在最东面。

B. 扶夷站在最西面。

C. 银岭站在最东面。

D. 韭上站在最西面。

E. 灏韵站在中间。

15. 如果灏韵站在韭上站之东，则可以得出（　　）

A. 银岭站与灏韵站相邻并且在灏韵站之西。

B. 灏韵站与扶夷站相邻并且在扶夷站之西。

C. 韭上站与灏韵站相邻并且在灏韵站之西。

D. 银岭站与扶夷站相邻并且在扶夷站之西。

E. 银岭站与胡瑶站在五个站的东西两端。

16. 如果灏韵站与银岭站相邻，则可以得出（　　）

A. 银岭站在灏韵站之西。

B. 扶夷站在韭上站之西。

C. 灏韵站在银岭站之西。

D. 韭上站在银岭站之西。

E. 韭上站在扶夷站之西。

17. 假如灏韵站位于最西面，则这五个站点可能的排列顺序有（　　）

A. 3 种。　　B. 4 种。　　C. 5 种。　　D. 6 种。

E. 8 种。

18. 某单位有负责网络、文秘和后勤的三名办公人员，即文珊、孔瑞和姚薇，为了培养年轻干部，领导决定她们三人在这三个岗位之间实行轮岗，并将她们原来的工作间 110 室、111 室和 112 室也进行了轮换。结果，原本负责后勤的文珊接替了孔瑞的文秘工作，由 110 室调到了 111 室。

根据以上信息，可以得出以下哪项？

A. 姚薇接替孔瑞的工作。

B. 孔瑞接替文珊的工作。

C. 孔瑞被调到了 110 室。

D. 孔瑞被调到了 112 室。

E. 姚薇被调到了 112 室。

19～20 题基于以下题干：

互联网好比一个复杂多样的虚拟世界，在互联网主机上的信息又构成了一个微观虚拟世界。若在某主机上可以访问本主机上的信息，则称该主机相通于自身；若主机 x 能通过互联网访问主机 y 的信息，则称 x 相通于 y。已知代号分别为甲、乙、丙、丁的四台联网主机有如下信息：

(1) 甲主机相通于任一不相通于丙的主机；

(2) 丁主机不相通于丙；

(3) 丙主机相通于任一相通于甲的主机。

19. 若丙主机不相通于自身，则以下哪项一定为真？

A. 若丁主机相通于乙，则乙主机相通于甲。

B. 甲主机相通于乙，乙主机相通于丙。

C. 只有甲主机不相通于丙，丁主机才相通于乙。

D. 甲主机相通于丁，也相通于丙。

E. 丙主机不相通于丁，但相通于乙。

20. 若丙主机不相通于任何主机，则以下哪项一定为假？

A. 甲主机相通于乙。

B. 乙主机相通于自身。

C. 丁主机不相通于甲。

D. 若丁主机相通于甲，则乙主机相通于甲。

E. 若丁主机不相通于甲，则乙主机相通于甲。

21. 张霞、李丽、陈露、邓强和王硕一起坐火车去旅游。他们正好坐在同一车厢相对两排的五个座位上，每人各坐一个位置。第一排的座位按顺序分别记作 1 号和 2 号，第二排的座位按顺序记作 3、4、5 号。座位 1 和座位 3 直接相对，座位 2 和座位 4 直接相对。座位 5 不和上述任何座位直接相对。李丽坐在 4 号位置；陈露所坐的位置不与李丽相邻，也不与邓强相邻（相邻是指同一排上紧挨着）；张霞不坐在与陈露直接相对的位置上。

根据以上信息，张霞所坐位置有多少种可能的选择？

A. 5 种。　B. 4 种。　C. 3 种。　D. 2 种。

E. 1 种。

22～23 题基于以下题干：

晨曦公园拟在园内东、南、西、北四个区域种植四种不同的特色树木，每个区域只种植一种。选定的特色树种为水杉、银杏、乌柏、龙柏。布局的基本要求是：

(1) 如果在东区或者南区种植银杏，那么在北区不能种植龙柏或者乌柏；

(2) 北区或者东区要种植水杉或者银杏之一。

22. 根据上述种植要求，如果北区种植龙柏，以下哪项一定为真？

A. 西区种植水杉。

B. 南区种植乌柏。

C. 南区种植水杉。

D. 西区种植乌柏。

E. 东区种植乌柏。

23. 根据上述种植要求，如果水杉必须种植于西区或南区，以下哪项一定为真？

A. 南区种植水杉。

B．西区种植水杉。

C．东区种植银杏。

D．北区种植银杏。

E．南区种植乌桕。

24～26 题基于以下题干：

东宇大学公开招聘三个教师职位，即哲学学院、管理学院和经济学院各一个。每个职位都有分别来自南山大学、西京大学、北清大学的候选人。有位“聪明”人士李先生对招聘结果作出了如下预测：

(1) 如果哲学学院录用北清大学的候选人，那么管理学院录用西京大学的候选人；

(2) 如果管理学院录用南山大学的候选人，那么哲学学院也录用南山大学的候选人；

(3) 如果经济学院录用北清大学或者西京大学的候选人，那么管理学院录用北清大学的候选人。

24. 如果哲学学院、管理学院和经济学院最终录用的候选人的大学归属信息依次如下，则哪项符合李先生的预测？

A．南山大学、南山大学、西京大学。

B．北清大学、南山大学、南山大学。

C．北清大学、北清大学、南山大学。

D．西京大学、北清大学、南山大学。

E．西京大学、西京大学、西京大学。

25. 若哲学学院最终录用西京大学的候选人，则以下哪项表明李先生的预测错误？

A．管理学院录用北清大学候选人。

B．管理学院录用南山大学候选人。

C．经济学院录用南山大学候选人。

D．经济学院录用北清大学候选人。

E．经济学院录用西京大学候选人。

26. 如果三个学院最终录用的候选人分别来自不同的大学，则以下哪项符合李先生的预测？

A．哲学学院录用西京大学候选人，经济学院录用北清大学候选人。

B．哲学学院录用南山大学候选人，管理学院录用北清大学候选人。

C．哲学学院录用北清大学候选人，经济学院录用西京大学候选人。

D．哲学学院录用西京大学候选人，管理学院录用南山大学候选人。

E．哲学学院录用南山大学候选人，管理学院录用西京大学候选人。

27～28 题基于以下题干：

某高校数学、物理、化学、管理、文秘、法学等六个专业毕业生要就业，现有风云、怡和、宏宇三家公司前来学校招聘，已知每家公司只招聘该校两至三个专业若干毕业生，且需要满足以下条件：

(1) 招聘化学专业的也招聘数学专业；

(2) 怡和公司招聘的专业，风云公司也招聘；

(3) 只有一家公司招聘文秘专业，且该公司没有招聘物理专业；

(4) 如果怡和公司招聘管理专业，那么也招聘文秘专业；

(5) 如果宏宇公司没有招聘文秘专业，那么怡和公司招聘文秘专业。

27. 如果只有一家公司招聘物理专业，那么可以得出以下哪项？

A．风云公司招聘化学专业。

B．怡和公司招聘管理专业。

C．宏宇公司招聘数学专业。

D．风云公司招聘物理专业。

E．怡和公司招聘物理专业。

28. 如果三家公司都招聘了三个专业若干毕业生，那么可以得出以下哪项？

A．风云公司招聘化学专业。

B．怡和公司招聘法学专业。

C．宏宇公司招聘化学专业。

D．风云公司招聘数学专业。

E．怡和公司招聘物理专业。

29～30 题基于以下题干：

某皇家园林依中轴线布局，从前到后依次排列着七个庭院。这七个庭院分别以汉字“日”“月”“金”“木”“水”“火”“土”来命名。已知：

(1)“日”字庭院不是最前面的那个庭院；

(2)“火”字庭院和“土”字庭院相邻；

(3)“金”“月”两庭院间隔的庭院数与“木”“水”两庭院间隔的庭院数相同。

29. 根据上述信息，下列哪个庭院可能是“日”字庭院？

A．第一个庭院。

B．第二个庭院。

C．第四个庭院。

D．第五个庭院。

E．第六个庭院。

30. 如果第二个庭院是“土”字庭院，可以得出以下哪项？

A．第七个庭院是“水”字庭院。

B．第五个庭院是“木”字庭院。

C．第四个庭院是“金”字庭院。

D．第三个庭院是“月”字庭院。

E．第一个庭院是“火”字庭院。

31～34 题基于以下共同题干：

某大学文学院语言学专业 2014 年毕业的五名研究生张、王、李、赵、刘分别被三家用人单位天枢、天机、天璇中的一家录用，并且各单位至少录用了其中的一名。已知：

(1) 李被天枢录用；(2)李和赵没有被同一家单位录用；

(3) 刘和赵被同一家单位录用；(4)如果张被天璇录用，那么王也被天璇录用。

31. 以下哪项可能是正确的？

A．李和刘被同一单位录用。

B．王、赵、刘都被天机录用。

C．只有刘被天璇录用。

D．只有王被天璇录用。

E．天枢录用了其中的三个人。

32. 以下哪项一定是正确的？

A．张、王被同一单位录用。

B．王和刘被不同的单位录用。

C．天枢至多录用了两人。

D．天枢和天璇录用的人数相同。

E．王没有被天枢录用。

33. 下列哪项正确，则可以确定每个毕业生的录用单位？

A．李被天枢录用。

B．张被天璇录用。

C．张被天枢录用。

D．刘被天机录用。

E．王被天机录用。

34. 如果刘被天璇录用，则以下哪项一定是错误的？

A．天璇录用了三人。

B．录用李的单位只录用了他一人。

C．王被天璇录用。

D．天机只录用了其中的一人。

E．张被天璇录用。

35～36 题基于以下共同题干：

某机构对我国东部地区甲、乙、丙三个城市的三类居民住房(按价格从高到低分别是别墅、普通商用房和经济适用房)的平均房价作了调研，公布的信息中有如下内容：按别墅房售价，从高到低是甲城、乙城、丙城；按普通商用房售价，从高到低是甲城、丙城、乙城；按经济适用房售价，从高到低是乙城、甲城、丙城。

35. 关于以上三个城市的居民住房整体平均价格，以下哪项判断是错误的？

A．甲城的居民住房整体平均价格最高。
B．乙城的居民住房整体平均价格居中。
C．丙城的居民住房整体平均价格最低。
D．甲城的居民住房整体平均价格最低。
E．乙城的居民住房整体平均价格高于丙城。

36. 要能断定甲城的居民住房整体平均价格最高，仅需要增加以下哪项假定？

Ⅰ．三个城市在售的经济适用房面积都小于各自总在售居民住房面积的 10%；
Ⅱ．三个城市在售的别墅房、普通商用房、经济适用房面积之比都相同；
Ⅲ．在售的经济适用房前两名城市的价格差价小于其他类型住房前两名城市的住房差价。

A．Ⅰ。 B．Ⅰ和Ⅱ。 C．Ⅰ和Ⅲ。 D．Ⅱ和Ⅲ。
E．Ⅰ、Ⅱ和Ⅲ。

37. 张珊获得的奖金比李思的高，得知王武的奖金比苗晓琴的高后，可知张珊的奖金也比苗晓琴的高。

以下各项假设均能使上述推断成立，除了(　　)

A．王武的奖金比李思的高。
B．李思的奖金比苗晓琴的高。
C．李思的奖金比王武的高。
D．李思的奖金和王武的一样高。
E．张珊的奖金不比王武的低。

38. 某校以年级为单位，把学生的学习成绩分为优、良、中、差四等。在一学年中，各门考试总分前 10%的为优；后 30%的为差，其余的为良与中。在上一学年中，高二年级成绩为优的学生多于高一年级成绩为优的学生。

如果上述断定为真，则以下哪项一定为真？

A．高二年级成绩为差的学生少于高一年级成绩为差的学生。
B．高二年级成绩为差的学生多于高一年级成绩为差的学生。
C．高二年级成绩为优的学生多于高一年级成绩为良的学生。
D．高二年级成绩为优的学生少于高一年级成绩为良的学生。
E．高二年级成绩为差的学生多于高一年级成绩为中的学生。

课后习题参考答案

1. 解析：本题答案选 B。

由题干信息“有三分之二的服用过胃药的报名献血者通过测试而献了血”意味着“有三分之一的服用过胃药的报名献血者被淘汰了”，那么他们就占**实际献血人数**的 5%，而题干开头说“估计**报名献血者中**将有 5%因服用过胃药而被淘汰”，显然，报名献血者>实际献血人数。所以，本题答案选 B。

2. 解析：本题答案选 D。

根据题干信息：由于是四个队进行循环赛，所以每个队要比赛 3 场，四个队一共比赛了 12 场。这 12 场比赛的结果应该是 6 赢 6 输。根据题干可知，B、C 和 D 队已赢够 6 场，所以 A 队 3 场皆输。所以，正确答案是 D。

3. 解析：本题答案选 D。

由题干信息"70%的考生数学及格了，75%的考生英语及格了，80%的考生写作及格了，85%的考生逻辑及格了"知：数学不及格的考生有 30%；英语不及格的考生有 25%；写作不及格的考生有 20%；逻辑不及格的考生有 15%。假设每位考生只有一门课不及格，那么此时不及格学生人数最多，为(30%＋25%＋20%＋15%＝90%)，也就是最多有 90%的考生有科目不及格，因此至少有 10%的考生四门课程都及格了。所以，本题答案选 D。

4. 解析：本题答案选 A。

数学中经常用到整体法，但是逻辑中出现得相对较少。观察题干，不妨设"搞读书演讲、知识竞赛"＝P，"搞文艺演出和专题展览"＝Q，那么题干形式化为：

甲：$P \rightarrow \overline{Q}$

乙：$\overline{Q} \rightarrow P$ ⟹ 假设$\overline{P}$为真，那么丙为真，甲也为真(前假即真)，所以与题干不符。

丙：$\overline{P}$

所以$\overline{P}$为假，P 为真，所以乙说的话为真(后真即真)，所以(1) 为假。

$P \rightarrow \overline{Q}$ 的矛盾($P \wedge Q$) 为真，所以本题答案选 A。

5. 解析：本题答案选 C。

题干信息形式化为(最终推理结果见下表)：

(1) 由"W 老师最年轻，T 老师比科学老师岁数大，比手工老师岁数小"可以得出年龄排序是：Q＞T＞W，而且 W 老师是科学老师，Q 老师是手工老师；

(2) 由"自然老师和 Q 老师都爱打篮球"可以得出自然老师不是 Q 老师；

(3) 由"三人中年级中等的老师住得比其他两位老师远＋自然老师和劳动老师住同一个宿舍"可以得出自然老师只能是 Q 老师或者是 W 老师，再结合(2)的结论可以得出自然老师是 W 老师，劳动老师是 Q 老师；

(4) 最后我们得出 T 老师教音乐和德育，综上所述，本题答案选 C。

	劳动	科学	自然	手工	音乐	德育
Q	√	×	×	√	×	×
T	×	×	×	×	√	√
W	×	√	√	×	×	×

6. 解析：本题答案选 A。

由本题题干信息知，本题最好的办法是代入排除法：

Ⅰ选项	假设"每一个人都爱牛郎"为真，那么根据"织女爱每一个爱牛郎的人"可以推知"织女爱每一个人"，显然与"没有人爱每一个人"矛盾，所以Ⅰ选项不可能为真
Ⅱ选项	题干说"没有人爱每一个人"，但是完全有可能"每一个人都爱一些人"，所以，Ⅱ选项有可能为真，不选
Ⅲ选项	"牛郎爱织女"并不代表"织女爱牛郎"，Ⅲ选项可能为真，不选

综上所述，本题答案选 A。

技巧点拨："爱"是非对称的，所以织女可能爱牛郎也可能不爱牛郎，因此说"织女不爱牛郎”也是可能真的。我们考试中经常用到的非对称关系主要有“喜欢”“爱”“认识”“理解”“信任”“赞成”,等等。

“A 喜欢 B”只是一种单向的关系,不代表“B 也喜欢 A”,B 可能喜欢 A,B 也可能不喜欢 A。

7. 解析: 本题答案选 D。

题干中“不可能被补交报销单据这一新的事实所推翻”。也就是说,不可能再增加数据了,包括雇员数量和报销总额。

A 选项	“仅有 14 个雇员”,有可能新的雇员提供了报销单据,不选
B 选项	“只有 3 个雇员”,有可能新的雇员提供了报销单据,不选
C 选项	“报销总额为 5 234 元”,有可能是以前的雇员提供了报销单据,不选
D 选项	“至少有 4 个雇员、报销了至少 2 500 元”,雇员和报销金额都没有下限,所以它不可能被任何新的报销金额所否定,选 D
E 选项	“报销额不比后勤部多”说明报销金额有一个上限,有可能是以前的雇员提供了报销单据,不选

技巧点拨:这道题主要考查了“至少”的含义。

8. 解析: 本题答案选 D。

题干信息可以列表为:

	李浩	王鸣	张翔
湖南			×
重庆	×	×	√
辽宁			×

(1) 李浩和重庆人不同岁,说明李浩不是重庆人。

(2) 张翔的年龄比辽宁人小,重庆人比王鸣年龄大,说明张翔不是辽宁人,王鸣不是重庆人,因此只能张翔是重庆人。所以,本题答案只能选 D。

9. 解析: 本题答案选 B。

由题干信息知:张翔的年龄比辽宁人小,重庆人比王鸣年龄大,那么可以得出:李浩>张翔>王鸣。所以,本题答案选 B。

10. 解析: 本题答案选 A。

根据题干信息:坐在 24 岁右边的两人中至少有一个人是 20 岁——24 岁的坐在最左边。

坐在 20 岁左边的两人中也恰好有一人是 20 岁——可知有两个 20 岁的,分别坐在中间和右边;坐在会计左边的两人中至少有一个人是销售员——可知会计坐在最右边,即最右边的是 20 岁的会计。

坐在销售员右边的两人中也恰好有一人是销售员——最左边的是 24 岁的销售员,中间为 20 岁的销售员。

24 岁的销售员	20 岁的销售员	20 岁的会计

本题答案选 A。

11. 解析： 本题答案选 B。

“每个人只会说原籍的一种方言”说明方言与户籍是一一对应的。

题干信息是：

(1) 王佳比福建人的学历低——王佳不是福建人，也不会闽南方言；

(2) 李英会说徽州话并且和来自江苏的同事是同学——李英是安徽人；

(3) 陈蕊不懂闽南方言——陈蕊不是福建人，也不会闽南方言；

综上所述：张明是福建人，也会闽南方言。所以，本题答案选 B。

此类题快速做法是图表法(找到关键点)：

	福建——闽南方言	山东——中原官话	安徽——徽州话	江苏
王佳	×		×	
李英	×	×	√	×
陈蕊	×		×	
张明	√		×	

12. 解析： 本题答案选 B。

题干形式化为：(1)历史系毕业生比应聘办公室的年龄大；(2)哲学系毕业生和应聘人力资源部的着装颜色相近；(3)应聘人力资源部的比中文系毕业生年龄小。

	历史系	中文系	哲学系
行政部门			
人力资源部	√	×	×
办公室	×		

应聘人力资源部的只能是历史系的，再根据(1)、(3)知，历史系毕业生年龄<中文系毕业生年龄；

历史系毕业生比应聘办公室的年龄大，所以，历史系毕业生年龄>哲学系毕业生年龄。

综上所述：中文系毕业生年龄>历史系毕业生年龄>哲学系毕业生年龄，本题答案选 B。

13. 解析： 本题答案选 C——综合推理。

将条件排列，分别代入验证，满足条件的直接选，可知本题答案选 C。

14. 解析： 本题答案选 A——综合推理。

扶夷站在灏韵站之东、胡瑶站之西，并与胡瑶站相邻——灏韵站、(扶夷站、胡瑶站)——括号里表示两站相邻；韭上站与银岭站相邻——(韭上站、银岭站)；韭上站与灏韵站相邻并且在灏韵站之东——韭上站、灏韵站。可以得出，自西向东分别是灏韵站、韭上站、银岭站、扶夷站、胡瑶站。所以，选 A。

15. 解析： 本题答案选 B——综合推理。

本题题干：韭上站、灏韵站。

结合上述两条题干，本题的结论是(自西向东)：

韭上站、银岭站、灏韵站、扶夷站、胡瑶站，或者银岭站、韭上站、灏韵站、扶夷站、胡瑶站。本题答案选 B。

16. 解析：本题答案选 E——综合推理。

本题题干：灏韵站、银岭站。

结合上述两条题干，本题的结论是(自西向东)：

灏韵站、银岭站、韭上站、扶夷站、胡瑶站，或者韭上站、银岭站、灏韵站、扶夷站、胡瑶站。本题答案选 E。

17. 解析：本题答案选 B——综合推理。

结合条件(1)、(2)知可能的排序为：

灏韵站、银岭站、韭上站、扶夷站、胡瑶站；

灏韵站、韭上站、银岭站、扶夷站、胡瑶站；

灏韵站、扶夷站、胡瑶站、韭上站、银岭站；

灏韵站、扶夷站、胡瑶站、银岭站、韭上站。

本题答案为 B——$2\times2=4$(最简单的排列组合)。

18. 解析：本题答案选 D。

根据“原本负责后勤的文珊接替了孔瑞的文秘工作，由 110 室调到了 111 室”可推出文珊原来在 110 室负责后勤，孔瑞原来在 111 室负责文秘，则可推出姚薇原来在 112 室负责网络。姚薇只能接替文珊工作，调到 110 室，进一步推出孔瑞就只能接替姚薇工作，调到 112 室，因此本题答案选 D。

19～20 题根据题干信息知：

(1) 甲主机相通于任一不相通于丙的主机；

(2) 丁主机不相通于丙；

(3) 丙主机相通于任一相通于甲的主机。

19. 本题答案选 D。

将已知“丙不相通于丙”……①作为推理的起点，与各个条件结合进行推理，具体步骤和结论如下。②甲主机相通于任一不相通于丙的主机。由①和②推知：甲相通于丙。③丁主机不相通于丙。由①和③推知：甲相通于丁。综上所述，甲主机相通于丁，也相通于丙，因此本题答案选 D。

20. 本题答案选 B。

由题干信息“丙不相通于任何主机”……①作为推理的起点，与各个条件结合进行推理，具体步骤和结论如下：②丙主机相通于任一相通于甲的主机。由①和②推知：没有任何主机相通于甲(否则丙将相通于该主机)。

A 为无关选项，不确定，因为题干没有关于乙的明确信息；

B 为无关选项，不确定，同 A 选项，没有关于乙的明确信息；

C 为无关选项，真，因为若丁相通于甲，则丙就相通于丁，不符合题意；

D 为无关选项，真，该命题等价于“或者丁不相通于甲，或者乙相通于甲”，“丁不相通于甲”为真，所以该命题为真；

E 为正确选项，假，该命题等价于“丁或者乙相通于甲”，这意味着“丙相通于丁或者乙”，与题意不符，答案选 E。

21. 解析：本题答案选 B。

按照已知条件画出相应图表如下：邓强只能坐在 3 和 5 中的某一个位置，陈露可以坐在座位 1 上，这时候张霞可坐在座位 2 和 5；陈露也可以坐在座位 2 上，这时候张霞可以坐在座位 1、5 和 3 上。这样，张霞的位置有四种可能（排除 4，其余位置都可以坐）。

3	4 李丽	5
1（陈露）	2（陈露）	

22. 解析：本题答案选 B。

根据题干信息知：

(1) (东银杏或南银杏)→(非北龙柏且非北乌柏)；

(2) (东水杉或东银杏)或者(北银杏或北水杉)。

如果北区种植龙柏，那么，北区既不能种银杏，也不能种水杉。根据条件(2)知，东水杉或者东银杏(选言命题的否定推肯定)。根据(1)的逆否命题(北龙柏或北乌柏)→(非东银杏且非南银杏)，得出东区和南区不种银杏。所以，东区种水杉，南区不种银杏，而种植乌柏。因此，选 B。

23. 解析：本题答案选 D。

如果“水杉必须种植于西区或南区”，那么水杉不能种植于东区或北区，再根据(2)可以推出：北区或者东区种银杏。假设东区种植银杏，由(1)推知：北区不是龙柏也不是乌柏，所以北区只能是水杉，这与题干“水杉必须种植于西区或南区”不符，因此东区不能种植银杏，而只能是北区种植银杏。因此，本题答案选 D。

24～26 考查综合推理，先将题干信息形式化：

(1) 哲学北清→管理西京；

(2) 管理南山→哲学南山；

(3) (经济北清 ∨ 经济西京)→管理北清。

24. 解析：本题答案选 D。

根据题干充分条件，采用排除法解题。根据(1)，可排除 B、C；根据(3)，可排除 A 和 E。所以，答案选 D。

25. 解析：本题答案选 B。

根据题干条件，知哲学学院最终录用西京大学的候选人，根据条件(2)，管理南山→哲学南山(P 且非 Q 为真，说明如果 P 则 Q 为假)，所以，当管理学院录用南山大学候选人时，李先生的预测一定是错误的。因此，本题答案选 B。

26. 解析：本题答案选 B。

假设哲学学院录用北清候选人，根据(1)推出管理学院录用西京的候选人；再根据(3)，否后推出否前，推出经济学院录用南山候选人，所以排除 C。假设哲学学院录用西京候选人，根据 25 题结果，可排除 A 和 D。假设哲学学院录用南山候选人，则经济学院录用北清或西京候选人，根据(3)推出管理学院录用北清候选人。因此，本题答案选 B。

27. 解析：本题答案选 D。

假设怡和公司招聘物理专业，那么风云公司也招聘物理专业，与题干矛盾，所以怡和公司没有招聘物理专业(结论一)；同理，怡和公司也没有招聘文秘专业，根据(5)的逆否命题知，宏宇公司招聘了文秘专业(结论二)；根据(3)知，宏宇公司没有招聘物理专业(结论三)。

根据题干“只有一家公司招聘物理专业”，那么该公司只能是风云公司，选 D。

28. 解析：本题答案选 D。

根据(2)知，假设怡和公司招聘文秘专业，那么风云公司也招聘文秘专业，与题干条件(3)矛盾，所以怡和公司没有招聘文秘专业；根据(5)的逆否命题知，宏宇公司招聘了文秘专业，那么风云公司也不招聘文秘专业；根据(4)的逆否命题知，怡和公司不招聘管理专业；再假设怡和公司不招聘数学专业，根据(1)的逆否命题知，怡和公司也不招聘化学专业，此时怡和公司不招聘化学专业、数学专业、文秘专业、管理专业，与题干“三家公司都招聘了三个专业若干毕业生”矛盾，所以怡和公司招聘数学专业。同理，风云公司也招聘数学专业，所以本题答案选 D。

29. 解析：本题答案选 D。

本题的关键点是“金”“月”两庭院间隔的庭院数与“木”“水”两庭院间隔的庭院数相同，所以只需要构造出一个合适的排列即可(答案不唯一)。

火	土	金	水	(日)	月	木

根据题目问法“哪个庭院可能是‘日’字庭院”知，应该采用排除法。

A 项排除，与条件(1)冲突；

B 项排除，若“日”字庭院在第二个庭院，当条件(2)“火”字庭院和“土”字庭院相邻满足，则条件(3)不能满足；

C 项排除，若“日”字庭院在第四个庭院，当条件(2)“火”字庭院和“土”字庭院相邻满足，则条件(3)不能满足；

D 项可能，若“日”字庭院在第五个庭院，当“火”字庭院和“土”字庭院处在第六、七庭院，则有多种可能性满足条件(3)；

E 项排除，若“日”字庭院在第六个庭院，当条件(2)“火”字庭院和“土”字庭院相邻满足，则条件(3)不能满足。

综上所述，本题答案选 D。

30. 解析：本题答案选 E。

第二个庭院是“土”字庭院，那么“火”字庭院在第一个或者第三个；又根据“日”字庭院不是最前面的那个庭院，得出上面的构造满足题意，答案选 E。

火	土	金	水	(日)	月	木

31～34 题最好的解决办法就是图表法：

	张	王	李	赵	刘
天枢			√	×	×
天机			×		
天璇			×		

31. 解析：本题答案选 D。

A：由(2)知李和赵没有被同一家单位录用，由(3)知刘和赵被同一家单位录用，所以李和刘没有被同一家单位录用，A 与题干矛盾，不选。

B：假设 B 正确，那么张只能被天璇录用，而王也被天璇录用，有矛盾；

C：由(3)刘和赵被同一家单位录用知，C 显然错误；

D：假设只有王被天璇录用，那么张、赵、刘被天机录用，与题干不矛盾；

E：天枢录用了其中的三个人——根据条件(1)、(3)知，赵、刘被天枢录用，与(2)有矛盾。所以，选 D。

32. 解析：从图表可以清晰看出，赵和刘是捆绑的，不被天枢录取，如果天枢录取了张和王，则天机和天璇中有单位没有录取人，与题干矛盾，所以天枢除了李外最多只能从张和王中选一人录取。所以，本题答案选 A。

33. 解析：张被天璇录用，则王一定被天璇录用，那么刘和赵必定被天机录用，所以本题答案选 B。

34. 解析：刘被天璇录用，则赵也被天璇录用，这时张一定不能被天璇录用，否则王也被天璇录用，那么天机没有录用人，与题干矛盾，所以本题答案选 E。

35. 解析：本题答案选 D。

根据题干信息知：

(1) 别墅售价：甲＞乙＞丙；(2)普通商品房售价：甲＞乙＞丙；(3) 经济适用房售价：乙＞甲＞丙。

由题干信息知，无论如何，甲城的平均价格肯定高于丙城，所以不可能是平均价格最低的，所以，本题答案选 D。

36. 解析：本题答案选 D。

本题主要涉及“整体与局部的关系”。除了经济适用房，其余均价均是甲最高，要使总体上甲的均价最高，只要满足“在经济适用房这一块，甲不会拉低太多平均”。也就是说：

第一：在经济适用房这一块，甲的均价不会比乙低太多；

第二：在经济适用房这一块，其面积所占的比例不会太大，因此，本题答案选 D。

37. 解析：本题答案选 A。

根据题干：张珊＞李思，王武＞苗晓琴，张珊＞苗晓琴。

A 选项	若王武＞李思，则张珊与苗晓琴之间无法确定，选 A
B 选项	若李思＞苗晓琴，则张珊＞李思＞苗晓琴，则张珊＞苗晓琴，不选
C 选项	若李思＞王武，则张珊＞李思＞王武＞苗晓琴，则张珊＞苗晓琴，不选
D 选项	若李思＝王武，则张珊＞李思＝王武＞苗晓琴，则张珊＞苗晓琴，不选
E 选项	若张珊⩾王武，则张珊⩾王武＞苗晓琴，则张珊＞苗晓琴，不选

38. 解析：本题答案选 B。

由本题题干可知，该校各年级的各等级学习成绩的构成比例相同。高二年级成绩为优的学生多于高一年级成绩为优的学生，则可以推出高二年级的其他等级学习成绩的学生也多于高一年级有相同等级学习成绩的学生。由此可知，高二年级成绩为差的学生多于高一年级成绩为差的学生，因而本题应选 B。

第七章　加强与削弱

7.1　论证

论证是论证者运用论据来证明论点的逻辑过程和方式，是用一个或者多个真实的判断（命题）确定另一个判断（命题）真实性的思维过程，在一个论证中，论据一般有多个，而论点一般只有一个。任何一个完整论证都是由论据、论点和论证关系三个要素构成。其中，论证关系是指论据和论点之间的联系方式，即论证过程中所采用的推理形式，它所需要解决的是“怎样用论据论证论点”。它也是整个论证的核心要素。

识别论证对于考生来说，既是一门基本功，也是快速解题的技巧，为此，我们的最佳工具就是利用“结构标识词”去寻找前提和结论，然后根据题目的要求去分析前提和结论的关系。常见的论证标识词见表 7-1。

表 7-1　常见论证标识词

前提（论据）标识词	结论（论点）标识词
因为、由于、根据、理由是、举例来说、这么说的理由是、支持我们的观点是……	所以、因此、由此可见、结论是、综上所述、总而言之……

尽管论证方式分析属于逻辑理论知识，但它作为论证评价的基础，在逻辑考试试题中并不直接涉及，有关论证的试题集中在加强（支持）、削弱（质疑）、假设、解释等论证评价之中，同时论证逻辑也是写作部分“论证有效性分析”的基础。

加强和削弱试题的特点是，题干给出完整的论证，有前提也有结论，然后针对此论证找出加强和削弱的选项。这一类试题绝大部分都是不可形式化的，由于加强和削弱属于相反方向，因此，我们将它们合并，分析其解题思路。

假设题相对较难，但是其思路贯穿于整个论证逻辑之中，是论证逻辑的核心。

解释题是给一个反常现象找出合适的理由，或者说明为什么看似矛盾的两者可以共存。

7.2　加强削弱

7.2.1　加强削弱题特征

加强削弱型试题是题干中给出一个有前提和结论的推理或者一个有论题和论据的论证，加强（削弱）就是使推理或论证成立的可能性增加（降低），要求从备选项中寻找最（不）能加强、

支持(削弱、质疑)题干论题的选项。加强削弱型试题的提问方式一般有:

“以下哪项如果为真,最能支持/加强(削弱/质疑)上述论证/结论/推断?”

“以下哪项如果为真,最不可能支持/削弱上述论证的结论?”

“以下各项都是对上述看法的质疑/支持,除了……”

按照题型,可以分为加强(削弱)结果型和加强(削弱)因果关系型。

7.2.2 直接加强削弱

这类试题相对比较容易,题干会给你一个结论或者观点,同意作者观点的就是加强(支持),不同意作者观点的就是削弱(质疑)。此类试题的干扰项通常设置为题干与选项核心概念的偷换。

7.2.3 因果关系的加强削弱方式(原因是 A,结果是 B)

(1) 因果倒置削弱。

因果倒置就是说明 B 才是造成 A 的原因,指出题干中论证实际颠倒了因果关系;也可说明题干中结果 B 发生在前,而原因 A 发生在后。

例如,题干说明得奖学金的学生学习都努力,于是作出结论,要加大奖学金的力度以促进学习。这实际上是假设“奖学金是学习努力的原因”。因此,选项若作为削弱,答案可能是:学生是因为学习努力取得好的成绩而获得奖学金的。

因果倒置是一种很强的削弱方法,**是联考中见到的最强削弱方式**,对因果倒置的排除就是加强。在试题中,因果倒置的思路主要用于削弱型试题,少量也存在于加强试题和其他试题中。

(2) 因果无关。

因果无关是指原因(前提)和结果(结论)之间没有联系或没有本质联系。例如,B 的发生仅与 C 有关,这就否定了 A 与 B 之间存在因果关系,属于“因果无关”的削弱方式。

因果无关是一种很强的削弱方法,**是联考中见到的比较强的削弱方式之一,仅次于因果倒置。**

(3) 例证加强/削弱。

一个因果关系如果是正确的,那么它应当是普遍的。也就是说,在一个时间、地点条件下,A 导致 B 成立,那么在另一个时间、地点条件下,A 导致 B 也应当成立。这种普遍性的要求构成了加强削弱的一种方法——正反例证(简称“例证法”)。

正反例证就是举正面例子加强,举反面例子削弱。其基本思路是:题干通过在某一场合下,两个现象(A、B)的联系性,作出结论为 A 和 B 具有因果关系。选项说明另外一个场合下 A 和 B 的关系:A、B 共生共灭,为加强;A、B 单独存在,为削弱。表 7-2 为正反例证加强削弱的基本思路:

表 7-2 正反例证的加强与削弱

题干已经建立了 A、B 因果关系,选项说明的是另外一个背景下的 A 和 B 的关系		
有 A 存在	有 B 存在	加强
有 A 存在	无 B 存在	削弱
无 A 存在	有 B 存在	削弱
无 A 存在	无 B 存在	加强

在正反例证加强削弱思路中，题干说明 A 是 B 的原因，寻找加强削弱选项的基本方向是首先确认有无 A 和 B 现象，然后再考虑选项中的 A 和 B 关系。

（4）他因削弱。

他因削弱就是指有其他原因导致结果的发生，也就是说，B(结果)的产生是由于 C(他因)，而很可能不是 A(本因)。

（5）无他因加强。

无他因加强是指没有其他原因导致结果的发生，即排除了其他原因产生结果的可能性。可以表示为：B(结果)的产生不是由于 C(其他原因)，而很可能是 A(本因)。

（6）方法、目的、措施、建议型加强削弱。

题干论证是为了达到……目的，而采取……方法(或计划、建议、措施等)，该类试题先看能否达到最终目的，能到达题干设定目的的就是加强题干，否则就是削弱题干。

（7）对比论证。

削弱对比论证可以直接说明对比的双方不可比，比较的内容无关或不是本质的；或构造一个参照系说明二者对比的数据不能说明结论。

7.3 本章例题精讲

1. 某教育专家认为："男孩危机"是指男孩调皮捣蛋，胆小怕事，学习成绩不如女孩好等现象。近些年，这种现象已经成为儿童教育专家关注的一个重要问题。这位专家在列出一系列统计数据后，提出了"今日男孩为什么从小学、中学到大学全面落后于同年龄段的女孩"的疑问，这无疑加剧了无数男生家长的焦虑。该专家通过分析指出，恰恰是家庭和学校不适当的教育方法导致了"男孩危机"现象。

以下哪项如果为真，最能对该专家的观点提出质疑？

A. 家庭对独生子女的过度呵护，在很大程度上限制了男孩发散思维的拓展和冒险性格的养成。

B. 现在的男孩比以前的男孩在女孩面前更喜欢表现出"绅士"的一面。

C. 男孩在发展潜能方面要优于女孩，大学毕业后他们更容易在事业上有所成就。

D. 在家庭、学校教育中，女性充当了主要角色。

E. 现代社会游戏泛滥，男孩天性比女孩更喜欢游戏，这耗去了他们大量的精力。

解析： 本题答案选 E。

题干论证因果关系是："男孩危机"现象(Y)是因为家庭和学校不适当的教育方法(X)。

A 选项	加强选项，支持了"不适当的教育方法"这一前提，但是其力度相对较弱
B 选项	无关选项
C 选项	无关选项，选项为"大学毕业后"
D 选项	加强选项，支持了"不适当的教育方法"这一前提，但是其力度相对较弱
E 选项	"男孩危机"现象(Y)可能不是因为家庭和学校不适当的教育方法(X)，而是因为男孩天性比女孩更喜欢游戏(Z)，他因削弱，选 E。

2. H 国赤道雨林的面积每年以惊人的比例减少，引起了全球的关注。但是，卫星照片的

数据显示，去年 H 国雨林面积的缩小比例明显低于往年。去年，H 国政府支出数百万美元用以制止滥砍滥伐和防止森林火灾。H 国政府宣称，上述卫星照片的数据说明，本国政府保护赤道雨林的努力取得了显著成效。

以下哪项如果为真，最能削弱 H 国政府的上述结论？

A．去年 H 国用以保护赤道雨林的财政投入明显低于往年。

B．与 H 国毗邻的 G 国的赤道雨林的面积并未缩小。

C．去年 H 国的旱季出现了异乎寻常的大面积持续降雨。

D．H 国用于雨林保护的费用只占年度财政支出的很小比例。

E．森林面积的萎缩是全球性的环保问题。

解析：本题答案选 C。

根据“上述卫星照片的数据说明”知，题干考查的是“因果关系型”的加强削弱，题干的因果关系是：去年 H 国雨林面积的缩小比例明显低于往年（Y）是由于 H 国政府保护赤道雨林的努力取得了显著成效（X）。

A 选项	无关选项，不选
B 选项	无关选项，不选
C 选项	削弱，去年 H 国雨林面积的缩小比例明显低于往年（Y）不是由于 H 国政府保护赤道雨林的努力取得了显著成效（X），而是由于去年 H 国的旱季出现了异乎寻常的大面积持续降雨（Z），他因削弱，选 C
D 选项	无关选项，不选
E 选项	无关选项，不选

3. 有 90 个病人，都患难治疾病 T，服用过同样的常规药物。这些病人被分为人数相等的两组，第一组服用一种用于治疗 T 的试验药物 W 素，第二组服用不含有 W 素的安慰剂。10 年后的统计显示，两组都有 44 人死亡。因此，这种试验药物是无效的。

以下哪项如果为真，最能削弱上述论证？

A．在上述死亡的病人中，第二组的平均死亡年份比第一组早两年。

B．在上述死亡的病人中，第二组的平均寿命比第一组小两岁。

C．在上述活着的病人中，第二组的比第一组的病情更严重。

D．在上述活着的病人中，第二组的比第一组的更年长。

E．在上述活着的病人中，第二组的比第一组的更年轻。

解析：本题答案选 A。

题干考查的是“对比型”的加强削弱，关于此类题目，笔者在此作一个小结：一定要使两者具有可比性。根据题干信息可知：两组病人都患难治疾病 T，服用过同样的常规药；实验用药不同：第一组服用 W 素，第二组服用不含有 W 素的安慰剂；实验结果相同：两组都有 44 人死亡。

A 选项	“第二组的平均死亡年份比第一组早两年”说明了 W 素在延缓疾病发作的时间上发挥了作用，而不是“这种试验药物是无效的”，直接削弱了结论，选 A
B 选项	“平均寿命”与“试验药物是无效的”之间没有必然联系，属于无关选项，不选

续表

C 选项	“在上述活着的病人”不是题干论证的对象,属于无关选项,不选
D 选项	“在上述活着的病人”不是题干论证的对象,属于无关选项,不选
E 选项	“在上述活着的病人”不是题干论证的对象,属于无关选项,不选

4. 临床试验显示,对偶尔食用一定量的牛肉干的人而言,大多数品牌牛肉干的添加剂并不会导致动脉硬化。因此,人们可以放心食用牛肉干而无须担心对健康的影响。

以下哪项如果为真,最能削弱上述论证?

A. 食用大量牛肉干不利于动脉健康。

B. 动脉健康不等于身体健康。

C. 肉类都含有对人体有害的物质。

D. 喜欢吃牛肉干的人往往也喜欢食用其他对动脉健康有损害的食品。

E. 题干所述临床试验大都是由医学院的实习生在医师指导下完成的。

解析: 本题答案选 B。

题干论证:牛肉干的添加剂并不会导致动脉硬化→人们可以放心食用牛肉干而无须担心对健康的影响。

A 选项	削弱题干背景信息,力度较弱,不选
B 选项	说明食用牛肉干不会导致动脉硬化,不等于不会影响身体健康,有力地削弱了题干的论证,选 B
C 选项	题干未涉及“肉类”,无关选项,不选
D 选项	题干未涉及“其他对动脉健康有损害的食品”,无关选项,不选
E 选项	题干未涉及“研究方法”,无关选项,不选

5. 现在能够纠正词汇、语法和标点符号使用错误的中文电脑软件越来越多,记者们即使不具备良好的汉语基础也不妨碍撰稿。因此,培养新闻工作者的学校不必重视学生汉语能力的提高,而应重视新闻工作者其他素质的培养。

以下哪项如果为真,最能削弱上述论证和建议?

A. 避免词汇、语法和标点的使用错误并不一定能确保文稿的语言质量。

B. 新闻学课程一直强调并要求学生能够熟练应用计算机并熟悉各种软件。

C. 中文软件越是有效,被盗版的可能性越大。

D. 在新闻学院开设新课要经过复杂的论证与报批程序。

E. 目前大部分中文软件经常更新,许多人还在用旧版本。

解析: 本题答案选 A。

题干的论证为:能够纠正词汇、语法和标点符号使用错误的中文电脑软件越来越多→学校不必重视学生汉语能力的提高。

A 选项	即使避免词汇、语法和标点的使用错误,也不能确保文稿的语言质量,该建议不可行,达不到目的,削弱了题干,选 A
B 选项	“熟练应用计算机并熟悉各种软件”间接支持了题干,力度较弱,不选

C 选项	题干未涉及“盗版”,无关选项,不选
D 选项	题干未涉及“开设新课”,无关选项,不选
E 选项	题干未涉及“软件更新”,无关选项,不选

6. 某中学发现有学生课余用扑克玩带有赌博性质的游戏,因此规定学生不得带扑克进入学校。不过,即使是硬币,也可以用作赌具,但禁止学生带硬币进入学校是不可思议的,因此禁止学生带扑克进入学校是荒谬的。

以下哪项如果为真,最能削弱上述论证?

A. 禁止学生带扑克进入学校不能阻止学生在校外赌博。

B. 硬币作为赌具远不如扑克方便。

C. 很难查明学生是否带扑克进入学校。

D. 赌博不但败坏校风,而且影响学习成绩。

E. 有的学生玩扑克不涉及赌博。

解析: 本题答案选 B。

题干考查的是“对比型”的加强削弱,题干的论证方法是类比。类比的对象的相关属性必须**不存在实质性的差异**,否则类比的结论就不可靠。题干类比的对象是扑克和硬币,相关属性是用作赌具。如果 B 项为真,说明硬币虽然也能作赌具,但远不如扑克方便。因此,不能因为禁止学生带硬币进校以杜绝赌博行不通,就得出结论:禁止学生带扑克进校以杜绝赌博也不合理。这就有力地削弱了题干的论证。

技巧点拨:对于“类比不当”的加强削弱,主要看它们是否**存在实质性的差异**。

7. 为了调查当前人们的识字水平,实验者列举了 20 个词语,请 30 位文化人士识读,这些人的文化程度都在大专以上。识读结果显示,多数人只读对 3 到 5 个词语,极少数人读对 15 个以上,甚至有人全部读错。其中,“蹒跚”的辨识率最高,30 人中有 19 人读对;“呱呱坠地”所有人都读错。20 个词语的整体误读率接近 80%。该实验者由此得出,当前人们的识字水平并没有提高,甚至有所下降。

以下哪项如果为真,最能对该实验者的结论构成质疑?

A. 实验者选取的 20 个词语不具有代表性。

B. 实验者选取的 30 位识读者均没有博士学位。

C. 实验者选取的 20 个词语在网络流行语言中不常用。

D. “呱呱坠地”这个词的读音有些大学老师也经常读错。

E. 实验者选取的 30 位识读者中约有 50%大学成绩不佳。

解析: 本题答案选 A。

解决实验题的一个大原则是:对象之间是否具有可比性,一般从以下三个方面入手解决:

(1) 实验对象是否是实验所需或者是否具有代表性;

(2) 实验的方法是否可行;

(3) 实验得出结论的过程是否严谨。

A 选项	直接质疑实验内容不具有代表性,样本不当,试想如果这 20 个全是甲骨文,有人不认得,能说这人不识字么?

续表

B 选项	无关选项，有没有博士学位与是否识字没有关系
C 选项	无关选项，无法质疑实验者的结论，在网络流行语中不常用，也可能在生活语言中常用
D 选项	支持了题干，连大学老师都会读错，支持了题干结论"当前人们的识字水平并没有提高，甚至有所下降"，"有些"表示其支持力度较弱
E 选项	E 项是解释项，实为加强，承认确实识字水平不高

8. 在某次课程教学改革的研讨会上，负责工程类数学的程老师说，在工程设计中用于解决数学问题的计算机程序越来越多了，这样就不必要求工程技术类大学生对基础数学有深刻的理解。因此，在未来的教学体系中，基础数学课程可以用其他重要的工程类课程替代。

以下哪项如果为真，能削弱程老师的上述论证？

Ⅰ. 工程类基础课程中已经包含了相关的基础数学内容；

Ⅱ. 在工程设计中，设计计算机程序需要对基础数学有全面的理解；

Ⅲ. 基础数学课程的一个重要目标是培养学生的思维能力，这种能力对工程设计来说是很关键的。

A. 只有Ⅱ。　　B. 只有Ⅰ和Ⅱ。　　C. 只有Ⅰ和Ⅲ。

D. 只有Ⅱ和Ⅲ。　　E. Ⅰ、Ⅱ和Ⅲ。

解析： 本题答案选 D。

题干的观点是：基础数学课程可以用其他重要的工程类课程替代。以下为各个选项的分析过程：

Ⅰ. 支持了程老师的观点，基础数学课程可以替代；

Ⅱ. 削弱了程老师的观点，基础数学课程无法替代；

Ⅲ. 削弱了程老师的观点，基础数学课程无法替代。

所以，本题答案选 D。

9. 一般认为，出生地间隔较远的夫妻生的子女智商较高。有资料显示，夫妻均为本地人，其所生子女的平均智商为 102.45；夫妻是省内异地的，其所生子女的平均智商为 106.17；而隔省婚配的，其所生子女的智商则高达 109.35。因此，异地通婚可提高下一代的智商水平。

以下哪项为真，最能削弱以上结论？

A. 统计孩子平均智商的样本数量不够多。

B. 不难发现，一些天才儿童的父母均是本地人。

C. 不难发现，一些低智商的儿童父母的出生地间隔较远。

D. 能够异地通婚者是智商比较高的，他们自身的高智商促成了异地通婚。

E. 一些情况下，夫妻双方出生地间隔很远，但他们的基因可能很近。

解析： 本题答案选 D。

题干的观点是：异地通婚可提高下一代的智商水平，题干的因果关系为：异地通婚⇒下一代智商提高。以下为各个选项的分析过程：

A 选项	质疑样本数量，属于质疑背景信息，力度较弱
B 选项	例证削弱，但是"一些"表明数字不确切，力度较弱

C选项	例证削弱，但是“一些”表明数字不确切，力度较弱
D选项	不是因为异地通婚导致下一代的智商水平高，而是因为高智商才导致异地通婚，属于因果倒置的削弱，其力度最强，选D
E选项	例证削弱，但是“一些”表明数字不确切，力度较弱

10. 随着互联网的发展，人们的购物方式有了新的选择。很多年轻人喜欢在网络上选择自己满意的商品，通过快递送上门，购物足不出户，非常便捷。刘教授据此认为，那些实体商场的竞争力会受到互联网的冲击，在不远的将来，会有更多的网络商店取代实体商店。

以下哪项如果为真，最能削弱刘教授的观点？

A. 网络购物虽然有某些便利，但容易导致个人信息被不法分子利用。

B. 有些高档品牌的专卖店，只愿意采取街面实体商店的销售方式。

C. 网络商店与快递公司在货物丢失或损坏的赔偿方面经常互相推诿。

D. 购买黄金珠宝等贵重物品，往往需要现场挑选，且不适宜网络支付。

E. 通常情况下，网络商店只有在其实体商店的支持下才能生存。

解析：本题答案选E。

题干的观点是：有更多的网络商店取代实体商店。我们主要从以下三个方面考虑削弱题干：(1) 网络商店有弊端；(2)实体店有优势；(3)相比于网店，实体店无可取代。

显然，第三种削弱方式的力度最强，不管网络商店是否有弊端，相比于网店，实体店无可取代显然是最强削弱。A、C、D属于第一种削弱方式，B属于第二种削弱方式，E属于第三种削弱方式，选E。

11. 受多元文化和价值观的冲击，甲国居民的离婚率明显上升。最近一项调查表明，甲国的平均婚姻存续时间为八年。张先生为此感慨，现在像钻石婚、金婚、白头偕老这样的美丽故事已经很难得，人们淳朴的爱情婚姻观一去不复返了。

以下哪项如果为真，最可能表明张先生的理解不确切？

A. 现在有不少闪婚一族，他们经常在很短的时间里结婚又离婚。

B. 婚姻存续时间长并不意味着婚姻的质量高。

C. 过去的婚姻主要由父母包办，现在主要是自由恋爱。

D. 尽管婚姻存续时间短，但年轻人谈恋爱的时间比以前增加很多。

E. 婚姻是爱情的坟墓，美丽感人的故事更多体现在恋爱中。

解析：本题答案选A。

题干信息：婚姻持续时间短(X)，美丽淳朴没有了(Y)。注意，题干张先生的理解是基于婚姻时间的长短(钻石婚、金婚、白头偕老也是说婚姻时间长，而非婚姻质量的高低)。

A选项	由平均数的相关知识可以知道，可能是不少闪婚一族拉低了平均婚姻持续时间，该选项可以说明张先生的理解不确切，选A
B选项	题干并未涉及“婚姻的质量”，无关选项，不选
C选项	题干并未涉及“恋爱”，无关选项，不选

续表

D选项	题干并未涉及“恋爱”，无关选项，不选
E选项	题干并未涉及“恋爱”，无关选项，不选

12. 3D立体技术代表了当前电影技术的尖端水平，由于使电影实现了高度可信的空间感，它可能成为未来电影的主流，3D立体电影中的荧幕角色虽然由计算机生成，但是那些包括动作和表情的电脑角色的“表演”，都以真实演员的“表演”为基础，就像数码时代的化妆技术一样。这也引起了某些演员的担心：随着计算机技术的发展，未来计算机生成的图像和动画会替代真人表演。

以下哪项如果为真，最能减弱上述演员的担心？

A．所有电影的导演只能和真人交流，而不是和电脑交流。

B．任何电影的拍摄都取决于制片人的选择，演员可以跟上时代的发展。

C．3D立体电影目前的高票房只是人们一时图新鲜的结果，未来尚不可知。

D．掌握3D立体技术的动画专业人员不喜欢去电影院看3D电影。

E．电影故事只能用演员的心灵、情感来表现，其表现形式与导演的喜欢无关。

解析： 本题答案选E。

题干信息：3D立体可能成为电影主流，演员担心未来计算机生成的图像和动画会替代真人表演。如何削弱这个推理？不能替代真人表演，演员还要表演。

A选项	该选项是一个很强的干扰项；该选项的论证对象是“导演”，而题干的论证对象是“演员”，该选项不选
B选项	无关选项，“跟上时代的发展”并不代表不可替代，不选
C选项	无关选项，没有提到“演员”，不选
D选项	无关选项，没有提到“演员”，不选
E选项	明确表示真人表演无可替代，削弱了题干，选E

13. 一些城市，由于作息时间比较统一，加上机动车太多，很容易造成交通早高峰和晚高峰，市民们在高峰时间上下班很不容易，为了缓解上下班时间的交通压力，某政府顾问提议采取不同时间段上下班制度，即不同单位可以在不同的时间段上下班。

以下哪项如果为真，最可能使该顾问的提议无法取得预期效果？

A．有些上班时间段与员工的用餐时间冲突，会影响他们的生活规律，从而影响他们的工作积极性。

B．许多上班时间段与员工的作息时间不协调，他们需要较长一段时间来调整适应，这段时间的工作效率难以保证。

C．许多单位的大部分工作需要员工一起讨论、集体合作才能完成。

D．城市机动车数量持续增加，即使不在早晚高峰期，交通拥堵现象也时有发生。

E．有些单位员工的住处与单位非常近，步行即可上下班。

解析： 本题答案选D。

根据题干知，本题的题干能达到的效果是：缓解上下班时间的交通压力。

A 选项	“用餐时间冲突”，题干未涉及，无关选项
B 选项	“工作效率难以保证”，题干未涉及，无关选项
C 选项	“集体合作才能完成”，题干未涉及，无关选项
D 选项	该选项表明交通拥堵一直存在，即使采取措施，也没法达到目的，削弱题干，选 D
E 选项	“步行即可上下班”，题干未涉及，无关选项

14. 1991 年 6 月 15 日，菲律宾吕宋岛上的皮纳图博火山突然大喷发，2 000 万吨二氧化硫气体冲入平流层，形成的霾像毯子一样盖在地球上空，把部分要照射到地球的阳光反射回太空。几年之后，气象学家发现这平流层使得当时地球表面的温度累计下降了 0.5℃，而皮纳图博火山喷发前的一个世纪，因人类活动而造成的温室效应已经使地球表面温度升高 1℃。某位持“人工气候改造论”的科学家据此认为，可以用火箭弹等方式将二氧化硫充入大气层，阻挡部分阳光，达到地球表面降温的目的。

以下哪项如果为真，最能对该科学家提议的有效性构成质疑？

A. 如果利用火箭弹将二氧化硫充入大气层，会导致航空乘客呼吸不适。

B. 如果在大气层上空放置反光物，就可以避免地球表面强烈阳光的照射。

C. 可以把大气中的碳取出来存储到地下，减少大气层的碳含量。

D. 不论何种方式，“人工气候改造”都将破坏地球的大气层结构。

E. 火山喷发形成的降温效应只是暂时的，经过一段时间温度将再次回升。

解析：本题答案选 E。

根据题干知，本题的题干能达到的效果是：阻挡部分阳光，达到地球表面降温的目的。

A 选项	“会导致航空乘客呼吸不适”，题干未涉及，无关选项，不选
B 选项	“可以避免地球表面强烈阳光的照射”，说明可以起到降温作用，支持了题干论证，不选
C 选项	题干未涉及“减少大气层的碳含量”，属于无关选项，不选
D 选项	题干未涉及“破坏地球的大气层结构”，属于无关选项，不选
E 选项	说明科学家的提议最终无法达到目的，削弱了题干的论证，选 E

15. 人们知道鸟类能感觉到地球磁场，并利用它们导航。最近某国科学家发现，鸟类其实是利用右眼“查看”地球磁场的。为检验该理论，当鸟类开始迁徙的时候，该国科学家把若干知更鸟放进一个漏斗形状的庞大的笼子里。笼壁上涂着标记性物质，鸟要通过笼子细口才能飞出去。如果鸟碰到笼壁，就会粘上标记性物质，以此判断鸟能否找到方向。

以下哪项如果为真，最能支持研究人员的上述发现？

A. 没戴眼罩的鸟和右眼戴眼罩的鸟顺利从笼中飞了出去，左眼戴眼罩的鸟朝哪个方向飞的都有。

B. 没戴眼罩的鸟和左眼戴眼罩的鸟朝哪个方向飞的都有，右眼戴眼罩的鸟顺利从笼中飞了出去。

C. 戴眼罩的鸟，不论左眼还是右眼，顺利从笼中飞了出去；没戴眼罩的鸟朝哪个方向飞的都有。

D. 没戴眼罩的鸟和左眼戴眼罩的鸟顺利从笼中飞了出去，右眼戴眼罩的鸟朝哪个方向飞的都有。

E．没戴眼罩的鸟顺利从笼中飞了出去；戴眼罩的鸟，不论左眼还是右眼，朝哪个方向飞的都有。

解析：本题答案选 D。

题干论证因果关系是：鸟类利用右眼(A)→判断方向(B)。

A 选项	“左眼戴眼罩的鸟朝哪个方向飞的都有”表示利用“左眼”来判断方向(B)，削弱了题干，不选
B 选项	“右眼戴眼罩的鸟顺利从笼中飞了出去”表示不利用右眼(无 A)→判断方向(B)，削弱了题干，不选
C 选项	“没戴眼罩的鸟朝哪个方向飞的都有”表明“左眼右眼之间相互干扰”，无法加强题干，不选
D 选项	该选项表示“右眼蒙上(无 A)就不能判断方向(无 B，任一方向飞行)；而没戴眼罩或者仅左眼戴眼罩，右眼不受影响(有 A)，能够判断方向(有 B，顺利飞出)”，加强了题干，选 D
E 选项	“戴眼罩的鸟，不论左眼还是右眼，朝哪个方向飞的都有”说明“不论左眼还是右眼”都可以用来判断方向，可以加强题干，但显然力度没有 D 选项强，不选

16. 足球是一项集体运动，若想不断取得胜利，每个强队都必须有一位核心队员，他总是能在关键场次带领全队赢得比赛。友南是某国甲级联赛强队西海队队员。据某记者统计，在上赛季参加的所有比赛中，有友南参赛的场次，西海队胜率高达 75.5%，另有 16.3%的平局，8.2%的场次输球，而在友南缺阵的情况下，西海队胜率只有 58.9%，输球的比率高达 23.5%。该记者由此得出结论，友南是上赛季西海队的核心队员。

以下哪项如果为真，最能质疑该记者的结论？

A．上赛季友南上场且西海队输球的比赛，都是西海队与传统强队对阵的关键场次。

B．西海队队长表示：“没有友南我们将失去很多东西，但我们会找到解决办法。”

C．本赛季开始以来，在友南上阵的情况下，西海队胜率暴跌 20%。

D．上赛季友南缺席且西海队输球的比赛，都是小组赛中西海队已经确定出线后的比赛。

E．西海队教练表示：“球队是一个整体，不存在有友南的西海队和没有友南的西海队。”

解析：本题答案选 A。

记者的结论是：友南是上赛季西海队核心球员。然而，题干给出的“核心球员”的定义是：能在关键场次带领全队赢得比赛。

A 选项	该选项表明友南上场，并没有带领全队赢得关键比赛的胜利，质疑了记者的结论，选 A
B 选项	该选项没有涉及“核心球员”这一概念，属于无关选项，不选
C 选项	该选项论证的是“本赛季”，而题干论证的是“上赛季”，属于无关选项，不选
D 选项	该选项论证的是“友南缺阵”时的表现，而题干论证的是“关键场次带领全队赢得比赛”，属于无关选项，不选
E 选项	该选项没有涉及“核心球员”这一概念，属于无关选项，不选

17. 某国研究人员报告说，与心跳速度每分钟低于 58 次的人相比，心跳速度每分钟超过 78 次者心脏病发作或者发生其他心血管问题的几率高出 39%，死于这类疾病的风险高出

77%，其整体死亡率高出65%。研究人员指出，长期心跳过快导致了心血管疾病。

以下哪项如果为真，最能对该研究人员的观点提出质疑？

A. 各种心血管疾病影响身体的血液循环机能，导致心跳过快。

B. 在老年人中，长期心跳过快的不到39%。

C. 在老年人中，长期心跳过快的超过39%。

D. 野外奔跑的兔子心跳很快，但是很少发现它们患心血管疾病。

E. 相对于老年人，年轻人生命力旺盛，心跳较快。

解析：本题答案选A。

题干论证因果关系是：长期心跳过快→心血管疾病。

A选项	不是心跳快导致心血管疾病，而是心血管疾病导致心跳快，属于"因果倒置"，最强削弱，选A
B选项	该选项中的39%，是一个绝对概念，而题干中是高出39%，是一个相对概念，属于无关选项，不选
C选项	该选项中的39%，是一个绝对概念，而题干中是高出39%，是一个相对概念，属于无关选项，不选
D选项	题干论证的对象是人，而该选项论证的对象是兔子，属于无关选项，不选
E选项	题干论证未涉及"年龄与心血管疾病的关系"，属于无关选项，不选

18. 随着光纤网络带来的网速大幅度提高，高速下载电影、在线看大片等都不再是困扰我们的问题。即使在社会生产力发展水平较低的国家，人们也可以通过网络随时随地获得最快的信息、最贴心的服务和最佳体验。有专家据此认为：光纤网络将大幅提高人们的生活质量。

以下哪项如果为真，最能质疑该专家的观点？

A. 网络上所获得的贴心服务和美妙体验有时是虚幻的。

B. 即使没有光纤网络，同样可以创造高品质的生活。

C. 随着高速网络的普及，相关上网费用也随其增加。

D. 人们生活质量的提高仅决定于社会生产力的发展水平。

E. 快捷的网络服务可能使人们将大量时间消耗在娱乐上。

解析：本题答案选D。

专家观点是：光纤网络(X)将大幅提高人们的生活质量(Y)。

A选项	可以从一定程度上削弱题干，但是，"有时"削弱力度较弱，不选
B选项	他因削弱，人们的生活质量的提高(Y)不是因为光纤网络(X)，而是因为其他原因(Z)，力度相对较弱，不选
C选项	题干未涉及"相关上网费用"，属于无关选项，不选
D选项	否定了人们的生活质量的提高(Y)与光纤网络(X)之间的关系，完全否定了该论证关系，属于因果无关的削弱，力度最强，选D
E选项	可以从一定程度上削弱题干，但是"可能"削弱力度较弱，不选

19. 最新研究发现，恐龙腿骨化石都有一定的弯曲度，这意味着恐龙其实并没有人们想象的那么重，以前根据其腿骨为圆柱形的假定计算动物体重时，会使得计算结果比实际体重高出1.42倍。科学家由此认为，过去那种计算方式高估了恐龙腿部所能承受的最大身体重量。

以下哪项如果为真，最能支持上述科学家的观点？

A. 恐龙腿骨所能承受的重量比之前人们所认为的要大。

B. 恐龙身体越重，其腿部骨骼也越粗壮。

C. 圆柱形腿骨能承受的重量比弯曲的腿骨大。

D. 恐龙腿部的肌肉对于支撑其体重作用不大。

E. 与陆地上的恐龙相比，翼龙的腿骨更接近圆柱形。

解析：本题答案选 C。

本题论证观点是：过去那种计算方式高估了恐龙腿部所能承受的最大身体重量。

A 选项	题干讲的是“错误地估计了恐龙腿骨能承受的重量”，未涉及“恐龙腿骨实际所能承受的重量”，属于无关选项，不选
B 选项	题干未涉及“腿部骨骼是否粗壮”，属于无关选项，不选
C 选项	过去假定恐龙腿骨是“圆柱形”，事实上它有“一定的弯曲度”，由此得出我们高估了恐龙腿部所能承受的最大身体重量，显然是因为圆柱形腿骨能承受的重量比弯曲的腿骨大，支持了题干，选 C
D 选项	题干未涉及“恐龙腿部的肌肉”，属于无关选项，不选
E 选项	题干未涉及“恐龙的生活习性”，属于无关选项，不选

20. 不仅人上了年纪会难以集中注意力，就连蜘蛛也有类似的情况。年轻蜘蛛结的网整齐均匀，角度完美；年老蜘蛛结的网可能出现缺口，形状怪异。蜘蛛越老，结的网就越没有章法。科学家由此认为，随着时间的流逝，这种动物的大脑也会像人脑一样退化。

以下哪项如果为真，最能质疑科学家的上述论证？

A. 优美的蛛网更容易受到异性蜘蛛的青睐。

B. 年老蜘蛛的大脑较之年轻蜘蛛，其脑容量明显偏小。

C. 运动器官的老化会导致年老蜘蛛结网能力下降。

D. 蜘蛛结网只是一种本能的行为，并不受大脑控制。

E. 形状怪异的蛛网较之整齐均匀的蛛网，其功能没有大的差别。

解析：本题答案选 D。

题干的论证关系是：年老蜘蛛结的网可能出现缺口(Y)是因为动物(蜘蛛)的大脑随着年龄增加而退化(X)。

A 选项	题干论证未涉及“优美的蛛网”，属于无关选项，不选
B 选项	“脑容量明显偏小”可以理解为大脑退化，加强了题干，不选
C 选项	年老蜘蛛结的网出现缺口(Y)可能不是因为大脑随着年龄增加而退化(X)，而是因为运动器官的老化(Z)，他因削弱，但力度相对较弱，不选
D 选项	该选项表示“蜘蛛结网能力”与“大脑是否退化”之间没有因果关系，割裂了两者的因果关系，属于“因果无关”削弱，力度最强，选 D
E 选项	题干论证未涉及“蛛网的功能”，属于无关选项，不选

21. 某研究中心通过实验对健康男性和女性听觉的空间定位能力进行了研究。起初，每次只发出一种声音，要求被试者说出声源的准确位置，男性和女性都非常轻松地完成了任务；

后来多种声音同时发出，要求被试者只关注一种声音并对声源进行定位，与男性相比，女性完成这项任务要困难得多，有时她们甚至认为声音是从声源相反方向传来的。研究人员由此得出：在嘈杂环境中准确找出声音来源的能力，男性要胜过女性。

以下哪项如果为真，最能支持研究者的结论？

A．在实验使用的嘈杂环境中，有些声音是女性熟悉的声音。

B．在实验使用的嘈杂环境中，有些声音是男性不熟悉的声音。

C．在安静的环境中，女性注意力更易集中。

D．在嘈杂的环境中，男性注意力更易集中。

E．在安静的环境中，人的注意力容易分散；在嘈杂的环境中，人的注意力容易集中。

解析：本题答案选 D。

题干论证的结论是：在嘈杂环境中准确找出声音来源的能力，男性要胜过女性。这是一道“对比型”的加强题，正确选项一般要顾及差比双方。

A 选项	能支持题干，但“有些”表特称，力度比较弱，不选
B 选项	能支持题干，但“有些”表特称，力度比较弱，不选
C 选项	题干论证的是“嘈杂环境中”而非“安静的环境中”，不选
D 选项	该选项表示“男性注意力更易集中→更能准确找出声音来源”，而注意力集中程度明显与找出声音来源是密切相关的，说明在嘈杂环境中准确找出声音来源的能力，男性要胜过女性，加强了题干论证，选 D
E 选项	题干论证的是“嘈杂环境中”而非“安静的环境中”，不选

22. 自闭症会影响社会交往、语言交流和兴趣爱好等方面的行为。研究人员发现，实验鼠体内神经连接蛋白的蛋白质如果合成过多，会导致自闭症。由此他们认为，自闭症与神经连接蛋白质合成量具有重要关联。

以下哪项如果为真，最能支持上述观点？

A．生活在群体之中的实验鼠较之独处的实验鼠患自闭症的比例要小。

B．雄性实验鼠患自闭症的比例是雌性实验鼠的五倍。

C．抑制神经连接蛋白的蛋白质合成可缓解实验鼠的自闭症状。

D．如果将实验鼠控制蛋白质合成的关键基因去除，其体内的神经连接蛋白就会增加。

E．神经连接蛋白正常的老年实验鼠患自闭症的比例很低。

解析：本题答案选 C。

本题论证是：自闭症与神经蛋白质有重要关联→蛋白质合成过多导致自闭症。

A 选项	题干未涉及两者不同的“实验鼠”，而且题干主要论证的是“蛋白质”与“自闭症”的关系，属于无关选项，不选
B 选项	题干未涉及两者不同的“雌雄老鼠”，属于无关选项，不选
C 选项	“抑制神经连接蛋白的蛋白质合成可缓解实验鼠的自闭症状”属于无因无果加强，支持了题干，为正确选项
D 选项	题干未涉及两者不同的“关键基因”，属于无关选项，不选
E 选项	题干未涉及两者不同的“老年实验鼠”，属于无关选项，不选

23. 研究人员安排了一次实验，将 100 名受试者分为两组：喝一小杯红酒的实验组和不喝酒的对照组。随后，让两组受试者计算某段视频中篮球队员相互传球的次数。结果发现，对照组的受试者都计算准确，而实验组中只有 18%的人计算准确。经测试，实验组受试者的血液中酒精浓度只有酒驾法定值的一半。由此专家指出，这项研究结果或许应该让立法者重新界定酒驾法定值。

以下哪项如果为真，最能支持上述专家的观点？

A．酒驾法定值设置过低，可能会把许多未饮酒者界定为酒驾。

B．即使血液中酒精浓度只有酒驾法定值的一半，也会影响视力和反应速度。

C．只要血液中酒精浓度不超过酒驾法定值，就可以驾车上路。

D．即使酒驾法定值设置较高，也不会将少量饮酒的驾车者排除在酒驾范围之外。

E．饮酒过量不仅损害身体健康，而且影响驾车安全。

解析：本题答案选 B。

本题论证是：喝到法定酒驾量一半的人数传球次数出错→应该重新设定酒驾法定值。

A 选项	无关选项，“法定酒驾标准”与测试手段无关，不选
B 选项	加强选项，只有酒驾法定值的一半，也会影响人的反应速度，因此该“酒驾法定值”可能设定得偏高，确实应该重新设定“酒驾法定值”，选 B
C 选项	题干未涉及“能否驾车上路”，属于无关选项，不选
D 选项	削弱项，说明该举措没有实际意义，不选
E 选项	题干未涉及“身体健康”，属于无关选项，不选

24. 某市私家车泛滥，加重了该市的空气污染，并且在早高峰期和晚高峰期间常常造成多个路段出现严重的拥堵现象。为了解决这一问题，该市政府决定对私家车实行全天候单、双号限行，即奇数日只允许尾号为单数的私家车出行，偶数日只允许尾号为双数的私家车出行。

以下哪项最能质疑该市政府的决定？

A．该市有一家大型汽车生产企业，限行令必将影响该企业的汽车销售。

B．该市私家车拥有者一般都有两辆或者两辆以上的私家车。

C．该市私家车车主一般都比较富有，他们不在乎违规罚款。

D．该市正在大力发展轨道交通，这将有助于克服拥堵现象。

E．私家车的运行是该市的税收来源之一，税收减少将影响公共交通的进一步改善。

解析：本题答案选 B。

本题属于方法、目的、措施型论证，题干要达到的目的是：缓解拥堵现象。

A 选项	无关选项，与题干设定的目的无关，不选
B 选项	该选项属于即使该方案执行了，也不能解决问题，削弱了题干，选 B
C 选项	题干未涉及“惩罚措施”，属于无关选项，不选
D 选项	其他方法有效与否不影响本方法，属于无关选项，不选
E 选项	题干未涉及“公共交通的进一步改善”，属于无关选项，不选

25. 某博主宣称:“我的这篇关于房价未来走势的分析文章得到了 1 000 余个网民的跟帖,我统计了一下,其中 85%的跟帖是赞同我的观点的。这说明大部分民众是赞同我的观点的。”

以下哪项最能质疑该博主的结论?

A. 有些人虽然赞同他的观点,但是不赞同他的分析。

B. 该博主其他得到比较高支持率的文章后来被证实其观点是错误的。

C. 有些支持反对意见的跟帖理由更充分。

D. 博主文章的观点迎合了大多数人的喜好。

E. 关注该博主文章的大部分人是其忠实粉丝。

解析: 本题答案选 E。

要削弱此类论证只需要说明样本没有代表性。

26. 在司法审判中,所谓肯定性误判是指把无罪者判为有罪,简称错判;否定性误判是指把有罪者判为无罪,简称错放。司法公正的根本原则是“不放过一个坏人,不冤枉一个好人”。某法学家认为,衡量一个法院在办案中是否对司法公正的原则贯彻得足够好,就看它的肯定性误判率是否足够低。

以下哪项能最有力地支持上述法学家的观点?

A. 各个法院的办案正确率有明显的提高。

B. 各个法院的否定性误判率基本相同。

C. 宁可错判,不可错放,是“左”的思想在司法界的反映。

D. 错放造成的损失,大多是可以弥补的;错判对被害人造成的伤害,是不可以弥补的。

E. 错放,只是放过了坏人;错判,则是既放过了坏人,又冤枉了好人。

解析: 本题答案选 B。

司法公正表现在两个方面:肯定性误判率和否定性误判率,现在要通过肯定性误判率来衡量是否对司法公正的原则贯彻得足够好,那么必须要假设另一个指标要相同即可。本题属于过渡性支持。

27. 利兹鱼生活在距今约 1.65 亿年前的侏罗纪中期,是恐龙时代一种体型巨大的鱼类。利兹鱼在出生后 20 年内可长到 9 米长,平均寿命 40 年左右的利兹鱼最大的体长甚至可达到 16.5 米。这个体型与现代最大的鱼类鲸鲨相当,而鲸鲨的平均寿命约为 70 年,因此利兹鱼的生长速度很可能超过鲸鲨。

以下哪项如果为真,最能反驳上述论证?

A. 利兹鱼和鲸鲨都以海洋中的浮游生物、小型动物为食,生长速度不可能有大的差异。

B. 利兹鱼和鲸鲨尽管寿命相差很大,但是它们均在 20 岁左右达到成年,体型基本定型。

C. 鱼类尽管寿命长短不同,但其生长阶段基本上与其幼年、成年、中老年相应。

D. 侏罗纪时期的鱼类和现代鱼类其生长周期没有明显变化。

E. 远古时期的海洋环境和今天的海洋环境存在很大的差异。

解析: 本题答案选 B。

本题的结论是利兹鱼的生长速度很可能超过鲸鲨(Y),本题的前提是平均寿命 40 年左右的利兹鱼,与平均寿命约为 70 年的鲸鲨体型相当(X)。该论证所依赖的假设是:生长速度=体长/平均寿命,以下为各个选项的分析:

A 选项	直接反驳结论，但是该选项是从背景信息入手，而没有涉及论证，力度不是最强
B 选项	否定了“生长速度＝体长/平均寿命”这一基本假设前提，最能反驳上述论证，为正确选项
C 选项	无关选项
D 选项	无关选项
E 选项	无关选项

28. 研究发现，昆虫是通过它们身体上的气孔系统来“呼吸”的。气孔连着气管，而且由上往下又附着更多层的越来越小的气孔，由此把氧气送到全身。在目前大气的氧气含量水平下，气孔系统的总长度已经达到极限；若总长度超过这个极限，供氧的能力就会不足。因此，可以判断氧气含量的多少可以决定昆虫的形体大小。

以下哪项如果为真，最能支持上述论证？

A．对海洋中的无脊椎动物的研究发现，在更冷和氧气含量更高的水中，那里的生物的体积也更大。

B．石炭纪时期地球大气层中氧气的浓度高达 35%，比现在的 21%要高很多，那时地球上生活着许多巨型昆虫，蜻蜓翼展接近一米。

C．小蝗虫在低含氧量环境中尤其是氧气浓度低于 15%的环境中就无法生存，而成年蝗虫则可以在 2%的氧气含量环境下生存下来。

D．在氧气含量高、气压也高的环境下，接受试验的果蝇生活到第五代，身体尺寸增长了 20%。

E．在同一座山上，生活在山脚下的动物总体上比生活在山顶的同种动物要大。

解析：本题答案选 B。

题干考查的是“例证加强削弱”，题干论证的因果关系是：氧气含量的多少可决定昆虫的形体大小。

	氧气含量的多少		昆虫的形体大小	加强/削弱
A 选项				无关选项
B 选项	越高	导致(可以决定)	越大	加强
C 选项				无关选项
D 选项				又带上了气压，无关
E 选项				“动物”，无关选项

29. 莫大伟到吉安公司上班的第一天，就被公司职工自由散漫的表现所震惊。莫大伟由此得出结论：吉安公司是一个管理失效的公司，吉安公司的员工都缺乏工作积极性和责任心。

以下哪项如果为真，最能削弱上述论证？

A．当领导不在时，公司的员工会表现出自由散漫。

B．吉安公司的员工超过两万，遍布该省的十多个城市。

C．莫大伟大学刚毕业就到吉安公司，对校门外的生活不适应。

D．吉安公司的员工和领导的表现完全不一样。

E．莫大伟上班的这一天刚好是节假日后的第一个工作日。

解析：本题答案选 B。

题干信息是：公司职工自由散漫→吉安公司的员工都缺乏工作积极性和责任心。

A 选项	“当领导不在时，公司的员工会表现出自由散漫”，虽然限定了范围是在“领导不在时”，也确实承认了“公司的员工自由散漫”，支持了题干，不选
B 选项	如果该选项为真，则说明莫大伟的论证存在“以偏概全”的问题，也就是根据吉安公司在某城市职工的情况，草率地对整个吉安公司得出相关结论，削弱了题干，选 B
C 选项	题干未涉及“莫大伟大学刚毕业”，无关选项，不选
D 选项	题干未涉及“领导”，无关选项，不选
E 选项	题干未涉及“节假日”，无关选项，不选，但是，该选项是很强的干扰项，如果题干得出的结论是“吉安公司的员工在任何时候都缺乏工作积极性和责任心”，那么该选项是正确答案，该选项的侧重是“时间段”

30. 对常兴市 23 家老人院的一项评估显示，爱慈老人院在疾病治疗水平方面受到的评价相当低，而在其他不少方面评价不错，虽然各老人院的规模大致相当，但爱慈老人院医生与住院老人的比率在常兴市的老人院中几乎是最小的。因此，医生数量不足是造成爱慈老人院在疾病治疗水平方面评价偏低的原因。

以下哪项如果为真，最能加强上述论证？

A．和祥老人院也在常兴市，对其疾病治疗水平的评价比爱慈老人院还要低。

B．爱慈老人院的医务护理人员比常兴市其他老人院都要多。

C．爱慈老人院的医生发表的相关学术文章很少。

D．爱慈老人院位于常兴市的市郊。

E．爱慈老人院某些医生的医术一般。

解析：本题答案选 B。

题干论证是：爱慈老人院在疾病治疗水平方面评价偏低(Y)是由于医生数量不足(X)。

A 选项	题干论证未涉及“和祥老人院”，属于无关选项，不选
B 选项	该选项表示：爱慈老人院在疾病治疗水平方面评价偏低(Y)不是由于医务护理人员数量少(Z)，而更可能是由于医生数量不足(X)，他因加强，选 B
C 选项	题干论证未涉及“发表的相关学术文章”，属于无关选项，不选
D 选项	题干论证未涉及“爱慈老人院的地理位置”，属丁无关选项，不选
E 选项	该选项表示：爱慈老人院在疾病治疗水平方面评价偏低(Y)可能不是医生数量不足(X)，而更可能是由于医生的医术一般(Z)，他因削弱，但是“有些”表特称，一般力度较弱，不选

31. 现在越来越多的人拥有了自己的轿车，但他们明显缺乏汽车保养的基本知识，这些人会按照维修保养手册或 4S 店售后服务人员的提示做定期保养。可是，某位有经验的司机会告诉你，每行驶 5 000 公里做一次定期检查，只能检查出汽车可能存在问题的一小部分，这样的检查是没有意义的，是浪费时间和金钱。

以下哪项不能削弱该司机的结论？

A．每行驶 5 000 公里做一次定期检查是保障车主安全所需要的。

B．每行驶 5 000 公里做一次定期检查能发现引擎的某些主要故障。

C．在定期检查中所做的常规维护是保证汽车正常行驶所必须的。

D．赵先生的新车未做定期检查，行驶到 5 100 公里时出了问题。

E．某公司新购的一批汽车未做定期检查，均安全行驶了 7 000 公里以上。

解析：本题答案选 E。

本题考查的是观点、态度的加强削弱，题干的观点是：每行驶 5 000 公里做一次定期检查，只能检查出汽车可能存在问题的一小部分。要想削弱就要说明每行驶 5 000 公里做一次定期检查，是非常有必要的。

A 选项	每行驶 5 000 公里做一次定期检查是非常有必要的，削弱了题干
B 选项	每行驶 5 000 公里做一次定期检查是非常有必要的，削弱了题干
C 选项	做定期检查是非常有必要的，削弱了题干
D 选项	每行驶 5 000 公里做一次定期检查是非常有必要的，削弱了题干
E 选项	每行驶 5 000 公里做一次定期检查不是非常必要，无法削弱题干，选 E

32. 鸽子走路时，头部并不是有规律地前后移动，而是一直在往前冲。行走时，鸽子脖子往前一探，然后，头部保持静止，等待着身体和爪子跟进。有学者曾就鸽子走路时伸脖子的现象作出假设：在等待身体跟进的时候，暂时静止的头部有利于鸽子获得稳定的视野，看清周围的食物。

以下哪项如果为真，最能支持上述假设？

A．鸽子行走时如果不伸脖子，很难发现远处的食物。

B．步伐较大的鸟类，伸脖子的幅度远比步伐小的要大。

C．鸽子行走速度的变化，刺激内耳控制平衡的器官，导致伸脖子。

D．鸽子行走时一举翅一投足，都可能出现脖子和头部肌肉的自然反射，所以头部不断运动。

E．如果雏鸽步态受到限制，功能发育不够完善，那么，成年后鸽子的步伐变小，脖子伸缩幅度则会随之降低。

解析：本题答案选 A。

本题的假设为：保持头部的暂时静止⇒鸽子获得稳定的视野，看清周围的食物。

A 选项	例证加强，无因无果型加强，选 A
B 选项	“鸟类”题干没有涉及，无关选项
C 选项	无关选项，解释鸽子行走时伸脖子的原因，同时没有涉及“食物”
D 选项	无关选项，解释鸽子行走时伸脖子的原因，同时没有涉及“食物”
E 选项	无关选项

7.4 课后习题

1. 通识教育重在帮助学生掌握尽可能全面的基础知识，即帮助学生了解各个学科领域的基本常识；而人文教育则重在培育学生了解生活世界的意义，并对自己及他人行为的价值和意义作出合理的判断，形成“智识”。有专家指出，相比较而言，人文教育对个人未来生活的影响会更大一些。

以下哪项如果为真，最能支持上述专家的断言？

A．当今我国有些大学开设的通识教育课程要远远多于人文教育课程。

B．“知识”是事实判断，“智识”是价值判断，两者不能相互替代。

C．没有知识就会失去应对未来生活挑战的勇气，而错误的价值观可能会误导人的生活。

D．关于价值和意义的判断事关个人的幸福和尊严，值得探究和思考。

E．没有知识，人依然可以活下去；但如果没有价值和意义的追求，人只能成为没有灵魂的躯壳。

2. 进入冬季以来，内含大量有毒颗粒物的雾霾频繁袭击我国部分地区。有关调查显示，持续接触高浓度污染物会导致10%至15%的人患有眼睛慢性炎症和干眼症。有专家由此认为，如果不采取紧急措施改善空气质量，这些疾病的发病率和相关的并发症将会增加。

以下哪项如果为真，最能支持上述专家的观点？

A．上述被调查的眼疾患者中有65%是年龄在20～40岁之间的男性。

B．有毒颗粒物会刺激并损害人的眼睛，长期接触会影响泪腺细胞。

C．空气质量的改善不是短期内能做到的，许多人不得不在污染环境中工作。

D．在重污染环境中采取戴护目镜、定期洗眼等措施有助于预防干眼症等眼疾。

E．眼睛慢性炎症和干眼症等病例通常集中出现于花粉季。

3. 人们通常认为，幸福能够增进健康、有利于长寿，而不幸福则是健康状况不佳的直接原因，但最近有研究人员对300多人的生活状况调查后发现，幸福或不幸福并不意味着死亡的风险会相应地变得更低或更高。他们由此指出，疾病可能会导致不幸福，但不幸福本身并不会对健康状况造成损害。

以下哪项如果为真，最能质疑上述研究人员的论证？

A．有些高寿老人的人生经历较为坎坷，他们有时过得并不幸福。

B．有些患有重大疾病的人乐观向上，积极与疾病抗争，他们的幸福感比较高。

C．人的死亡风险低并不意味着健康状况好，死亡风险高也不意味着健康状况差。

D．幸福是个体的一种心理体验，要求被调查对象准确断定其幸福程度有一定的难度。

E．少数个体死亡风险的高低难以进行准确评估。

4. 译制片配音，作为一种独有的艺术形式，曾在我国广受欢迎。然而，时过境迁，现在许多人已经不喜欢看配过音的外国影视剧。他们觉得还是听原汁原味的声音才感觉到位。有专家由此断言，配音已失去观众，必将退出历史舞台。

以下除哪项外均能支持上述专家的观点？

A．很多上了年纪的国人仍习惯看配过音的外国影视剧，而在国内放映的外国大片有的仍然是配过音的。

B．配音是一种艺术再创作，倾注了艺术家的心血，但有的人对此并不领情，反而觉得配音妨碍了他们对原剧的欣赏。

C．许多中国人通晓外文，观赏外国原版影视剧并不存在语言的困难，即使不懂外文，边看中文字幕边听原声也不影响理解剧情。

D．随着对外交流的加强，现在外国影视剧大量涌入国内，有的国人已经等不及慢条斯理、精工细作的配音了。

E．现在有的外国影视剧配音难以模仿剧中演员的出色嗓音，有时也与剧情不符，对此观众并不接受。

5. 研究人员发现，人类存在3种核苷酸基因类型：AA型、AG型以及GG型。一个人有36%的几率是AA型，有48%的几率是AG型，有16%的几率是GG型。在1 200名参与实验的老年人中，拥有AA和AG型基因类型的人都在上午11时之前去世，而拥有GG型基因类型的人几乎都在下午6时左右去世。研究人员据此认为：GG型基因类型的人会比其他人平均晚死7个小时。

以下哪项如果为真，最能质疑上述研究人员的观点？

A．拥有GG型基因类型的实验对象容易患上心血管疾病。

B．当死亡临近的时候，人体会还原到一种更加自然的生理节律感应阶段。

C．有些人是因为疾病或者意外事故等其他因素而死亡的。

D．对人死亡时间的比较，比一天中的哪一时刻更重要的是哪一年、哪一天。

E．平均寿命的计算依据应是实验对象的生命存续长度，而不是实验对象的死亡时间。

6. 某市消费者权益保护条例明确规定，消费者对其所购商品可以"7天内无理由退货"，但这项规定出台后并未得到顺利执行。众多消费者在7天内"无理由"退货时，常常遭遇商家的阻挠，他们以商品已经作低价处理、商品已经开封或使用等理由拒绝退货。

以下哪项如果为真，最能质疑商家阻挠的理由？

A．开封验货后，如果商品规格、质量等问题来自消费者本人，他们应为此承担责任。

B．那些作特价处理的商品，本来质量就没有保证。

C．如果不开封验货，就不能知道商品是否存在质量问题。

D．政府总偏向消费者，这对于商家来说是不公平的。

E．商品一旦开封或使用了，即使不存在问题，消费者也可以选择退货。

7. 近年来，越来越多的机器人被用于在战场上执行侦查、运输，甚至将来冲锋陷阵的都不再是人，而是形形色色的机器人。人类战争正在经历自核武器诞生以来最深刻的革命。有专家据此分析指出：机器人战争技术的出现可以使人类远离危险，更安全地实现战争目标。

以下哪些选项如果为真，最能质疑上述专家的观点？

A．现代人类掌控机器人，但未来机器人可能会掌控人类。

B．因不同国家军事科技实力的差距，机器人战争技术只会让部分国家远离危险。

C．机器人战争技术有助于摆脱以往大规模杀戮的血腥模式，从而让现代战争变得更为人道。

D．掌握机器人战争技术的国家为数不多，将来战争的发生更为频繁也更为血腥。

E．全球化时代的机器人战争技术要消耗更多资源，破坏生态环境。

8. 开车上路一个人不仅需要有良好的守法意识，也需要有特有的"理性计算"：在拥堵的车流中，只要有"加塞"的，你开的车就一定要让着它；你开着车在路上正常直行，有车不打方向灯在你近旁突然横过来要撞上你，原来它想要变道，这时你也得让着它。

以下除哪项外，均能质疑上述理性计算的观点？

A．如果不让，就会碰上；碰上之后，即便是自己有理，也会有许多麻烦。

B．"理性计算"其实就是胆小怕事，总觉得凡事能躲则躲，但有的事很难躲过。

C．一味退让就会给行车带来极大的危险，不但可能伤及自己，而且也有可能伤及无辜。

D. 即便碰上也不可怕，碰上之后如果立即报警，警方一般会公正地裁决。

E. 有理的让着没有理的，只会助长歪风邪气，有悖于社会的法律与道德。

9. 有专家指出，我国城市规划缺少必要的气象论证，城市的高楼建得高耸而密集，阻碍了城市的通风循环。有关资料显示，近几年国内许多城市的平均风速已下降10%。风速下降，意味着大气扩散能力减弱，导致大气污染物滞留时间延长，易形成雾霾天气和热岛效应。为此，有专家提出建立"城市风道"的设想，即在城市里建造几条畅通的通风走廊，让风在城市中更加自由地进出，促进城市空气的更新循环。

以下哪项如果为真，最能支持上述建立"城市风道"的设想？

A. 有风道但没有风，就会让城市风道成为无用的摆设。

B. 有些城市已拥有建立"城市风道"的天然基础。

C. 风从八方来，"城市风道"的设想过于主观和随意。

D. 城市风道不仅有利于"驱霾"，还有利于散热。

E. 城市风道形成的"穿街风"，对建筑物的安全影响不大。

10. 如今，电子学习机已全面进入儿童的生活。电子学习机将文字与图像、声音结合起来，既生动形象又富有趣味性，使儿童独立阅读成为可能。但是，一些儿童教育专家却对此发出警告，电子学习机可能不利于儿童成长。他们认为，父母应该抽时间陪孩子一起阅读纸质图书。陪孩子一起阅读纸质图书，并不是简单地让孩子读书识字，而是在交流中促进其心灵的成长。

以下哪项如果为真，最能支持上述专家的观点？

A. 现代生活中年轻父母工作压力较大，很少有时间能与孩子一起共同阅读。

B. 接触电子产品越早，就越容易上瘾，长期使用电子学习机会形成"电子瘾"。

C. 在使用电子学习机时，孩子往往更关注其使用功能而非学习内容。

D. 纸质图书有利于保护儿童视力，有利于父母引导儿童形成良好的阅读习惯。

E. 电子学习机最大的问题是让父母从孩子的阅读行为中走开，减少父母与孩子的日常交流。

11～12题基于以下题干：

钟医生："通常，医学研究的重要成果在杂志发表之前需要经过匿名评审，这需要耗费不少时间。如果研究者能放弃这段等待时间而事先公开其成果，我们的公共卫生水平就可以伴随着医学发现更快获得提高。因为，新医学信息的及时公布将允许人们利用这些信息提高他们的健康水平。"

11. 以下哪项最可能是钟医生论证所依赖的假设？

A. 即使医学论文还没有在杂志发表，人们还是会使用已公开的相关新信息。

B. 因为工作繁忙，许多医学研究者不愿成为论文评审者。

C. 首次发表于匿名评审杂志的新医学信息一般无法引起公众的注意。

D. 许多医学杂志的论文评审者本身并不是医学研究专家。

E. 部分医学研究者愿意放弃在杂志上发表，而选择事先公开其成果。

12. 以下哪项如果为真，最能削弱钟医生的论证？

A. 大部分医学杂志不愿意放弃匿名评审制度。

B. 社会公共卫生水平的提高还取决于其他因素，并不完全依赖于医学新发现。

C. 匿名评审常常能阻止那些含有错误结论的文章发表。

D．有些媒体常常会提前报道那些匿名评审杂志发表的医学研究成果。

E．人们常常根据新发表的医学信息来源调整他们的生活方式。

13. 实验发现：孕妇适当补充维生素D可降低新生儿感染呼吸道合胞病毒的风险。科研人员检测了156名新生儿脐带血中维生素D的含量，其中54%的新生儿被诊断为维生素D缺乏，这当中有12%的孩子在出生后一年内感染了呼吸道合胞病毒，这一比例远高于维生素D正常的孩子。

以下哪项如果为真，最能对科研人员的上述发现提供支持？

A．上述实验中54%的新生儿维生素D缺乏是由于他们的母亲在妊娠期间没有补充足够的维生素D造成的。

B．孕妇适当补充维生素D可降低新生儿感染流感病毒的风险，特别是在妊娠后期补充维生素D，预防效果会更好。

C．上述实验中，46%补充维生素D的孕妇所生的新生儿有一些在出生一年内感染呼吸道合胞病毒。

D．科研人员实验时所选的新生儿在其他方面跟一般新生儿的相似性没有得到明确验证。

E．维生素D具有多种防病健体功能，其中包括提高免疫系统功能、促进新生儿呼吸系统发育、预防新生儿呼吸道病毒感染等。

14. 3年来，在河南信阳息县淮河河滩上，连续发掘出3艘独木舟。其中，2010年息县城郊乡徐庄村张庄组的淮河河滩上发现第一艘独木舟，被证实为目前我国考古发现最早、最大的独木舟之一。该艘独木舟长9.3米，最宽处0.8米，高0.6米。根据碳-14测定，这些独木舟的选材竟和云南热带地区所产的木头一样。这说明，3 000多年前的古代，河南的气候和现在热带的气候很相似。淮河中下游两岸气候温暖湿润，林木高大茂密，动植物种类繁多。

以下哪项如果为真，最能支持以上论证？

A．这些独木舟的原料不可能从遥远的云南原始森林运来，只能就地取材。

B．这些独木舟在水中浸泡了上千年，十分沉重。

C．刻舟求剑故事的发生地，就是包括当今河南许昌以南在内的楚地。

D．独木舟舟体两头呈尖状，由一根完整的原木凿成，保存较为完整。

E．在淮河流域的原始森林中，今天仍然生长着一些热带植物。

15. 在一项研究中，51名中学生志愿者被分成测试组和对照组，进行同样的数学能力培训。在为期5天的培训中，研究人员使用一种称为经颅随机噪声刺激的技术对25名测试组成员脑部被认为与运算能力有关的区域进行轻微的电击。此后的测试结果表明，测试组成员的数学运算能力明显高于对照组成员。而令他们惊讶的是，这一能力提高的效果至少可以持续半年时间。研究人员由此认为，脑部微电击可提高大脑运算能力。

以下哪项如果为真，最能支持上述研究人员的观点？

A．这种非侵入式的刺激手段成本低廉，且不会给人体带来任何痛苦。

B．对脑部轻微电击后，大脑神经元间的血液流动明显增强，但多次刺激后又恢复常态。

C．在实验之前，两个组学生的数学成绩相差无几。

D．脑部微电击的受试者更加在意自己的行为，测试时注意力更集中。

E．测试组和对照组的成员数量基本相等。

16. 从“阿克琉斯基猴”身上，研究者发现了许多类人猿的特征。比如，它脚后跟的一块骨头短而宽。此外，“阿克琉斯基猴”的眼眶较小，科学家据此推测它与早期类人猿的祖先一样，是在白天活动的。

以下哪项如果为真，最能支持上述科学家的推测？

A．短而宽的后脚骨使得这种灵长类动物善于在树丛中跳跃捕食。

B．动物的视力与眼眶大小不存在严格的比例关系。

C．最早的类人猿与其他灵长类动物分开的时间，至少在 5500 万年以前。

D．以夜间活动为主的动物，一般眼眶较大。

E．对“阿克琉斯基猴”的基因测序表明，它和类人猿是近亲。

17. “辣椒缓解消化不良”，吃完火辣大餐却饱受消化不良之苦的人，看到这句话或许会大惊失色，不敢相信。然而，意大利的专家们通过实验得出的结论确实如此。他们给患有消化不良的实验者在饭前服用含有辣椒成分的药片，在 5 个星期之后，有 60%的实验者的不适症状得到了缓解。

以下哪项如果为真，最能反驳上述实验结论？

A．辣椒中含有的辣椒素在一定程度上可以对一种神经传递素的分泌起阻碍作用。

B．在该实验中，有 5%实验者的不适症状有所加重。

C．在另一组饭后服用该药片的实验者中也有 55%实验者的不适症状得到了缓解。

D．注意健康饮食之后，消化不良患者一般会在一个月内缓解不适症状。

E．在实验前，并没有告知实验者所服用的药片中含有辣椒成分。

18. 一份报告显示，截至 3 月份的一年内，中国内地买家成为购买美国房产的第二大外国买家群体，交易额达 90 亿美元，仅次于加拿大。这比上一年 73 亿美元的交易额高出 23%，比前年 48 亿美元的交易额高出 88%。有人据此认为，中国有越来越多的富人正在把财产转移到境外。

以下哪项如果为真，最能反驳上述论证？

A．有许多中国人购房是给子女将来赴美留学准备的。

B．尽管成交额上升了 23%，但是今年中国买家的成交量未见增长。

C．中国富人中存在群体炒房的团体，他们曾经在北京、上海等地炒房。

D．近年来美国的房产市场风险很小，具有一定的保值、增值功能。

E．一部分准备移居美国的中国人事先购房为移民作准备。

19. 人们经常使用微波炉给食品加热。有人认为，微波炉加热时食物的分子结构发生了改变，产生了人体不能识别的分子。这些奇怪的新分子是人体不能接受的，有些还具有毒性，甚至可能致癌。因此，经常吃微波食品的人或动物，体内会发生严重的生理变化，从而造成严重的健康问题。

以下哪项最能质疑上述观点？

A．微波加热不会比其他烹调方式导致更多的营养流失。

B．我国微波炉生产标准与国际标准、欧盟标准一致。

C．发达国家使用微波炉也很普遍。

D．微波只是加热食物中的水分子，食品并未发生化学变化。

E．自 1947 年发明微波炉以来，还没有因微波炉食品导致癌变的报告。

20. 由于含糖饮料的卡路里含量高，容易导致肥胖，因此无糖饮料开始流行。经过一段时期的调查，无糖饮料尽管卡路里含量低，但并不意味它不会导致体重增加，因为无糖饮料可能导致人们对于甜食的高度偏爱，这意味着可能食用更多的含糖类食物。而且，无糖饮料几乎没什么营养，喝得过多就限制了其他健康饮品的摄入，比如茶和果汁等。

以下哪项如果为真，最能支持上述观点？

A．茶是中国的传统饮料，长期饮用有益健康。

B．有些瘦子也爱喝无糖饮料。

C．有些胖子爱吃甜食。

D．不少胖子向医生报告他们常喝无糖饮料。

E．喝无糖饮料的人很少进行健身运动。

21. 北大西洋海域的鳕鱼数量锐减，但几乎同时海豹的数量却明显增加。有人说是海豹导致了鳕鱼的减少。这种说法难以成立，因为海豹很少以鳕鱼为食。

以下哪项如果为真，最能削弱上述论证？

A．海水污染对鳕鱼造成的伤害比对海豹造成的伤害严重。

B．尽管鳕鱼数量锐减，海豹数量增加，但在北大西洋海域海豹的数量仍少于鳕鱼。

C．在海豹的数量增加以前，北大西洋海域的鳕鱼数量就减少了。

D．海豹生活在鳕鱼无法生存的冰冷海域。

E．鳕鱼只吃毛鳞鱼，而毛鳞鱼也是海豹的主要食物。

22. 在西方经济发展的萧条期，消费需求的萎缩导致许多企业解雇职工甚至倒闭。在萧条期，被解雇的职工很难找到新的工作，这就增加了失业人数。萧条之后的复苏，是指消费需求的增加和社会投资能力的扩张。这种扩张要求增加劳动力。但是，经历了萧条之后的企业主大都丧失了经商的自信，他们尽可能地推迟雇用新的职工。

上述断定如果为真，最能支持以下哪项结论？

A．经济复苏不一定能迅速减少失业人数。

B．萧条之后的复苏至少需要两三年。

C．萧条期的失业大军主要由倒闭企业的职工组成。

D．萧条通常是由企业主丧失经商自信引起的。

E．在西方经济发展中出现萧条是解雇职工造成的。

23. 地球在其形成的早期是一个熔岩状态的快速旋转体，绝大部分的铁元素处于其核心部分。有一些熔岩从这个旋转体的表面甩出，后来冷凝形成了月球。

如果以上这种关于月球起源的理论正确，则最能支持以下哪项结论？

A．月球是唯一围绕地球运行的星球。

B．月球将早于地球解体。

C．月球表面的凝固是在地球表面凝固之后。

D．月球像地球一样具有固体的表层结构和熔岩状态的核心。

E．月球的含铁比例小于地球核心部分的含铁比例。

24. 研究发现，市面上 X 牌香烟的 Y 成分可以抑制 EB 病毒。实验证实，EB 病毒是很强的致鼻咽癌的病原体，可以导致正常的鼻咽部细胞转化为癌细胞。因此，经常吸 X 牌香烟的人将减少鼻咽癌的风险。

以下哪项如果为真，最能削弱上述论证？

A．不同条件下的实验，可以得出类似的结论。

B．已经患鼻咽癌的患者吸 X 牌香烟后并未发现病情好转。

C．Y成分可以抑制EB病毒，也可以对人的免疫系统产生负面作用。

D．经常吸X牌香烟会加强Y成分对EB病毒的抑制作用。

E．Y成分的作用可以被X牌香烟的Z成分中和。

25～26题基于以下题干：

市政府计划对全市的地铁进行全面改造，通过较大幅度地提高客运量，缓解沿线包括高速公路上机动车的拥堵，市政府同时又计划增收沿线两条主要高速公路的机动车过路费，用以贴补上述改造的费用。这样做的理由是，机动车主是上述改造的直接受益者，应当承担部分开支。

25. 以下哪项相关断定如果为真，最能质疑上述计划？

A．市政府无权支配全部高速公路机动车过路费收入。

B．地铁乘客同样是上述改造的直接受益者，但并不承担开支。

C．机动车有不同的档次，但收取的过路费区别不大。

D．为躲避多交过路费，机动车会绕开收费站，增加普通公路的流量。

E．高速公路上机动车拥堵现象不如普通公路严重。

26. 以下哪项相关断定为真，最有助于论证上述计划的合理性？

A．上述计划通过了市民听证会的审议。

B．在相邻的大、中城市中，该市的交通拥堵状况最为严重。

C．增收过路费的数额，经过专家的严格论证。

D．市政府有足够的财力完成上述改造。

E．改造后的地铁乘客中，相当数量的乘客都有私人机动车。

27. 市场上推出了一种新型的电脑键盘。新型键盘具有传统键盘所没有的"三最"特点，即最常用的键设计在最靠近最灵活手指的部位。新型键盘能大大提高键入速度，并减少错误率。因此，用新型键盘替换传统键盘能迅速地提高相关部门的工作效率。

以下哪项如果为真，最能削弱上述论证？

A．有的键盘使用者最灵活的手指和平常人不同。

B．传统键盘中最常用的键并非设计在离最灵活手指最远的部位。

C．越能高效率地使用传统键盘，短期内越不易熟练地使用新型键盘。

D．新型键盘的价格高于传统键盘的价格。

E．无论使用何种键盘，键入速度和错误率都因人而异。

28. 户籍改革的要点是放宽对外来人口的限制，G市在对待户籍改革上面临两难。一方面，市政府懂得吸引外来人口对城市化进程的意义；另一方面，又担心人口激增的压力。在决策班子里形成了"开放"和"保守"两派意见。

以下各项如果为真，都只能支持上述某一派的意见，除了(　　)

A．城市与农村户口分离的户籍制度，还适应目前社会主义市场经济的需要。

B．G市存在严重的交通堵塞、环境污染等问题，其城市人口的合理容量有限。

C．G市近几年的犯罪案件增加，案犯中来自农村的打工人员比例增高。

D．近年来，G市的许多工程的建设者多数是来自农村的农民工，其子女的就学成为市教育部门面临的难题。

E．由于计划生育政策和生育观的改变，近年来G市的幼儿园、小学乃至中学的班级数量递减。

29～30 题基于以下题干：

某校的一项抽样调查显示：该校经常泡网吧的学生中家庭经济条件优越的占 80%；学习成绩下降的也占 80%，因此各位网友在说出自己答案时标明是“个人意见”：家庭优越是学生泡网吧的重要原因，泡网吧是学习成绩下降的重要原因。

29. 以下哪项如果为真，最能削弱上述论证？

A. 该校位于高档住宅区且学生 9 成以上家庭条件优越。

B. 经过清理整顿，该校周围网吧符合规范。

C. 有的家庭条件优越的学生并不泡网吧。

D. 家庭条件优越的家长并不赞成学生泡网吧。

E. 被抽样调查的学生占全校学生的 30%。

30. 以下哪项为真，最能加强上述论证？

A. 该校是市重点学校，学生的成绩高于普通学校。

B. 该校狠抓教学质量，上学期半数以上学生的成绩都有明显提高。

C. 被抽样调查的学生多数能如实填写问卷。

D. 该校经常作这种形式的问卷调查。

E. 该项调查的结果受到了教育局的重视。

31. 一项关于婚姻状况的调查显示，那些起居时间明显不同的夫妻之间，虽然每天相处的时间相对较少，但每月爆发激烈争吵的次数，比起那些起居时间基本相同的夫妻明显要多。因此，为了维护良好的夫妻关系，夫妻之间应当注意尽量保持基本相同的起居规律。

以下哪项如果为真，最能削弱上述论证？

A. 夫妻间不发生激烈争吵，不一定关系就好。

B. 夫妻闹矛盾时，一方往往用不同时起居的方式以示不满。

C. 个人的起居时间一般随季节变化。

D. 起居时间的明显变化会影响人的情绪和健康。

E. 起居时间的不同很少是夫妻间争吵的直接原因。

32. 近年来，手机、电脑的使用导致工作与生活界限日益模糊，人们的平均睡眠时间一直在减少，熬夜已成为现代人生活的常态。科学研究表明，熬夜有损身体健康，睡眠不足不仅仅是多打几个哈欠那么简单，有科学家据此建议，人们应该遵守作息规律。

以下哪项如果为真，最能支持科学家的建议？

A. 睡眠是身体的自然美容师，与那些睡眠充足的人相比，睡眠不足的人看上去面容憔悴，缺乏魅力。

B. 熬夜会让人的反应变慢、认知退步、思维能力下降，还会引发情绪失控、影响与他人的交流。

C. 长期睡眠不足会导致高血压、糖尿病、肥胖症、抑郁症等多种疾病，严重时还会造成意外伤害或死亡。

D. 缺乏睡眠会降低体内脂肪调节瘦素激素的水平，同时增加饥饿激素，容易导致暴饮暴食、体重增加。

E. 所有的生命形式都需要休息与睡眠。在人类进化过程中，睡眠这个让人失去自我意识，变得极其脆弱的过程并未被大自然淘汰。

33. 汽油酒精，顾名思义是一种汽油酒精混合物。作为一种汽车燃料，和汽油相比，燃烧一个单位的汽油酒精能产生较多的能量，同时排出较少的有害废气一氧化碳和二氧化碳。以汽车日流量超过 200 万辆的北京为例，如果所有汽车都使用汽油酒精，那么，每天产生的二氧化碳，不比北京的绿色植被通过光合作用吸收的多。因此，可以预计：在世界范围内，汽油酒精将很快进军并占领汽车燃料市场。

以下各项如果为真，都能加强题干论证，除了（　　）

A．汽车每公里消耗的汽油酒精量和汽油基本持平，至多略高。

B．和汽油相比，使用汽油酒精更有利于汽车的保养。

C．使用汽油酒精将减少对汽油的需求，有利于缓解石油短缺的压力。

D．全世界汽车日流量超过 200 万辆的城市中，北京的绿色植被覆盖率较低。

E．和汽油相比，汽油酒精的生产成本较低，因而售价也较低。

34. 一项对 30 名年龄在 3 岁的独生孩子与 30 名同龄非独生的第一胎孩子的研究发现，这两组孩子日常行为能力非常相似，这种日常行为能力包括语言能力、对外界的反应能力以及和同龄人、他们的家长及其他大人相处的能力等。因此，独生孩子与非独生孩子的社会能力发展几乎一致。

以下哪项如果为真，最能削弱上述结论？

A．进行对比的两组孩子是不同地区的孩子。

B．独生孩子与母亲的接触时间多于非独生孩子与母亲接触的时间。

C．家长通常在第一胎孩子接近 3 岁时怀有他们的第二胎孩子。

D．大部分参与此项目的研究者没有兄弟姐妹。

E．独生孩子与非独生孩子与母亲的接触时间和父亲接触的时间是各不相同的。

课后习题参考答案

1. 解析：本题答案选 E。

本题专家的观点是：人文教育对人未来生活的影响会更大一些，即“智识”比“知识”更重要。

A 选项	题干论证未涉及“大学开设的课程”，属于无关选项，不选
B 选项	题干论证未涉及“两者能不能相互替代”，属于无关选项，不选
C 选项	该选项表示“智识”与“知识”都很重要，但没有突出哪个更重要，无法支持题干，不选
D 选项	题干论证未涉及“价值和意义的进一步探究”，属于无关选项，不选
E 选项	该选项表示“智识”比“知识”更重要，符合题干结论，支持了题干，选 E

2. 解析：本题答案选 B。

题干论证是：不采取紧急措施改善空气质量→这些疾病的发病率和相关的并发症将会增加。

A 选项	题干论证未涉及“患者的性别与年龄”，属于无关选项，不选
B 选项	该选项表示有毒颗粒物→影响泪腺细胞→这些疾病的发病率和相关的并发症将会增加，属于过渡性加强，支持了专家的观点，选 B
C 选项	“空气质量的改善不是短期内能做到的”并不代表做不到，诉诸无知，属于无关选项，不选
D 选项	该选项表明即使环境破坏了，仍旧可以采取措施预防干眼症等眼疾，属于有因无果的削弱，不选
E 选项	题干论证未涉及“眼睛慢性炎症和干眼症等病例的发病”，无关选项，不选

3. 解析：本题答案选 C。

题干论证为：幸福或不幸福并不意味着死亡的风险会相应地变得更低或更高→疾病可能会导致不幸福，但不幸福本身并不会对健康状况造成损害。显然，概念偷换是其中最大的问题，论据中说的是“死亡风险”，到了结论就成了“健康状况”，C 选项指出了这一点，因此，本题答案选 C。

4. 解析：本题答案选 A。

题干的结论是：配音已失去观众，必将退出历史舞台。

A 选项	该选项表明配音仍旧有很大的市场，不会退出历史舞台，削弱了题干结论，显然不能支持，选 A
B 选项	“有的人对此并不领情”说明“配音已失去观众”，支持了题干，不选
C 选项	该选项表明“观众更喜欢欣赏原著、不喜欢配音”，支持了题干，不选
D 选项	该选项表明“国人已经不习惯配音”，支持了题干，不选
E 选项	该选项表明“观众并不接受配音”，支持了题干，不选

5. 解析：本题答案选 E。

本题考查的是“实验”型的非形式逻辑题，对于此类题，一般不质疑样本数量，但是一定要注意以下两点：

(1) 样本是否具有代表性；(2)实验的方法和原理设计有没有问题。

本题的观点是：拥有 GG 型基因的人下午 6 点左右去世⇒GG 型基因的人平均寿命长 7 小时。

A 选项	“容易患上心血管疾病”可能导致寿命减少，但这只是原因之一，该选项可以削弱题干，但是力度较弱，不选
B 选项	无关选项，题干未涉及，不选
C 选项	无关选项，题干未涉及，不选
D 选项	无关选项，题干未涉及，不选
E 选项	直接质疑结论，“平均寿命的计算依据应是实验对象的生命存续长度”指出平均寿命的计算依据有问题，即实验方法依据有问题，所以本题答案选 E

6. 解析：本题答案选 E。

题干的观点是“以商品已经作低价处理、商品已经开封或使用等理由拒绝退货”，而题干说明商家的承诺是“7 天内无理由退货”。

A 选项	支持了商家的做法，不选
B 选项	支持了商家的做法，为商家不退货找理由，不选
C 选项	无关选项，诉诸无知，不选
D 选项	无关选项，不选
E 选项	直接质疑结论，符合商家的承诺“7 天内无理由退货”，质疑了商家不退货而找理由的做法，为正确选项

7. 解析：本题答案选 D。

题干的观点是“机器人战争技术的出现可以使人类远离危险，更安全地实现战争目标”，同意作者观点的就是加强，不同意作者观点的就是削弱，以下为各个选项的具体分析。

A 选项	机器人可能会掌控人类，但是题干的观点是“更安全地实现战争目标”，属于无关选项，不选
B 选项	支持了题干，但是“部分国家”表明其支持力度较弱，不选
C 选项	支持了题干，不选
D 选项	说明没法实现“使人类远离危险，更安全地实现战争目标”，削弱了题干，选 D
E 选项	无关选项，不选

8. 解析：本题答案选 A。

题干给了你一个概念——“理性计算”，符合理性计算这个概念的就是加强，否则就是削弱。

A 选项	该选项说明了“理性计算”是很有必要的，支持了题干，为正确选项
B 选项	“理性计算”有的时候不管用，削弱题干，不选
C 选项	“理性计算”会带来危险，削弱题干，不选
D 选项	“理性计算”没有存在的必要，遵纪守法即可，削弱题干，不选
E 选项	“理性计算”会助长歪风邪气，削弱题干，不选

9. 解析：本题答案选 D。

作者要达到的目的是“让风在城市中更加自由地进出，促进城市空气的更新循环”，能达到专家设想的目的的就是加强题干，否则就是削弱题干。

A 选项	建立风道无法达到目的，削弱题干，不选
B 选项	题干未涉及该选项，属于无关选项，不选
C 选项	设想过于理想，无法达到目的，削弱题干，不选
D 选项	能达到目的，加强了题干，选 D
E 选项	题干未涉及该选项，属于无关选项，不选

10. 解析：本题答案选 E。

本题显然是观点态度题，大家应该把更多精力放在专家建议、观点上：父母应该抽时间陪孩子一起阅读纸质图书，可以在交流中促进其心灵的成长。

A 选项	题干未涉及“年轻父母工作压力较大”，属于无关选项，不选
B 选项	题干未涉及“电子瘾”，属于无关选项，不选
C 选项	该选项未涉及“心灵的成长”，讲学习机的不良后果，但该选项还是讲的儿童学习的问题，未涉及“促进其心灵的成长”，不选

D 选项	该选项很容易误选，注意题干讲的是“促进其心灵的成长”，而该选项讲的是“有利于保护儿童视力”，属于无关选项，不选
E 选项	该选项说：电子阅读减少了父母与孩子的交流，不利于“促进其心灵的成长”，说明专家的建议有效果，这显然支持了题干专家的观点，选 E

11. 解析：本题答案选 A。

题干观点是：如果放弃等待的时间而事先公开其成果，公共卫生水平就可以更快地提高。

A 选项	这显然假设了人们会利用事先公开的成果，如果不会利用，也就不会有公共卫生水平的提高，显然这就是 A 所说的，所以 A 是正确选项。
B 选项	题干未涉及“医学研究者不愿成为论文评审者”，属于无关选项，不选
C 选项	该选项显然与作者的预设相反，不选
D 选项	题干未涉及“论文评审者”，属于无关选项，不选
E 选项	题干未涉及“放弃在杂志上发表”，而仅仅是事先公布结果而已，属于无关选项，不选

12. 解析：本题答案选 C。

钟医生的论证是：匿名评审制度有问题，如果研究者能放弃这段等待时间而事先公开其成果，我们的公共卫生水平就可以伴随着医学发现更快获得提高。

A 选项	无关选项。“不愿意放弃匿名评审制度”只是医学杂志社的主观行为，未涉及题干论证，不选
B 选项	“社会公共卫生水平的提高还取决于其他因素”并不代表“医学新发现”就没有用，其他方法有效或者无效不影响本方法的有效，无关选项，不选
C 选项	该项表明“匿名评审”还是有好处的，削弱了题干，选 C
D 选项	“有些”表特称，其数量具有不确定性，在加强削弱题中，很少会将特称命题作为正确答案，尽管该选项也能削弱题干，但由于削弱力度未知，不选
E 选项	支持了题干，不选

13. 解析：本题答案选 A。

题干论证为：孕妇适当补充维生素 D(X)可以降低新生儿感染呼吸道合胞病毒的风险(Y)。

A 选项	孕妇没有补充维生素 D(无 X)导致新生儿感染呼吸道合胞病毒发病率高(无 Y)，属于“无因无果”的支持，加强题干，选 A
B 选项	题干论证的是“呼吸道合胞病毒”，而选项中论证的是“新生儿感染流感病毒”，属于无关选项，不选
C 选项	有些孕妇补充了维生素 D(有 X)，仍有新生儿感染呼吸道合胞病毒发病的情况(无 Y)，属于有因无果的削弱，但“有些”表明其力度较弱，不选
D 选项	该选项质疑样本是否具有代表性，相当于质疑背景信息，力度较弱，不选
E 选项	题干未涉及“维生素 D 具有多种防病健体功能”，属于无关选项，不选

14. 解析：本题答案选 A。

由于在淮河中下游发现的独木舟所用木材与云南热带木材一样(X)，所以发现木材的地区也是热带(Y)。

A 选项	该选项排除了独木舟的原料是从遥远的云南原始森林运来的(Z)这种可能性，属于无他因加强
B 选项	无关选项
C 选项	无关选项
D 选项	无关选项
E 选项	无关选项，与 3000 多年前无关

15. 解析：本题答案选 C。

题干论证的前提差异：是否被轻微电击；题干论证的结果差异：大脑运算能力的不同。显然是由前提差异导致结果差异的模式，据此，研究人员得出结论："脑部微电击可提高大脑运算能力。"

A 选项	与题干论证无关，无关选项
B 选项	题干未涉及"多次刺激"，无关选项
C 选项	说明没有其他差异，两者之间具有可比性，对论证起到支持作用，选 C
D 选项	表明存在其他差异，测试结果的差异(Y)很有可能是由于测试时注意力更集中(Z)，而不是由于是否被轻微电击导致的(前提差异)，削弱了题干
E 选项	该选项涉及的仅仅是题干的背景信息，力度不大

16. 解析：本题答案选 D。

题干论证为：由于它是在白天活动的(X)，所以"阿克琉斯基猴"的眼眶较小(Y)。

A 选项	"短而宽的后脚骨"与题干论证无关，无关选项
B 选项	直接割裂了因果关系，属于因果无关削弱
C 选项	"其他灵长类动物"与题干论证无关，无关选项
D 选项	无因(非白天)无果(眼眶大)加强，支持了题干，选 D
E 选项	"基因测序表明"与题干论证无关，无关选项

17. 解析：本题答案选 D。

本题的论证关系是：饭前服用含有辣椒成分的药片，在 5 个星期之后，有 60%的实验者的不适症状得到了缓解(Y)是因为辣椒缓解消化不良(X)。

A 选项	无关选项，未涉及辣椒与消化不良之间的关系
B 选项	说明有些实验者没起到作用，削弱，但只有 5%，表明削弱的力度很弱
C 选项	支持了题干结论，说明有效果，例证加强

续表

D 选项	指出不适症状很可能是由于注意健康饮食以后才缓解的，他因削弱
E 选项	表明没有受到心理作用的影响，排除他因，无他因加强

18. 解析：本题答案选 B。

根据“有人据此认为”知，本题为“因果关系型”加强削弱，题干论证因果关系是：这比上一年 73 亿美元的交易额高出 23%（Y）是因为中国有越来越多的富人正在把财产转移到境外（X）。

A 选项	“赴美留学”表明很多人购房的目的，支持了题干论证
B 选项	其实本题论证的前提是：交易额增加，结论是：交易人数增加，必须要保证交易单笔数额不变；该选项表示交易额增加，不是由于交易人数增加（X），而是因为单笔数额增加（Z），他因削弱，选 B
C 选项	“中国富人中存在群体炒房的团体”表明很多人购房的目的，支持了题干论证
D 选项	“美国的房产市场风险很小”表明很多人购房的目的，支持了题干论证
E 选项	“准备移居美国的中国人”表明很多人购房的目的，支持了题干论证

19. 解析：本题答案选 D。

题干论证因果关系是：经常吃微波食品的人或动物，体内会发生严重的生理变化（Y）是因为微波炉加热时食物的分子结构发生了改变（X）。

A 选项	与题干论证无关，题干没有涉及“营养流失”
B 选项	诉诸权威，无关选项
C 选项	诉诸权威，无关选项
D 选项	直接削弱结论，食品并未发生化学变化，只是加热了水分子，选 D
E 选项	诉诸无知，无关选项

20. 解析：本题答案选 D。

题干观点：无糖饮料尽管卡路里含量低，但并不意味它不会导致体重增加。

A 选项	未涉及“无糖饮料”，无关选项
B 选项	例证削弱，但是“有些”表明其力度较弱
C 选项	未涉及“无糖饮料”，无关选项
D 选项	“胖子常喝无糖饮料”，说明无糖饮料会导致体重增加，支持了题干，此外，“不少”表示人数比较多，力度较大，选 D
E 选项	喝无糖饮料的人体重没有降下来（Y）是因为他们很少进行健身运动（Z），而不是因为喝无糖饮料造成的（X），他因削弱

21. 解析：本题答案选 E。

题干论证的因果关系是：鳕鱼数量锐减，同时海豹的数量却明显增加并且海豹很少以鳕鱼为食→不是海豹导致了鳕鱼的减少。

A 选项	“海水污染对鳕鱼造成伤害”表示他因导致了鳕鱼的减少，加强了题干论证，不选
B 选项	题干未涉及“海豹的数量与鳕鱼的数量谁多谁少”，属于无关选项，不选
C 选项	说明“不是海豹导致了鳕鱼的减少”，加强了题干论证，不选
D 选项	说明“不是海豹导致了鳕鱼的减少”，加强了题干论证，不选
E 选项	由于毛鳞鱼既是鳕鱼的主要食物，也是海豹的主要食物，因而海豹数量的明显增加将导致鳕鱼的食物数量的下降，这就说明了“海豹导致了鳕鱼的减少”，有力地削弱了题干的论证，选 E

22. 解析：本题答案选 A。

“但是”表明题干论证重点是最后一句话：经历了萧条之后的企业主大都丧失了经商的自信，他们尽可能地推迟雇用新的职工。

A 选项	由于“他们尽可能地推迟雇用新的职工”，那么显然“经济复苏不一定能迅速减少失业人数”，支持了题干，选 A
B 选项	题干未涉及“经济复苏的时间”，无关选项，不选
C 选项	题干未涉及“经济萧条的原因”，无关选项，不选
D 选项	题干未涉及“经济萧条的原因”，无关选项，不选
E 选项	与题干中“经济萧条”与“解雇职工”之间因果倒置，削弱题干，不选

23. 解析：本题答案选 E。

题干理论为：(1)地球在其形成的早期是一个熔岩状态的快速旋转体，绝大部分的铁元素处于其核心部分；(2)熔岩从这个旋转体的表面甩出，后来冷凝形成了月球。

A 选项	题干未涉及“围绕地球运行的星球有几个”，无关选项，不选
B 选项	题干未涉及“地球解体的时间”，无关选项，不选
C 选项	题干未涉及“凝固时间的对比”，无关选项，不选
D 选项	题干未涉及“凝固时间的对比”，无关选项，不选
E 选项	题干涉及了“铁元素”，并且地球核心部分的含铁比例明显要高于月球的含铁比例，支持了题干，选 E

24. 解析：本题答案选 E。

题干论证为：X 牌香烟的 Y 成分可以抑制 EB 病毒，EB 病毒可以导致鼻咽癌→经常吸 X 牌香烟的人将减少鼻咽癌的风险。

A 选项	该选项中“可以得出类似的结论”，支持了题干，不选
B 选项	题干论证的是“减少鼻咽癌的风险”，而非“已经患鼻咽癌的患者病情好转”，混淆论证对象，属于无关选项，不选

C 选项	Y 成分可以抑制 EB 病毒,但它的其他副作用不属于题干的论证,属于无关选项,不选
D 选项	该选项说明经常吸 X 牌香烟→Y 成分对 EB 病毒的抑制作用→减少鼻咽癌的风险,属于过渡性加强,支持了题干结论,不选
E 选项	该选项说明最终根本起不到“抑制 EB 病毒进而减少鼻咽癌的风险”的作用,说明方法不可行,直接削弱题干论证,选 E

25. 解析:本题答案选 D。

题干的方法是:增收沿线两条主要高速公路的机动车过路费,使用该方法的目的是:缓解沿线包括高速公路上机动车的拥堵。

A 选项	题干论证未涉及“机动车过路费的支配比例”,属于无关选项,不选
B 选项	题干论证未涉及“地铁乘客是否受益”,属于无关选项,不选
C 选项	题干论证未涉及“收取过路费的方式”,属于无关选项,不选
D 选项	如果该选项为真,说明实施上述计划可能在减少高速公路车流量的同时增加了普通公路的流量,因而不能从总体上真正缓解地铁沿线机动车的拥堵,这就有力地质疑了题干的计划,选 D
E 选项	题干论证未涉及“高速公路与普通公路的比较”,属于无关选项,不选

26. 解析:本题答案选 E。

题干的方法是:增收沿线两条主要高速公路的机动车过路费,使用该方法的目的是:缓解沿线包括高速公路上机动车的拥堵。

A 选项	诉诸权威,属于无关选项,不选
B 选项	题干论证未涉及“与其他城市的交通拥堵状况对比”,属于无关选项,不选
C 选项	诉诸权威,属于无关选项,不选
D 选项	“市政府有足够的财力完成上述改造”表明该方法能够实施,但是能否达到题干的目的还不清楚,可以加强题干,力度较弱,不选
E 选项	如果该选项为真,则说明:如果地铁不通过改造以较大幅度地提高客运量,相当数量的地铁乘客会驾驶私人机动车,从而加剧地铁沿线机动车的拥堵。这就有力地论证了题干计划的合理性,选 E

27. 解析:本题答案选 C。

题干的论证是:用新型键盘替换传统键盘(X)→提高相关部门的工作效率(Y)。

A 选项	题干论证未涉及“键盘使用者最灵活的手指和平常人不同”,属于无关选项,不选
B 选项	该选项表明传统键盘的劣势,但存在劣势并不代表使用率不高,不选
C 选项	该选项表明使用新型键盘,在短期内不利于提高工作效率。因此,用新型键盘替换传统键盘难以迅速地提高工作效率,削弱了题干论证,选 C
D 选项	题干论证未涉及“键盘价格”,属于无关选项,不选
E 选项	题干论证未涉及“键入速度和错误率”,属于无关选项,不选

28. 解析：本题答案选 D。

题干观点是：(1)吸引外来人口有利于城市化进程属于开放派的观点；(2)吸引外来人口会导致人口激增的压力属于保守派的观点。

A 选项	该选项未限定“G 市”，属于无关选项，不选
B 选项	符合保守派的观点，不选
C 选项	符合保守派的观点，不选
D 选项	前半句支持开放派观点，后半句支持保守派观点，自相矛盾，选 D
E 选项	符合开放派的观点，不选

29. 解析：本题答案选 A。

题干论证是：经常泡网吧的学生中家庭经济条件优越的占 80%→家庭优越是学生泡网吧的重要原因。由于题干中出现了具体百分数，因此，本题考查的是“比例论证”。

A 选项	该选项中“该校位于高档住宅区且学生 9 成以上家庭条件优越”，而“经常泡网吧的学生中家庭经济条件优越的占 80%”，事实上它还低于家庭条件优越的学生占全部学生的比例，削弱了题干论证，选 A
B 选项	题干论证未涉及“网吧是否符合规范”，属于无关选项，不选
C 选项	题干中“经常泡网吧的学生中家庭经济条件优越的占 80%”，但并不意味着“所有家庭优越的学生都经常泡网吧”，属于题干背景信息，不选
D 选项	题干论证未涉及“家长对学生上网吧的态度”，属于无关选项，不选
E 选项	问卷调查的数量未必要 100%，既然是抽样调查，30%也可以，无法削弱题干论证，不选

30. 解析：本题答案选 B。

题干论证是：经常泡网吧的学生中学习成绩下降的占 80%→泡网吧是学习成绩下降的重要原因。

A 选项	题干论证未涉及“重点高中与普通高中的成绩对比”，属于无关选项，不选
B 选项	该选项表示“上学期半数以上学生的成绩都有明显提高”，而上网吧的学生中“学习成绩下降的占 80%”，说明泡网吧导致了学习成绩下降，加强了题干论证，选 B
C 选项	该选项属于题干背景信息，不涉及题干论证，不选
D 选项	该选项属于题干背景信息，不涉及题干论证，不选
E 选项	该选项属于题干背景信息，不涉及题干论证，不选

31. 解析：本题答案选 B。

题干论证是：夫妻间起居时间明显不同(X)→每月爆发激烈争吵的次数增多(Y)。

A 选项	题干论证的是“夫妻间起居时间明显不同”与“爆发激烈争吵的次数”之间的关系，而不是争吵与关系好之间的关系，属于无关选项，不选

B 选项	该选项论证关系为：闹矛盾(争吵)(Y)→夫妻间起居时间明显不同(X)，属于因果倒置，最强地削弱题干论证，选 B
C 选项	题干论证未涉及“个人的起居时间的变化因素”，属于无关选项，不选
D 选项	题干论证未涉及“个人的起居时间的影响”，属于无关选项，不选
E 选项	该选项是干扰项，它表示“很少是夫妻间争吵的直接原因”，但也有可能是间接原因，该选项可以削弱题干论证，但力度不大，不选

32. 解析：本题答案选 C。

由题干信息“以下哪项如果为真，最能支持科学家的建议”知，本题是非形式逻辑题，本题考查的是加强削弱。科学家的建议是：人们应该遵守作息规律。题干的论据是：熬夜有损身体健康，睡眠不足不仅仅是多打几个哈欠那么简单。

A 选项	该选项体现了“睡眠有助于美容”，能一定力度支持题干，但仅从美容一个方面说明，力度较弱，不选
B 选项	该选项体现了“熬夜会影响与他人的交流”，能一定力度支持题干，但仅从一个方面说明，力度较弱，不选
C 选项	该选项体现“长期睡眠不足”的危害性以及“遵守作息规律”的必要性，而且“长期”也体现出“作息规律与否”，契合题干，力度较强，选 C
D 选项	该选项体现了“降低体内脂肪调节瘦素激素的水平”，能一定力度支持题干，但仅从一个方面说明，力度较弱，不选
E 选项	题干论证对象是“熬夜”与“睡眠不足”，而不是“休息与睡眠”，无关选项，不选

33. 解析：本题答案选 A。

由题干信息“以下各项如果为真，都能加强题干论证，除了”知，本题是非形式逻辑题，本题考查的是加强削弱。题干论证是：燃烧一个单位的汽油酒精能产生较多的能量，同时排出较少的有害废气一氧化碳和二氧化碳→在世界范围内，汽油酒精将很快进军并占领汽车燃料市场。选项中只要体现出“汽油酒精”的优点就是对题干的加强。

A 选项	该选项表明“汽油酒精”与传统汽油相比，消耗量相差不大，甚至略高，体现不出其优势，无法加强题干，不选
B 选项	该选项表明“汽油酒精更有利于汽车的保养”，体现出其优势，加强题干论证，不选
C 选项	该选项表明“汽油酒精更有利于缓解石油短缺的压力”，体现出其优势，加强题干论证，不选
D 选项	该选项表明“在全世界汽车日流量超过 200 万辆的城市中，绿色植被覆盖率较低的北京都能全部吸收使用汽油酒精的汽车排出的二氧化碳，那么其他城市一般说来更能如此”，加强题干论证，不选
E 选项	该选项表明“汽油酒精生产成本较低，售价也较低”，体现出其优势，加强题干论证，不选

34. 解析：本题答案选 C。

由题干信息“以下哪项如果为真，最能削弱上述结论”知，本题是非形式逻辑题，本题考查的是加强削弱。本题属于“对比型”加强削弱。题干论证是：这两组孩子日常行为能力非常相似→独生孩子与非独生孩子的社会能力发展几乎一致。

A 选项	题干论证未涉及“两组孩子的地域”，属于无关选项，不选
B 选项	题干论证未涉及“孩子与母亲的接触时间”，属于无关选项，不选
C 选项	该选项表示：非独生孩子通常在 3 岁以后才有了弟弟或妹妹，在 3 岁以前，事实上通常无法区分独生孩子和非独生孩子，影响日常行为能力的生活环境，对于他们来说是一样的。因此，不能得出结论：独生孩子与非独生孩子的社会能力发展几乎一致，削弱了题干论证，选 C
D 选项	题干论证未涉及“参与此项目的研究者”，属于无关选项，不选
E 选项	题干论证未涉及“孩子与母亲的接触时间和父亲接触的时间是否相同”，属于无关选项，不选

第八章　假　设

“假设”在逻辑学上亦称“假说”，即根据一定的事实材料和理论知识，对于研究对象的未知性质及其原因或规律的某种推测性的说明，这种说明有助于推导出所要论证的观点。论证能够成立，需要论证假设作为条件。

在逻辑考试试题中，假设有明显的两种思路，即充分假设和必要假设，两者既有明显不同，又有内在联系。至于寻找一般论证的假设，大致有四种方向：存在因果关系的假设、因果方向正确的假设、他因假设和过渡假设。

8.1　充分假设

充分假设，是指论证已知一些条件和结论，但是从已有条件不能推出结论，需要补充条件，当该条件为真时，论证的结论就**必然被推出**。充分假设是否正确采取的验证方法是肯定验证法：将被选项与题干已知的条件相结合，然后根据相应逻辑规则进行推导，当推导能够得到题干已知结论时，该被选项就是正确的答案。

上述肯定验证法的一般形式是：已知论证条件 1、2，又已知论证结论 3，问补充什么前提才可以得到结论 3。正确的选项若是 A，则 A 需要满足：(A＋1＋2)→3。

寻找充分假设囊括了所有演绎推理补充前提的试题，这些试题所应用的逻辑规则包括补充三段论(前面章节已介绍)、假言推理规则和数字、数学计算的逻辑。

8.2　必要假设

论证的必要假设是论证所需要的必要条件，论证已知一些条件和结论，不考虑已有条件是否能推出结论，只考虑从上述条件推导结论这一过程**必须补充什么条件**。对必要假设的验证方法是“否定代入验证法”，即：将被选项否定，然后考虑这种否定是否使题干论证不能进行，若能推翻题干，则为必要假设。

上述否定验证法的一般形式是：已知论证条件 1、2，又已知论证结论 3，问必须假设什么条件才能得出结论 3。正确的答案若是 A，则 A 需要满足：(1＋2＋A 的否定)→(3 的否定)。

寻找必要假设试题的标志是这类试题的问题往往以“以下哪项是上述论证所必需的假设”“为使上述论证成立，以下哪项必为真”等来表述。

前提
(C) } ⇒结论，C 即为必要条件假设，用必要条件去支持。

前提 C 存在，不一定能推出结论；前提 C 不存在，一定不能推出结论。

例题 1： 请把门打开。问以下哪个是必要条件？

（1）有门；　　　　　　（2）门是关着的；

（3）门应该可以打开；　　（4）有人。

显然，（1）、（2）、（3）是必要条件，没有它们的存在，不可能打开门。

（4）不是必要条件，你家旺财可以把门撞开。

例题 2： P 或 Q 为真的必要假设是什么？

（1）P 为真；　　（2）Q 为真；　　（3）如果非 P，则 Q 为真。

显然，（1）、（2）不是必要假设，$\overline{P}\rightarrow Q$ 等价于 $P \vee Q$；

假设（3）为假，则 $\overline{P} \wedge \overline{Q}$ 一定为真，$P \vee Q$ 一定为假，所以（3）是必要假设。

8.3 必要性假设技巧

8.3.1 "因果关系"假设

如果题干存在因果关系，我们假设的目的就是保障因果关系的存在，考生可以根据以下思路，直接选出答案：

（1）因果不倒置；（2）没有他因；（3）无因无果。

假设题干论证的因果是：因为某人意志消沉、忧郁（X），所以戴墨镜（Y）。

以下哪些可能是保障因果关系存在的必要假设？

A. 戴上墨镜（Y）不会导致某人意志消沉、忧郁（X）	因果不倒置，Y 不会导致 X
B. 人们不会因为其他原因戴上墨镜	没有他因，不会因为 Z 而导致 Y
C. 戴墨镜者如果没有意志消沉、忧郁（X），就不会戴上墨镜（Y）	无因无果，没有 X，不会导致 Y

因果关系试题中，出现频率最高的是无他因假设题。无他因假设题在选项中经常会出现"没有""不是""不会"等词，后跟他因（题干未提及的原因）削弱，或者出现"只有""只是"等词，后跟自因（题干本身原因），看到类似关键词优先重点考虑。

——"若无法"技巧：与无他因加强技巧相同，都是暗示他因削弱（反驳），但告诉你并无这个原因。看到上述关键词后稍加验证该选项，如果正确可以不用看其他选项。

8.3.2 "过渡性"假设

过渡假设是对论证本身"由此及彼过渡条件"的把握。过渡条件，是指论证的论据是 A，结论是 B，从 A 到 B 存在着概念、命题的变化，这时候说明并肯定上述变化的选项就是论证过渡假设。例如，中国经济没有受到国际金融危机的影响，所以中国经济增长会继续保持。该论证的前提是有关"金融危机"的，而结论是有关"经济增长"的，所以过渡假设是关于这两个概念的关系，如"金融危机将影响到一个国家的经济增长"。

识别：题干论证中存在的**明显跳跃**。

技巧：在题干论证的跳跃之处搭建桥梁，寻找合适的选项。过渡性假设题型的正确答案一般都会同时出现题干前提和结论的核心概念，尤其是"……（前提）是……（结论）的重要标志（衡量标准）"的句型是正确选项的典型结构。

8.3.3 “对比”假设

若题干中存在涉及两者之间关系的比较，我们需要采用“求同”“求异”法。

（1）基于同一对象的假设。

识别：题干不易辨认，主要是在论证一样东西是否有危害、一个项目是否成功或一个方法是否有效（与方法有效性论证有点像）。此题型的识别重点在于选项，一定会出现“如果没有”“如果不”等词。

技巧：“若无法”，即正确选项一定包含“如果没有”“如果不”等词，要重点关注该选项。

（2）基于不同对象的假设。

识别：在题干中非常容易识别，题干中会直接给出结论，比如甲比乙好，然后举例说甲在A方面就是比乙好的。

技巧：正确选项一定是说在另一方面，甲至少不比乙差，其他可能出现的文字描述还有“至少一样”“不低于”“不降低”等。

注意：不是在B方面甲也比乙好，是不比乙差，这是有区别的，切勿混淆。

对比假设的不同情形见表8-1。

表8-1 对比假设

前提比	结论比	假设
差	差	求同法：如果要使前提差—结论差，必须保证没有他差，就是需要补同
同	差	求异法：“前提同”一般不会导致“结论差”，论证显然存在漏洞，需要找到一个“他差”来使论证成立
优势	劣势	求异法：“前提优势”一般不会导致“结论劣势”，论证显然存在漏洞，需要找到一个“劣势”来使论证成立

8.3.4 方法、目的、措施假设

题干论证是为了达到……目的，而采取……方法（或计划、建议、措施等），该类试题主要遵循以下原则：

（1）方法找得到；（2）方法有效果；（3）方法无恶果（坏处）。

且优先顺序是：方法找得到＞方法有效果＞方法无恶果。

8.4 假设法总结

以下三个经验可以作为解假设题的原则：

（1）观察试题题干中是否有简单命题或者表示**复合命题的关键词**，一旦发现，思路应尽可能考虑充分假设。

（2）当确定试题是寻找充分假设时，应当注意最合适的选项，所谓最合适的选项是指，题干已知条件1、2，结论是3，可能不止一个选项满足“（1＋2＋选项）→3”这一要求，这时候就需要考虑这些选项之间的差别，选择最合适的选项。

（3）在没有简单命题和表示复合命题关键词的情况下，论证假设应首先考虑必要假设，因为必要假设比充分假设需要满足更严格的条件，在一般情况下，论证的必要假设也是论证的充分假设，但论证的充分假设未必是论证的必要假设。

8.5 本章例题精讲

1. 经济学家：有人主张对居民的住房开征房产税，其目的是抑制房价，或为地方政府开拓稳定的税源，或调节贫富差别。如果税收不是一门科学，如果税收没有自身运行的规律，那么，根据某些官员的意志而决定开征房产税就是可能的。房产税是财产税，只有我国的税务机关达到征收直接税和存量税的水平，才能开征房产税。

要从以上陈述推出“我国现在不能开征房产税”的结论，必须增加以下哪项陈述作为前提？

A．税收是一门科学，并且税收有自身运行的规律。

B．开征房产税将面临评估房地产价值、区分不同性质的房产等难题。

C．将房产税作为抑制房价的手段或作为地方政府稳定税源都不是开征房产税的充足理由。

D．我国税务机关目前只能征收间接税和以现金流为前提的税，不能征收直接税和存量税。

E．是否开征房产税必须通过听证会议决定，不能由某些官员的意志而决定。

解析：本题很容易发现逻辑连接词“只有……才”，可知本题是充分条件假设。

充分条件假设试题一般采用搭桥法。根据题干“只有我国的税务机关达到征收直接税和存量税的水平，才能开征房产税”，即征税→直接税，因此写成如下形式：

$$\left.\begin{array}{l}\text{征税}\rightarrow\text{直接税}\\(\overline{\text{直接税}})\end{array}\right\}\Rightarrow\overline{\text{征税}}$$
，根据假言的逆否规则，很容易知道要选出“不能征税”。

显然，本题答案选 D。

对于充分条件假设，直接写出需要补充的内容，然后找到选项即可，而不是挨个选项排除。“逐个排除法”绝非解论证逻辑的良方。

2. 在过去的五年中，W 市的食品价格平均上涨了 25%。与此同时，居民购买食品的支出占该市家庭月收入的比例却仅仅上涨了约 8%。因此，过去两年间 W 市家庭的平均收入上涨了。

以下哪项最有可能是上述论证的假设？

A．在过去五年中，W 市的家庭生活水平普遍有所提高。

B．在过去五年中，W 市除了食品外，其他商品平均价格上涨了 25%。

C．在过去五年中，W 市居民购买食品数量增加了 8%。

D．在过去五年中，W 市每个家庭年购买的食品数量没有变化。

E．在过去五年中，W 市每个家庭年购买的食品数量减少了。

解析：本题答案选 D。

假设题如果有干扰项，最好的办法是把选项取否，谁最能破坏题干，谁一定是正确答案，也就是否定代入法。分子：物价乘以数量；分母：收入。现在物价提高了 25%，整个分数提高了 8%，要得到收入增加了，问必须补充的条件，这时保证数量要保持不变即可。

3. 长期以来，人们认为地球是已知唯一能支持生命存在的星球，不过这一情况开始出现改观。科学家近期指出，在其他恒星周围可能还存在着更加宜居的行星。他们尝试用崭新的方法开展地球外的生命搜索，即搜寻放射性元素钍和铀。行星内部含有这些元素越多，其内部温度就会越高，这在一定程度上有助于行星的板块运动，而板块运动有助于维系行星表面的水体，因此板块运动可被视为行星存在宜居环境的标志之一。

以下哪项最可能是科学家的假设？

A．行星如能维系水体，就可能存在生命。

B．行星板块运动都是由放射性元素钍和铀驱动的。

C．行星内部温度越高，越有助于它的板块运动。

D．没有水的行星也可能存在生命。

E．虽然尚未证实，但地外生命一定存在。

解析：本题答案选 A。

题干的论据是“板块运动有助于维系行星表面的水体”，题干的结论是“板块运动可被视为行星存在宜居环境的标志之一”，中间显然存在跳跃，因此可以“搭桥”：

(1)板块运动有助于维系行星表面的水体
(2)（水体与宜居之间建立联系）

}⇒板块运动可被视为行星存在宜居环境的标志之一⇒维系水体→存在生命⇒行星如能维系水体，就可能存在生命。

所以，A 选项为正确答案。

4. 最近一项研究发现，海水颜色能够让飓风改变方向，也就是说，如果海水变色，飓风的移动路径也会变向。这也就意味着科学家可以根据海水的“脸色”判断哪些地方将被飓风袭击，哪些地方会幸免于难。值得关注的是，全球气候变暖可能已经让海水变色。

以下哪项最可能是科学家作出判断所依赖的前提？

A．海水颜色与飓风移动路径之间存在某种相对确定的联系。

B．海水温度升高会导致生成的飓风数量增加。

C．海水温度变化与海水颜色变化之间的联系尚不明朗。

D．全球气候变暖是最近几年飓风频发的重要原因之一。

E．海水温度变化会导致海水改变颜色。

解析：本题答案选 A。

题干论证的前提是：如果海水变色，飓风的移动路径也会变向；题干的结论是：可以根据海水的“脸色”判断哪些地方将被飓风袭击。要实现这个目的，“海水的颜色”与“飓风的移动路径”之间必须建立联系，因此海水颜色与飓风移动路径之间存在某种相对确定的联系。所以，本题答案选 A。

5. 有位美国学者做了一个实验，给被试儿童看三幅图画，即鸡、牛、青草，然后让儿童将其分为两类。结果大部分中国儿童把牛和青草归为一类，把鸡归为另一类，大部分美国儿童则把牛和鸡归为一类，把青草归为另一类。这位美国学者由此得出：中国儿童习惯于按照事物之间的关系来分类，美国儿童则习惯于把事物按照各自所属的“实体”范畴进行分类。

以下哪项是题干得出结论所必须假设的？

A．马和青草是按照事物之间的关系被列为一类。

B．鸭和鸡蛋是按照各自所属的“实体”范畴被归为一类。

C．美国儿童只要把牛和鸡归为一类，就是习惯于按照各自所属“实体”范畴进行分类。

D．美国儿童只要把牛和鸡归为一类，就不是习惯于按照事物之间的关系来分类。

E．中国儿童只要把牛和青草归为一类，就不是习惯于按照各自所属“实体”范畴进行分类。

解析：本题答案选 C。

因为题干中没有涉及马、鸭和鸡蛋，因此 A、B 不选。根据题干可进行如下形式化：

中国儿童——牛青草分为一类、美国儿童——牛鸡分为一类
（牛青草分为一类→按照关系分类、牛鸡分为一类→按照实体分类）} ⇒ 中国儿童按照关系分类、美国儿童按照实体分类。

这个推理存在明显的跳跃，因此在牛青草分类与关系、牛鸡分类与实体之间建立联系。所以，本题答案选 C。

6. 张华是甲班学生，对围棋感兴趣。该班学生或者对国际象棋感兴趣，或者对军棋感兴趣；如果对围棋感兴趣，则对军棋不感兴趣。因此，张华对中国象棋感兴趣。

以下哪项最可能是上述论证的假设？

A．如果对国际象棋感兴趣，则对中国象棋感兴趣。

B．甲班对国际象棋感兴趣的学生都对中国象棋感兴趣。

C．围棋和中国象棋比军棋更具挑战性。

D．甲班学生感兴趣的棋类只限于围棋、国际象棋、军棋和中国象棋。

E．甲班所有学生都对中国象棋感兴趣。

解析：本题答案选 B。

由题干可知，由于张华是甲班学生，对围棋感兴趣，因而他对军棋不感兴趣。又因为该班学生或者对国际象棋感兴趣，或者对军棋感兴趣，从而可知张华必定对国际象棋感兴趣。题干得出的结论是，张华对中国象棋感兴趣。从而题干的论证应当包含以下假设：张华对国际象棋感兴趣是他对中国象棋感兴趣的充分条件。因此，如果假设选项 B 成立，则题干的论证成立。在本题中，选项 A 和选项 E 也可以使题干的论证成立，但其假设过于宽泛。

技巧点拨：A 选项是典型的“过渡假设”。

7. 宏达山钢铁公司由五个子公司组成。去年，其子公司火龙公司试行与利润挂钩的工资制度，其他子公司则维持原有的工资制度。结果，火龙公司的劳动生产率比其他子公司的平均劳动生产率高出 13%。因此，在宏达山钢铁公司实行与利润挂钩的工资制度有利于提高该公司的劳动生产率。

以下哪项最可能是上述论证所假设的？

A．火龙公司与其他各子公司分别相比，原来的劳动生产率基本相同。

B．火龙公司与其他各子公司分别相比，原来的利润率基本相同。

C．火龙公司的职工数量，和其他子公司的平均职工数量基本相同。

D．火龙公司原来的劳动生产率，与其他子公司相比不是最高的。

E．火龙公司原来的劳动生产率，和其他各子公司原来的平均劳动生产率基本相同。

解析：本题答案选 E。

题干的前提是：实行与利润挂钩工资制度的火龙公司的劳动生产率，比没有实行这一制度的其他子公司的平均劳动生产率高 13%。题干的结论是：在宏达山钢铁公司实行与利润挂钩的工资制度有利于提高该公司的劳动生产率。这是一道“比较型假设”题，题干是“前提差导致结果差”模式，因此我们需要利用“求同法”。

A 选项	题干论证是“平均劳动生产率高出 13%”，而不是“劳动生产率”，不选
B 选项	题干论证是“平均劳动生产率高出 13%”，而不是“利润率”，不选
C 选项	题干论证是“平均劳动生产率高出 13%”，而不是“平均职工数量”，不选
D 选项	题干论证是“平均劳动生产率高出 13%”，而不是需要它本来就是最高的，不选
E 选项	该选项属于求同法，且论证对象是“平均劳动生产率高出”，为题干假设，选 E

8. 香蕉叶斑病是一种严重影响香蕉树生长的传染病，它的危害范围遍及全球。这种疾病可由一种专门的杀菌剂有效控制，但喷洒这种杀菌剂会对周边人群的健康造成危害。因此，在人口集中的地区对小块香蕉喷洒这种杀菌剂是不妥当的。幸亏规模香蕉种植园大都远离人口集中的地区，可以安全地使用这种杀菌剂。因此，全世界的香蕉产量，大部分不会受到香蕉叶斑病的影响。

以下哪项可能是上述论证所假设的？

A．人类最终可以培育出抗叶斑病的香蕉品种。

B．全世界生产的香蕉，大部分产自规模香蕉园。

C．和在小块香蕉林中相比，香蕉叶斑病在规模香蕉种植园中传播得较慢。

D．香蕉叶斑病是全球范围内唯一危害香蕉生长的传染病。

E．香蕉叶斑病不危害植物。

解析：本题答案选 B。

题干论证的前提是：规模香蕉种植园大都远离人口集中的地区，可以安全地使用这种杀菌剂，不会有“香蕉叶斑病”；题干论证的结论是：全世界的香蕉产量，大部分不会受到香蕉叶斑病的影响。前提中的核心概念是：规模香蕉种植园；结论中的核心概念是：全世界的香蕉产量。两者之间显然存在概念的跳跃，因此，需要“搭桥”，即在“规模香蕉种植园”和“全世界的香蕉产量”之间建立联系，即“全世界生产的香蕉，大部分产自规模香蕉园”。因此，选 B。

9. 国产影片《英雄》显然是前两年最好的古装武打片。这部电影是由著名导演、演员、摄影师、武打设计师参与的一部国际化大制作的电影，票房收入明显领先，说明观看该片的人数远多于进口的美国大片《卧虎藏龙》的人数，尽管《卧虎藏龙》也是精心制作的中国古装武打片。

为使上述论证成立，以下哪项是必须假设的？

Ⅰ．国产影片《英雄》和美国影片《卧虎藏龙》的票价基本相同。

Ⅱ．观众数量是评价电影质量的标准。

Ⅲ．导演、演员、摄影师、武打设计师和服装设计师的阵容是评价电影质量的标准。

A．只有Ⅰ。　B．只有Ⅱ。　C．只有Ⅲ。

D．只有Ⅰ和Ⅱ。　E．Ⅰ、Ⅱ、Ⅲ。

解析：本题答案选 D。

题干论证是：票房收入明显领先→观看该片的人数多于观看《卧虎藏龙》的人数；观看该片的人数远多于进口的《卧虎藏龙》的人数→国产影片《英雄》是前两年最好的古装武打片。

Ⅰ选项	该选项是必要假设，总票房＝票价×人数，前者票价高于后者很多，显然推不出观看该片的人数多于观看《卧虎藏龙》的人数，为必要假设

续表

Ⅱ选项	该选项是必要假设，否则就不能根据观看《英雄》人数远多《卧虎藏龙》而得出结论：前者优于后者，为必要假设
Ⅲ选项	题干只是指出，由著名导演、演员、摄影师、武打设计师和服装设计师参与，是《英雄》的一个特点，但并没有断定这是评价《英雄》的质量的一个标准，不是必要假设

综上所述，I 和Ⅱ为必要假设，因此本题答案选 D。

10. 作家在其晚期的作品中没有像其早期那样严格遵守小说结构的成规。由于最近发现的一部他的小说的结构像他早期的作品一样严格地遵守了那些成规，因此该作品一定创作于他的早期。

上面论述所依据的假设是什么?

A．作家在其创作晚期比早期更不愿意打破某种成规。

B．随着创作的发展，作家日益意识不到其小说结构的成规。

C．在其职业生涯晚期，该作家是其时代唯一有意打破小说结构成规的作家。

D．作家在其创作生涯的晚期没有写过任何模仿其早期作品风格的小说。

E．这个作品经专家推测一定创作于他的晚期。

解析：本题答案选 D。

晚期的作品中没有遵守成规
(　　)
一部作品遵守了那些成规
}⇒该作品一定创作于他的早期⇒括号里的必要假设可以是：他晚年没有写过类似像早期那样的模仿作品。

综上所述，本题答案选 D。

11. 丽山中学初三由八个班级组成。去年，(1)班试行开设逻辑思维课程。其他七个班级则维持原有的课程体系。结果(1)班的学生成绩比其他班级的学生成绩高出 21%。因此，在丽山中学开设逻辑思维课程有利于提高该校的学习成绩。

以下哪项最可能是上述论证所假设的?

A．(1)班与其他各班分别相比，原来的学生成绩基本相同。

B．(1)班与其他各班级相比，家庭条件基本相同。

C．(1)班的学生数量，和其他班级的平均学生数量基本相同。

D．(1)班原来的学生成绩，与其他班级相比不是最高的。

E．(1)班原来的学生成绩，和其他各班级原来的平均学生成绩基本相同。

解析：本题答案选 E。

题干论证是一组对比论证，对比的双方是：(1)班的学生和其他学生；他们的前提差是：是否开设逻辑思维课程；结果差是：(1)班的学生成绩比其他班级的学生成绩高出 21%。因此得出：开设逻辑思维课程→提高该校的学习成绩。这是典型的“前提差→结果差”的模式，要使该论证成立，必须保证在开设逻辑思维课程之前，两者的学习成绩具有可比性，即(1)班原来的学生成绩和其他各班级原来的平均学生成绩基本相同，这就是“求同法”。因此，本题答案选 E。

12. 欧洲蕨是一种有毒的野草，近年来在北半球蔓延并且毁坏了许多牧场，对付这种野草有一种花钱少而且能够自我维持的方法，就是引进这种植物的天敌，因此一些科学家建议，将产于南半球的以欧洲蕨为食的蛾子放养到受这种野草影响的北半球地区，以此来控制欧洲蕨的生长。

如果科学家控制欧洲蕨的建议被采纳，以下哪一个是它获得成功的必要条件？

A．南北半球的欧洲蕨生长的地区必须拥有相同的气候和土壤。

B．所放养的蛾子以野草为食，但不吃原产于北半球的欧洲蕨。

C．所放养的蛾子存活数量形成的群体足够减少欧洲蕨，并阻止其生长。

D．要回到现在遍地都是欧洲蕨的牧场的家畜要对欧洲蕨引起的疾病产生免疫力。

E．一些传统的控制办法如火烧、刀割、喷化学药品等并不比现在的方法少花钱、少用劳动力。

解析：本题答案选 C。

由关键词“建议”知，本题是“方法建议型假设”，因此我们要从以下三方面去找假设：(1)方法找得到；(2)方法有效果；(3)方法无恶果。且优先顺序是：方法找得到＞方法有效果＞方法无恶果。题干论证的是：将蛾子放养到受这种野草影响的北半球地区，以此来控制欧洲蕨的生长。

A 选项	题干论证的不是“欧洲蕨生长的地区环境要求”，属于无关选项，不选
B 选项	说明方法不可行，不是题干必须的假设，是对题干方法的削弱，不选
C 选项	说明方法可行，是题干必须的假设，选 C
D 选项	说明“欧洲蕨已经在北半球蔓延并且毁坏了许多牧场”，加强题干背景信息，属于无关选项，不选
E 选项	其他方法有用与否不影响本方法的效果，属于无关选项，不选

13. 林教授的身体状况恐怕不宜继续担任校长助理的职务。因为近一年来，只要林教授给校长写信，内容只有一个，不是这里不舒服，就是那里有毛病。

为使上述论证成立，以下哪项是必须假设的？

Ⅰ．胜任校长助理的职务，需要有良好的身体条件。

Ⅱ．林教授给校长的信的内容基本上都是真实的。

Ⅲ．近一年来，林教授经常给校长写信。

A．仅Ⅰ。　　B．仅Ⅱ。　　C．仅Ⅲ。　　D．仅Ⅰ和Ⅱ。

E．Ⅰ、Ⅱ和Ⅲ。

解析：本题答案选 E。

Ⅰ项需要假设，否则即使林教授的身体条件不好，也可能适合担任校长助理的职务；Ⅱ项需要假设，否则林教授的身体条件可能是很好的；Ⅲ项需要假设，否则如果林教授仅是偶尔写过一两次信，那么，写信时的身体情况，不一定能代表林教授的身体情况。

14. 张勇认为他父亲生于 1934 年，而张勇的妹妹则认为父亲生于 1935 年。张勇的父亲出生的医院没有 1934 年的产科记录，但有 1935 年的记录。据记载，该医院没有张勇父亲的出生记录。因此，可以得出结论，张勇的父亲出生于 1934 年。

为使上述论证成立，以下哪项是必须假设的？

Ⅰ．上述医院 1935 年的产科记录是完整的。

Ⅱ．张勇和他妹妹关于父亲的出生年份的断定，至少有一个是真实的。

Ⅲ. 张勇的父亲已经过世。

A. 仅Ⅰ。　　B. 仅Ⅱ。　　C. 仅Ⅲ。　　D. 仅Ⅰ和Ⅱ。

E. Ⅰ、Ⅱ和Ⅲ。

解析： 本题答案选 D。

Ⅰ项显然需要假设，否则，由医院没有张勇父亲的出生记录，就不能推出张勇父亲不是 1935 年出生的；Ⅱ项显然需要假设，否则，由张勇父亲不是 1935 年出生的，无法推出张勇的父亲出生于 1934 年；Ⅲ项不是必须假设的，只需要张勇的父亲不记得就可以。

8.6 课后习题

1. 婴儿通过碰触物体、四处玩耍和观察成人的行为等方式来学习，但机器人通常只能按照编订的程序进行学习。于是，有些科学家试图研制学习方式更接近于婴儿的机器人。他们认为，既然婴儿是地球上最有效率的学习者，为什么不设计出能像婴儿那样不费力气就能学习的机器人呢？

以下哪项最可能是上述科学家观点的假设？

A. 婴儿的学习能力是天生的，他们的大脑与其他动物的幼崽不同。

B. 通过碰触、玩耍和观察等方式来学习是地球上最有效的学习方式。

C. 即使是最好的机器人，它们的学习能力也无法超过最差的婴儿学习者。

D. 如果机器人能像婴儿那样学习，它们的智能就有可能超过人类。

E. 成年人和现有机器人都不能像婴儿那样毫不费力地学习。

2. 超市中销售的苹果常常留有一定的油脂痕迹，表面显得油光滑亮。牛师傅认为，这是残留在苹果上的农药所致，水果在收摘之前都喷洒了农药，因此消费者在超市购买水果后一定要清洗干净方能食用。

以下哪项最可能是牛师傅看法所依赖的假设？

A. 除了苹果，其他许多水果运至超市时也留有一定的油脂痕迹。

B. 超市里销售的水果并未得到彻底清洗。

C. 只有那些在水果上能留下油脂痕迹的农药才可能被清洗掉。

D. 许多消费者并不在意超市销售的水果是否清洗过。

E. 在水果收摘之前喷洒的农药大多数会在水果上留下油脂痕迹。

3. 人类经历了上百万年的自然进化，产生了直觉、多层次抽象等独特智能。尽管现代计算机已具备一定的学习能力，但这能力还需要人类指导，完全的自我学习能力还有待进一步发展。因此，计算机要接近人类的智能几乎是不可能的。

以下哪项最可能是上述论证的预设？

A. 计算机可以形成自然进化能力。

B. 计算机很难真正懂得人类语言，更不可能理解人类。

C. 理解人类复杂的社会关系需要自我学习能力。

D. 计算机如果具备完全的自我学习能力，就能形成直觉、多层次抽象等智能。

E. 直觉、多层次抽象这些人类的独特智能无法通过学习获得。

4. 美国扁桃仁于上世纪 70 年代出口到我国，当时被误译为“美国大杏仁”。这种误译导致大多数消费者根本不知道扁桃仁、杏仁是两种完全不同的产品。对此，尽管我国林果专家再努力澄清，但学界的声音很难传达到相关企业和普通大众，因此必须制定林果的统一行业标准，这样才能还相关产品以本来面目。

以下哪项最可能是上述论证的假设？

A. 美国扁桃仁和中国大杏仁的外形很相似。

B. 我国相关企业和普通大众并不认可我国林果专家的意见。

C. 进口商品名称的误译会扰乱我国企业正常对外贸易活动。

D. 长期以来，我国没有关于林果的统一标准。

E. “美国大杏仁”在中国市场上销量超过中国杏仁。

5. 张教授指出，生物燃料是指利用生物资源生产的燃料乙醇或生物柴油，它们可以替代由石油制取的汽油和柴油，是可再生能源开发利用的重要方向。受世界石油资源短缺、环保和全球气候变化的影响，20 世纪 70 年代以来许多国家日益重视生物燃料的发展，并取得显著成效。所以，应该大力开发和利用生物燃料。

以下哪项最可能是张教授论证的预设？

A. 发展生物燃料可有效降低人类对石油等化石燃料的消耗。

B. 发展生物燃料会减少粮食供应，而当今世界有数以百万计的人食不果腹。

C. 生物柴油和燃料乙醇是现代社会能源供给体系的适当补充。

D. 生物燃料在生产与运输的过程中需要消耗大量的水、电和石油等。

E. 目前我国生物燃料的开发和利用已经取得很大成绩。

6. 研究人员最近发现，在人脑深处有一个叫作丘脑枕的区域，就像是个信息总台接线员，负责将外界的刺激信息分类整理，将人的注意力放在对行为与生存最重要的信息上。研究人员指出，这一发现有望为缺乏注意力而导致的紊乱类疾病带来新疗法，如注意力缺陷多动障碍、精神分裂症等。

以下哪项是上述论证所假设的？

A. 有些精神分裂症并不是由于缺乏注意力而导致的。

B. 视觉信息只是通过视觉皮层区的神经网络来传输。

C. 研究人员已经开发出一种新技术，能直接跟踪视觉皮层区和丘脑枕区的神经集丛间的通讯。

D. 大脑无法同时详细处理太多信息，大脑只会选择性地将注意力集中在与行为最相关的事物上。

E. 当我们注意重要视觉信息时，丘脑枕确保了信息通过不同神经集丛的一致性和行为相关性。

7～8 题基于以下题干：

某家长认为，有想象力才能进行创造性劳动，但想象力和知识是天敌，人在获得知识的过程中，想象力会消失，因为知识符合逻辑，而想象力无章可循。换句话说，知识的本质是科学，想象力的特征是荒诞，人的大脑一山不容二虎，学龄前，想象力独占鳌头，脑子被想象力占据，上学后，大多数人的想象力被知识驱逐出境。他们成为知识的附庸，但丧失了想象力，终身只能成为重复前人发现的人。

7. 以下哪项是该家长的论述所依赖的假设？

Ⅰ. 科学是不可能荒诞的，荒诞的就不是科学；

Ⅱ. 想象力和逻辑水火不容；

Ⅲ. 大脑被知识占据后很难恢复想象力。

A. 仅Ⅰ。

B. 仅Ⅱ。

C. 仅Ⅰ、Ⅱ。

D. 仅Ⅱ、Ⅲ。

E. Ⅰ、Ⅱ、Ⅲ。

8. 以下哪项与该家长的上述观点矛盾?

A. 如果希望孩子能够进行创造性劳动,就不能送他们上学。

B. 如果获得了足够知识,就不能进行创造性劳动。

C. 发现知识的人是有一定想象力的。

D. 有些人没有想象力,但能进行创造性劳动。

E. 想象力被知识驱逐出境是一个逐渐的过程。

9. 某公司总裁曾说过,当前任总裁批评我时,我不喜欢那感觉,因此我不会批评我的继任者。

以下哪项最可能是该总裁上述言论的假设?

A. 当遇到该总裁的批评时,他的继任者和他的感觉不完全一致。

B. 只有该总裁的继任者喜欢被批评的感觉,他才会批评继任者。

C. 如果该总裁喜欢被批评,那么前任总裁的批评也不例外。

D. 该总裁不喜欢批评他的继任者,但喜欢批评其他人。

E. 该总裁不喜欢被前任总裁批评,但喜欢被其他人批评。

10. 有医学研究显示,行为痴呆症患者大脑组织中往往含有过量的铝。同时,有化学研究表明,一种硅化合物可以吸收铝。陈医生据此认为,可以用这种硅化合物治疗行为痴呆症。

以下哪项是陈医生最可能依赖的假设?

A. 行为痴呆症患者大脑组织的含铝量通常过高,但具体数量不会变化。

B. 该硅化合物在吸收铝的过程中不会产生副作用。

C. 用来吸收铝的硅化合物的具体数量与行为痴呆症患者的年龄有关。

D. 过量的铝是导致行为痴呆症的原因,患者脑组织中的铝不是痴呆症引起的结果。

E. 行为痴呆症患者脑组织中的铝含量与病情的严重程度有关。

11～12 题基于以下题干:

因为照片的影像是通过光线与胶片的接触形成的,所以每张照片都具有一定的真实性。但是,从不同角度拍摄的照片总是反映了物体某个侧面的真实而不是全部的真实,在这个意义上,照片又是不真实的。因此,在目前的技术条件下,以照片作为证据是不恰当的,特别是在法庭上。

11. 以下哪项是上述论证所假设的?

A. 不完全反映全部真实的东西不能成为恰当的证据。

B. 全部的真实性是不可把握的。

C. 目前的法庭审理都把照片作为重要物证。

D. 如果从不同角度拍摄一个物体,就可以把握它的全部真实性。

E. 法庭具有判定任一证据真伪的能力。

12. 以下哪项如果为真,最能削弱上述论证?

A．摄影技术是不断发展的，理论上说，全景照片可以从外观上反映物体的全部真实。

B．任何证据只需要反映事实的某个侧面。

C．在法庭审理中，有些照片虽然不能成为证据，但有重要的参考价值。

D．有些照片是通过技术手段合成或伪造的。

E．就反映真实性而言，照片的质量有很大的差别。

13. 为了提高运作效率，H 公司应当实行灵活工作日制度，也就是充分考虑雇员的个人意愿来决定他们每周的工作与休息日。研究表明，这种灵活工作日制度能使企业员工保持良好的情绪和饱满的精神。

上述论证依赖以下哪项假设？

Ⅰ．那些希望实行灵活工作日的员工，大都是 H 公司的业务骨干；

Ⅱ．员工良好的情绪和饱满的精神，能有效提高企业的运作效率；

Ⅲ．H 公司不实行周末休息制度。

A．只有Ⅰ。　　B．只有Ⅱ。　　C．只有Ⅲ。

D．只有Ⅱ和Ⅲ。　　E．Ⅰ、Ⅱ和Ⅲ。

14. 小红说：如果中山大道只允许通行轿车和不超过 10 吨的货车，大部分货车将绕开中山大道。小兵说：如果这样的话，中山大道的车流量将减少，从而减少中山大道的撞车事故。

以下哪项是小红的断定所假设的？

A．轿车和 10 吨以下的货车仅能在中山大道行驶。

B．目前中山大道的交通十分拥挤。

C．货车司机都喜欢在中山大道行驶。

D．大小货车在中山大道外的马路行驶十分便利。

E．目前行驶在中山大道的大部分货车都在 10 吨以上。

15. 类人猿和其后的史前人类所使用的工具很相似。最近在东部非洲考古所发现的古代工具就属于史前人类和类人猿都使用过的类型。但是，发现这些工具的地方是热带大草原，热带大草原有史前人类居住过，而类人猿只生活在森林中。因此，这些被发现的古代工具是史前人类而不是类人猿使用过的。

为使上述论证有说服力，以下哪项是必须假设的？

A．即使在相当长的环境生态变化过程中，森林也不会演变成为草原。

B．史前人类从未在森林中生活过。

C．史前人类比类人猿更能熟练地使用工具。

D．史前人类在迁移时并不携带工具。

E．类人猿只能使用工具，并不能制造工具。

16. 研究显示：大多数有创造性的工程师都有在纸上乱涂乱画，并记下一些看来稀奇古怪想法的习惯。他们的大多数最有价值的设计，都直接与这种习惯有关。然而，现在的许多工程师都用电脑工作，在纸上乱涂乱画不再是一种普遍的习惯。一些专家担心，这会影响工程师的创造性思维，建议在用于工程设计的计算机程序中匹配模拟的便条纸，能让使用者在上面涂鸦。

以下哪项最可能是上述建议所假设的？

A．在纸上乱涂乱画，只可能产生工程设计方面的灵感。

B．计算机程序中匹配的模拟便条纸，只能用于乱涂乱画，或记录看来稀奇古怪的想法。

C．所有用计算机工作的工程师都不会备有纸笔以随时记下有意思的想法。

D．工程师在纸上乱涂乱画所记下的看来稀奇古怪的想法，大多数都有应用价值。

E．乱涂乱画所产生的灵感，并不一定通过在纸上的操作获得。

17. 面试是招聘的一个不可取代的环节，因为通过面试，可以了解应聘者的个性。那些个性不适合的应聘者将被淘汰。

以下哪项是上述论证最可能假设的？

A．应聘者的个性很难通过招聘的其他环节展示。

B．个性是确定录用应聘者的最主要因素。

C．只有经验丰富的招聘者才能通过面试准确把握应聘者的个性。

D．在招聘各环节中，面试比其他环节更重要。

E．面试的唯一目的是为了了解应聘者的个性。

18. 西方航空公司由北京至西安的全额票价一年多来保持不变，但是目前西方航空公司由北京至西安的机票 90%打折出售，只有 10%全额出售；而在一年前则一半打折出售，一半全额出售。因此，目前西方航空公司由北京至西安的平均票价，比一年前要低。

以下哪项最可能是上述论证所假设的？

A．目前和一年前一样，西方航空公司由北京至西安的机票，打折的和全额的，有基本相同的售出率。

B．目前和一年前一样，西方航空公司由北京至西安的打折机票售出率，不低于全额机票。

C．目前西方航空公司由北京至西安的打折机票的票价，和一年前基本相同。

D．目前西方航空公司由北京至西安航线的服务水平比一年前下降。

E．西方航空公司所有航线的全额票价一年多来保持不变。

19. 一个足球教练这样教导他的队员："足球比赛从来是以结果论英雄。在足球比赛中，你不是赢家就是输家；在球迷的眼里，你要么是勇者，要么是懦弱者。由于所有的赢家在球迷眼里都是勇敢者，所以每个输家在球迷眼里都是懦弱者。"

为使上述足球教练的论证成立，以下哪项是必须假设的？

A．在球迷们看来，球场上勇敢者必胜。

B．球迷具有区分勇敢和懦弱的准确判断力。

C．球迷眼中的勇敢者，不一定是真正的勇敢者。

D．即使在球场上，输赢也不是区别勇敢者和懦弱者的唯一标准。

E．在足球比赛中，赢家一定是勇敢者。

课后习题参考答案

1. 解析：本题答案选 B。

题干的论据是"婴儿通过碰触物体、四处玩耍和观察成人的行为等方式来学习"，题干的结论是"婴儿是地球上最有效率的学习者"，中间显然存在核心概念的跳跃，因此可以采用"搭桥"，即在"通过碰触、玩耍和观察等方式"和"地球上最有效率的学习者"之间建立联系，因此，答案选 B。

2. 解析：本题答案选 B。

题干的结论是："消费者在超市购买水果后，一定要清洗干净方能食用"，而题干的前提是：

“水果在收摘之前都喷洒了农药”，本题考查的是假设法最基本的原理：否定代入法。

A选项	题干没有涉及其他水果，无关选项，不选
B选项	有意义可行，需要假设的是(B)项超市里销售的水果并未得到彻底清洗。否则，牛师傅的结论就没有意义了，属于方法可行的假设，选B
C选项	过度假设，“只有……才”太强了，必要性假设很少会选这类词，不选
D选项	无关选项，题干没有涉及消费者的癖好，不选
E选项	无关选项，本选项是一个干扰项，“超市中销售的苹果常常留有一定的油脂痕迹”是题干的背景信息，与题干的前提结论无关，不选

3. 解析：本题答案选E。

题干论证为：直觉、多层次抽象等独特智能→计算机无法超过人类的智能水平。

这个论证关系需要建立一个桥梁，E选项说明这些功能是人类独特的，即使计算机有一定的学习能力，也无法获得，所以无法超过人类的智力水平。

4. 解析：本题答案选D。

根据题干“以下哪项最可能是上述论证的假设”知，这是非形式逻辑题，本题考查的是假设，建立证据结论之间的联系。本题论证为：还相关产品本来面目→制定林果的统一行业标准。

A选项	题干未涉及“外形很相似”，属于无关选项，不选
B选项	该选项说的是“相关企业和普通大众并不认可我国林果专家的意见”，而题干表达的是“学界的声音很难传达到相关企业和普通大众”，对象不一致，不选
C选项	题干未涉及“正常对外贸易活动”，属于无关选项，不选
D选项	该选项说明目前还没有关于林果的统一标准，如果已经有了相关标准，就不需要制定了，选D
E选项	题干未涉及“市场上销量”，属于无关选项，不选

5. 解析：本题答案选A。

根据题干“以下哪项最可能是张教授论证的预设”知，这是非形式逻辑题，本题考查的是假设。

题干论证的是：世界石油短缺、环保和气候变化→应大力开发利用生物资源。

A选项	该论证如果成立，需要假设发展生物燃料可有效降低人类对石油等化石燃料的消耗，否则，你仍然无法解决问题，选A
B选项	题干未涉及“粮食供应问题”，属于无关选项，不选
C选项	选项的对象是“生物柴油和燃料乙醇”，而题干的论证对象是“生物燃料”，前者是后者中的很小一部分，显然题干与选项论证对象不一致，不选
D选项	题干未涉及“生产与运输的过程的消耗”，属于无关选项，不选
E选项	题干未涉及“我国生物燃料取得的成绩”，属于无关选项，不选

6. 解析：本题答案选 D。

题干论证的因果关系是：在人脑深处有一个叫作丘脑枕的区域→这一发现有望为缺乏注意力而导致的紊乱类疾病带来新疗法(方法可行)。

A 选项	与题干论证无关，对于其他疾病有无用处不影响对于本次研究的作用，不选
B 选项	与题干论证无关，“视觉信息”显然不等于“外界的刺激信息”，只是其中的一部分，不选
C 选项	与题干论证无关，“视觉皮层”表明研究的仍旧是“视觉信息”，不选
D 选项	保证方法可行，如果大脑可以同时详细处理太多信息，那么，这一发现将没有什么意义，也就不存在新疗法的问题了，选 D
E 选项	与题干论证无关，“视觉信息”显然不等于“外界的刺激信息”，只是其中的一部分，不选

7. 解析：本题答案选 E。

Ⅰ. 科学是不可能荒诞的，荒诞的就不是科学	根据题干“想象力和知识是天敌”+“知识的本质是科学，想象力的特征是荒诞”，所以，Ⅰ是所依赖的假设，使用的是“过渡性假设”
Ⅱ. 想象力和逻辑水火不容	根据题干“知识的本质是科学，想象力的特征是荒诞”+“知识符合逻辑，而想象力无章可循”，所以，Ⅱ是所依赖的假设，使用的是“过渡性假设”
Ⅲ. 大脑被知识占据后很难恢复想象力	根据题干“终身只能成为重复前人发现的人”，所以，Ⅲ是所依赖的假设

综上所述：Ⅰ、Ⅱ、Ⅲ为真，所以本题答案选 E。

8. 解析：本题答案选 D。

根据题干信息：(只)有想象力才能进行创造性劳动，“只有……才”。形式化为：创造性→想象力，其矛盾为：创造性∧$\overline{想象力}$。所以，本题答案选 D。

9. 解析：本题答案选 B。

题干信息是：我不喜欢那感觉，因此我不会批评我的继任者。

$\left.\begin{array}{l}(批评\to喜欢)\\ \overline{喜欢}\end{array}\right\}\Rightarrow\overline{批评}$；所以需要补充的是：批评→喜欢(逆否命题)⇒只有喜欢被批评，才会批评。本题答案选 B。

10. 解析：本题答案选 D。

题干信息：吸收铝治病，即铝是原因。同步出现或者先后出现的事件未必是因果关系，所以，题干信息形式化以后相当于：

$\left.\begin{array}{l}痴呆患者大脑中有大量的铝\\ 一种硅化物可以吸收铝\end{array}\right\}\Rightarrow$铝可以治疗痴呆症。

一般对于因果关系的假设主要从以下方面入手：

(1) 因果不倒置，即“不是由于痴呆而导致患者大脑中产生铝”；

(2) 无他因，即“不是由于其他原因而导致患者痴呆”。

A 选项	无关选项,没有涉及论证的因果关系,不选
B 选项	“会不会产生副作用”不是论证的重点,关键是能治疗即可,不选
C 选项	“年龄”与论证无关,不选
D 选项	强调因果不倒置,为必要性假设,选 D
E 选项	“病情的严重程度”与论证无关,不选

11. 解析: 本题答案选 A。

题干的前提是:照片总是反映了物体某个侧面的真实而不是全部的真实,题干的结论是:照片作为证据是不恰当的。我们做假设类习题的第一思路就是“搭桥”。

照片→只能部分反映事实
(只能部分反映事实→不能作为证据)
}⇒照片不能作为证据。

照片→只能部分反映事实→不能作为证据;不能完全反映事实的不能作为恰当证据。

所以,本题答案选 A。

12. 解析: 本题答案选 B。

题干的前提是:照片总是反映了物体某个侧面的真实而不是全部的真实,题干的结论是:照片作为证据是不恰当的。

A 选项	削弱背景信息,不涉及题干论证,力度较弱,不选
B 选项	直接反驳题干因果关系,割裂了因果关系,选 B
C 选项	题干不涉及“法庭审理中的参考价值”,与题干论证无关,不选
D 选项	题干不涉及“照片的真伪”,与题干论证无关,不选
E 选项	与题干论证“是否可以作为证据”无关,不选

13. 解析: 本题答案选 D。

本题的论据是:灵活工作日制度→提高运作效率;

本题的结论是:灵活工作日制度→企业员工保持良好的情绪和饱满的精神。

Ⅰ	“灵活工作日制度”是针对每个员工的,而不是“业务骨干”,不是必要假设,不选
Ⅱ	“良好的情绪和饱满的精神”是必要假设,符合题干必要假设
Ⅲ	否定代入验证法,假设实行周末休息制度,就无法施行“灵活工作日制度”,为必要假设

14. 解析: 本题答案选 E。

题干论证的前提是:中山大道只允许通行轿车和不超过 10 吨的货车,大部分货车将绕开中山大道;题干认为应该得到的结论是:中山大道的车流量将减少,从而减少中山大道的撞车事故。前提中的核心概念是:大部分货车将绕开中山大道;结论中的核心概念是:中山大道的车流量将减少。两者之间显然存在概念的跳跃,因此需要“搭桥”,即在“不超过 10 吨的货车”和“行驶在中山大道的货车”之间建立联系,即“目前行驶在中山大道的大部分货车都在 10 吨以上”。因此,选 E。

15. 解析: 本题答案选 A。

根据题干论证：类人猿只生活在森林中→这些被发现的古代工具是史前人类而不是类人猿使用过的。前提的相同点是：类人猿和其后的史前人类所使用的工具很相似，发现的工具就属于这种类型；前提的不同点是：热带大草原有史前人类居住过，而类人猿只生活在森林中；结论是：这些被发现的古代工具是史前人类而不是类人猿使用过的。

A 选项	前提必须要保证一个假设，即热带草原和森林不会发生变化，若会变化，则类人猿是可能生活在热带草原的，就不一定会得出结论，属于“无他因假设”，选 A
B 选项	不管史前人类是否“在森林中生活过”，都不影响结论的得出，无关选项，不选
C 选项	题干论证未涉及“使用工具的熟练程度”，属于无关选项，不选
D 选项	题干论证未涉及“史前人类的迁移”，属于无关选项，不选
E 选项	题干论证未涉及“能否制造工具”，属于无关选项，不选

16. 解析：本题答案选 E。

本题属于“方法可行型”假设，方法是：模拟的便条纸代替纸，目的是：让使用者在上面涂鸦，记录下设计师的创造性思维。对于“方法可行型”假设，主要从以下几个角度去解题：

方法找得到（即这种便条纸可以设计得出）；方法可行（这种便条纸代替纸不会影响设计师记录下创造性思维）；方法无恶果（这种便条纸不会影响设计师的工作）。

A 选项	该选项中“只可能”表明力度较强，属于“过度假设”，不选
B 选项	该选项中“只能”表明力度较强，属于“过度假设”，不选
C 选项	该选项中“所有”表明力度较强，属于“过度假设”，不选
D 选项	该选项讲的是这些涂鸦的价值，只需要“有些有应用价值”即可，“大多数”表明力度较强，属于“过度假设”，不选
E 选项	该选项中“乱涂乱画所产生的灵感，并不一定通过在纸上的操作获得”表明“便条纸代替纸不会影响设计师记录下创造性思维”，方法可行，为必要假设，选 E

17. 解析：本题答案选 A。

题干论证是：通过面试，可以了解应聘者的个性，个性不适合的应聘者将被淘汰，因此，招聘→面试（面试是必要条件）。“不可取代的环节”表明面试是招聘的必要条件，也就是说，只有通过面试，才可以了解应聘者的个性。

A 选项	如果应聘者的个性不难通过招聘的其他环节展示，那就不能根据面试可以了解应聘者的个性而得出结论，面试是招聘的一个不可取代的环节，为必要性假设，选 A
B 选项	“个性”是“确定录用应聘者”的因素之一即可，不一定是主要因素，不是必要性假设，不选
C 选项	题干论证未涉及“经验丰富的招聘者才能准确把握应聘者的个性”，不选
D 选项	题干论证未涉及“其他环节”，不选
E 选项	面试是目的之一即可，不一定是唯一目的，不是必要性假设，不选

18. 解析：本题答案选 C。

题干论证是：在一年前机票一半打折出售，一半全额出售，而今年的机票90%打折出售，只有10%全额出售→由北京至西安的平均票价，比一年前要低。打折总额度＝打折票数量×平均每张打折额度，由此可见打折票数量上升未必导致打折总额度上升，因为每张票打折额度有可能不一样。

A选项	题干论证未涉及“售出率”，属于无关选项，不选
B选项	题干论证未涉及“售出率”，属于无关选项，不选
C选项	该选项表明每张票打折额度是必须假设的。否则，完全可能出现这样的情况：目前机票的打折率高于九折，一年前打折率低于五折，即目前打折机票的票价远高于一年前，这样题干的结论显然就不成立，选C
D选项	题干论证未涉及“服务水平”，属于无关选项，不选
E选项	题干论证未涉及“所有航线的全额票价”，属于无关选项，不选

19. 解析：本题答案选A。

根据题干信息：(1)在足球比赛中，不是赢家就是输家；(2)在球迷的眼里，你要么是勇者，要么是懦弱者；(3)赢家都是勇敢者，输家都是懦弱者。由于比赛只有赢家、输家，球迷眼中只有勇敢者、懦弱者，那么，可以分为四种情况：勇敢者赢家、懦弱者赢家、勇敢者输家、懦弱者输家。为使足球教练的论证成立，A项是必须假设的。否则，如果在球迷看来，赢家都是勇敢者，但勇敢者不一定都是赢家，也就是说，输家中也可能有勇敢者，这样就不能得出结论：每个输家在球迷眼里都是懦弱者，即足球教练的论证不能成立。因此，本题答案选A。

第九章　解　释

解释就是针对某一种现象给出原因，具体包括两种情况：

(1) 单纯地寻找某一表面上违反常识现象的原因，本书称之为“现象解释”；

(2) 寻找表面上相互矛盾现象的原因，本书称之为“矛盾解释”。

解释题在历年考试中数量较多，难度一般，考生需要多加练习。

9.1　现象解释

现象解释题比较简单，题干主要描述一个现象，这一现象一般有悖于常识。例如，夏天游泳馆游泳人数较多，这不需要进行过多解释；要解释的是为什么“某地冬天游泳馆的游泳人数多于夏天”？

当然，有时候题干的现象可能就是一件事情，选项要求找出解释做这件事情的原因。这种试题主要考核考生对于现象之间是否存在逻辑因果关系的把握，在历年考试中试题数量也不多。

9.2　矛盾解释

矛盾解释题比单纯的现象解释题要难。题干描述的至少是两个现象，并且这两个现象在表面上是矛盾的，要求对这一对矛盾之所以能够共存作出合理解释。**正确选项首先要与题干的情景有关，其次选项不能与矛盾双方的事实相悖，最后选项需要对矛盾双方都能包容。**

例如，题干论述，道路修好后，在车流量没有增多的情况下，交通事故反而上升了，如何解释？

首先，选项要与题干有关，如选项“道路质量是经过国家检验部门验收合格的”是与题干无关的选项；其次，选项不能与题干矛盾，如选项中说“车流量明显上升”是与题干已知矛盾的；最后，选项还必须能够包容双方矛盾，如“许多交通事故往往与天气有关”，该选项不能包容矛盾双方，因为它并没有表明，道路修好后天气比以前恶化了。合适的解释可以是：道路修好后，以前开车细致的司机变得粗心了；车流量尽管没有增多，但车速因为道路修好都变得更快了；车流量尽管没有增多，但车辆中大型车的比重上升了，而大型车往往是造成交通事故的主要原因。

矛盾解释题在历年试题中数量相对较多，且得分比较容易，考生不能忽视。

9.3　本章例题精讲

1. 有气象专家指出，全球变暖已经成为人类发展最严重的问题之一，南北极地区的冰川由于全球变暖而加速融化，已导致海平面上升；如果这一趋势不变，今后势必淹没很多地区。但近几年来，北半球许多地区的民众在冬季感到相当寒冷，一些地区甚至出现了超强降雪和超低气温，人们觉得对近期气候的确切描述似乎更应该是“全球变冷”。

以下哪项如果为真，最能解释上述现象？

A．除了南极洲，南半球近几年冬季的平均温度接近常年。

B．近几年来，全球夏季的平均气温比常年偏高。

C．近几年来，由于两极附近海水温度升高导致原来洋流中断或者减弱，而北半球经历严寒冬季的地区正是原来暖流影响的主要区域。

D．近几年来，由于赤道附近海水温度升高导致了原来洋流增强，而北半球经历严寒冬季的地区不是原来寒流影响的主要区域。

E．北半球主要是大陆性气候，冬季和夏季的温差通常比较大，近年来冬季极地寒流南侵比较频繁。

解析：本题答案选 C。

题干的矛盾在于：南北极地区的冰川由于全球变暖而加速融化和北半球许多地区的民众在冬季感到相当寒冷；解释的目的是调和矛盾，给本来不能共存的两者“共存”的理由。

A 选项	题干论证的对象是“南北极地区”和“北半球”，未涉及“南半球”，显然属于无关选项，不能解释，不选
B 选项	该选项只解释了“全球升温”，加剧了两者的矛盾，不能解释，不选
C 选项	该选项既涉及了“全球升温”，又解释了为什么会出现“超强降雪和超低气温”，可以调和二者的矛盾，可以解释，选 C
D 选项	该选项讲的是“赤道附近海水温度升高”，而题干论证的是“南北极地区的冰川由于全球变暖而加速融化”，论证对象不一致，不能解释，不选
E 选项	该选项只解释了“超低气温”，加剧了两者的矛盾，不能解释，不选

2. 通常情况下，长期在寒冷环境中生活的居民可以有更强的抗寒能力。相比于我国的南方地区，我国北方地区冬天的平均气温要低很多。有趣的是，现在许多北方地区的居民并不具有我们所以为的抗寒能力，相当多的北方人到南方来过冬，竟然难以忍受南方的寒冷天气，怕冷程度甚至远超过当地人。

以下哪项如果为真，最能解释上述现象？

A．一些北方人认为南方温暖，他们去南方过冬时往往对保暖工作做得不够充分。

B．南方地区冬天虽然平均气温比北方高，但也存在极端低温的天气。

C．北方地区在冬天通常启用供暖设备，其室内温度往往比南方高出很多。

D．有些北方人是从南方迁过去的，他们没有完全适应北方的气候。

E．南方地区湿度较大，冬天感受到的寒冷程度超出气象意义上的温度指标。

解析：本题答案选 E。

题干需要解释的矛盾是：“北方地区冬天的平均气温要低很多”和“北方人到南方来过冬，竟然难以忍受南方的寒冷天气，怕冷程度甚至远超过当地人”，所以需要找一个他因来解释这组矛盾。

A 选项	指出了“保暖工作上存在差异”，可以解释题干矛盾，但“一些”表特称，力度较弱，不选
B 选项	即使“存在极端低温的天气”，也不影响比较的前提，不能解释，不选
C 选项	该选项指出了“供暖设备差异”，可以解释题干矛盾，该选项是一个很强的干扰项，请注意它仅仅涉及了“室内温度”，而题干并未仅仅比较“室内”，还包括“室外”，力度较弱，不选
D 选项	该选项加剧了题干矛盾，不选
E 选项	该选项指出了“南方湿度较大，感到的寒冷程度大”，可以解释题干矛盾，选 E

3. 对交通事故的调查发现，严查酒驾的城市和不严查酒驾的城市，其交通事故发生率实际上是差不多的。然而，多数专家却认为：严查酒驾确实能降低交通事故的发生。

以下哪项对消除这种不一致最有帮助？

A．严查酒驾的城市交通事故发生率曾经都很高。

B．实行严查酒驾的城市并没有消除酒驾。

C．提高司机的交通安全意识比严格管理更为重要。

D．除了严查酒驾外，对其他交通违章也应该制止。

E．小城市和大城市交通事故的发生率是不一样的。

解析：本题答案选 A。

解释题是题干看上去是矛盾的或者是说不通的，或者是因果没有关系的，现在我们要补一个条件进去，这样题干就不矛盾了，能说得通了，因果有关系了。本题题干调查发现和专家的观点看上去是矛盾的，把 A 选项补进去，两者就不矛盾了——事故率差不多不代表无效，基准水平没说。

4. 若成为白领的可能性无性别差异，按正常男女出生率 102∶100 计算，当这批人中的白领谈婚论嫁时，女性与男性数量应当大致相等。但实际上，某市妇联近几年举办的历次大型白领相亲活动中，报名的男女比例约为 3∶7，有时甚至达到 2∶8。这说明，文化越高的女性越难嫁，文化低的反而好嫁；男性则正好相反。

以下除哪项外，都有助于解释上述分析与实际情况的不一致？

A．与男性有所不同，女性白领要求高，往往只找比自己更优秀的男性。

B．与本地女性竞争的外地优秀女性多于与本地男性竞争的外地优秀男性。

C．大学毕业后出国的精英分子中，男性多于女性。

D．一般说来，男性参加大型相亲会的积极性不如女性。

E．男性因长相身高、家庭条件等被女性淘汰者多于女性因长相身高、家庭条件等被男性淘汰者。

解析：本题答案选 E。

题干要求解释的是：为什么男性白领数量和女性白领数量理论上相同的情况下，更多的女性白领参加相亲活动，也就是为什么女性白领更难嫁？

A 无关选项，能解释，因为女性白领要求高，只找更优秀的，而男白领可以找不是白领的女性。

B 无关选项，能解释，外地的优秀女性多于外地的优秀男性，所以国内优秀女性比优秀男性多。

C 无关选项，能解释，优秀男性出国的更多，所以国内优秀女性比优秀男性多。

D 无关选项，能解释，男性不积极参加相亲活动，解释了更多女性参加相亲活动。

E 正确选项，不能解释，题干说明还处于报名阶段，而该选项说明的是淘汰阶段，显然不能解释。

5. 乘客使用手机及便携式电子设备会通过电磁波谱频繁传输信号，机场的无线电话和导航网络等也会使用电磁波谱，但电信委员会已根据不同用途把电磁波谱分成了几大块。因此，用手机打电话不会对专供飞机通讯系统或全球定位系统使用的波段造成影响。尽管如此，各大航空公司仍然规定，禁止机上乘客使用手机等电子设备。

以下哪项如果为真，能解释上述现象？

Ⅰ. 乘客在空中使用手机等电子设备可能对地面导航网络造成影响；

Ⅱ. 乘客在起飞和降落时使用手机等电子设备，可能影响机组人员工作；

Ⅲ. 便携式电脑或者游戏设备可能导致自动驾驶仪出现断路或仪器显示发生故障。

A. 仅Ⅰ。　B. 仅Ⅱ。　C. 仅Ⅰ、Ⅱ。

D. 仅Ⅱ、Ⅲ。　E. Ⅰ、Ⅱ和Ⅲ。

解析： 本题答案选 E。

根据题干信息“用手机打电话不会对专供飞机通讯系统或全球定位系统使用的波段造成影响。尽管如此，各大航空公司仍然规定，禁止机上乘客使用手机等电子设备”，需要找一个他因来解释为什么会有这种情况，所以需要找一个手机的其他弊端。

Ⅰ、Ⅱ和Ⅲ三项均说明了禁止机上乘客使用手机等电子设备的原因，所以均能解释。

6. 2010 年某省物价总水平仅上涨 2.4%，涨势比较温和，涨幅甚至比 2009 年回落了 0.6 个百分点。可是，普通民众觉得物价涨幅较高，一些统计数据也表明，民众的感觉有据可依。2010 年某月的统计报告显示，该月禽蛋类商品价格涨幅达 12.3%，某些反季节蔬菜涨幅甚至超过 20%。

以下哪项如果为真，最能解释上述看似矛盾的现象？

A. 人们对数据的认识存在偏差，不同来源的统计数据会产生不同的结果。

B. 影响居民消费品价格总水平变动的各种因素互相交织。

C. 虽然部分日常消费品涨幅很小，但居民感觉很明显。

D. 在物价指数体系中占相当权重的工业消费品价格持续走低。

E. 不同的家庭，其收入水平、消费偏好、消费结构都有很大的差异。

解析： 本题答案选 D。

题干需要解释的矛盾是“普通民众觉得物价涨幅较高”而“物价涨幅指数较小”，需要调和两者之间的矛盾，本质上是整体与局部之间的关系，这类题目可以使用“拉高拉低平均”的秒杀技来解题。

A 选项	无关选项，题干没有表明数据的来源是不相同的，不选
B 选项	与物价没有直接关系，不选
C 选项	本项的“部分”表示解释的力度较弱，不能解释所有的消费品，不选
D 选项	说明了物价指数低的原因，这也是居民为什么感觉不到的原因所在，选 D
E 选项	无关选项，不选

9.4 课后习题

1. 某大学的哲学学院和管理学院今年招聘新教师，招聘结束后受到了女权主义代表的批评，因为他们在 12 名女性应聘者中录用了 6 名，但在 12 名男性应聘者中却录用了 7 名。该大学对此解释说，今年招聘新教师的两个学院中，女性应聘者的录用率都高于男性的录用率。具体的情况是：哲学学院在 8 名女性应聘者中录用了 3 名，而在 3 名男性应聘者中录用了 1 名；管理学院在 4 名女性应聘者中录用了 3 名，而在 9 名男性应聘者中录用了 6 名。

以下哪项最有助于解释女权主义代表和该大学之间的分歧？

A．整体并不是局部的简单相加。

B．现代社会提倡男女平等，但在实际执行中还是有一定的难度。

C．各个局部都具有的性质在整体上未必具有。

D．有些数学规则不能解释社会现象。

E．人们往往从整体角度考虑问题，不管局部如何，最终的整体结果才是最重要的。

2. 一般商品只有在多次流通过程中才能不断增值，但艺术品作为一种特殊商品却体现出了与一般商品不同的特征。在拍卖市场上，有些古玩、字画的成交价有很大的随机性，往往会直接受到拍卖现场气氛、竞价激烈程度、买家心理变化等偶然因素的影响，成交价有时会高于底价几十倍乃至数百倍，使得艺术品在一次“流通”中实现大幅度增值。

以下哪项最无助于解释上述现象？

A．艺术品的不可再造性决定了其交换价格有可能超过其自身价值。

B．不少买家喜好收藏，抬高了艺术品的交易价格。

C．有些买家就是为了炒作艺术品，以期获得高额利润。

D．虽然大量赝品充斥市场，但是对艺术品的交易价格没有什么影响。

E．国外资金进入艺术品拍卖市场，对价格攀升起到了拉动作用。

3. 巴斯德认为，空气中的微生物浓度与环境状况、气流运动和海拔高度有关。他在山上的不同高度分别打开装着煮过的培养液的瓶子，发现海拔越高，培养液被微生物污染的可能性越小。在山顶上，20 个装了培养液的瓶子，只有 1 个长出了微生物。普歇另用干草浸液作材料重复了巴斯德的实验，却得出不同的结果：即使在海拔很高的地方，所有装了培养液的瓶子很快长出了微生物。

以下哪项如果为真，最能解释普歇和巴斯德实验所得到的不同结果？

A．只要有氧气的刺激，微生物就会从培养液中自发地生长出来。

B．培养液在加热消毒、密封、冷却的过程中会被外界细菌污染。

C．普歇和巴斯德的实验设计都不够严密。

D．干草浸液中有一种耐高温的枯草杆菌，培养液一旦冷却，枯草杆菌的孢子就会复活，迅速繁殖。

E．普歇和巴斯德都认为，虽然他们用的实验材料不同，但是经过煮沸，细菌都能被有效地杀灭。

4. 随着数字技术的发展，音频、视频的播放形式出现了革命性转变。人们很快接受了一些新形式，比如 MP3、CD、DVD 等。但是，对于电子图书的接受并没有达到专家所预期的程度，现在仍有很大一部分读者喜欢捧着纸质出版物。纸质书籍在出版业中依然占据重要地位。

因此有人说，书籍可能是数字技术需要攻破的最后一个堡垒。

以下哪项最不能对上述现象提供解释？

A．人们固执地迷恋着阅读纸质书籍时的舒适体验，喜欢纸张的质感。

B．在显示器上阅读，无论是笨重的阴极射线管还是轻薄的液晶显示器，都会让人无端地心浮气躁。

C．现在仍有一些怀旧爱好者喜欢收藏经典图书。

D．电子书显示设备技术不够完善，图像显示速度较慢。

E．电子书和纸质书籍的柔软沉静相比，显得面目可憎。

5. 随着文化知识越来越重要，人们花在读书上的时间越来越多，文人学子中近视的比例也越来越高。即便在城里工人、农村农民中，也能看到不少人戴近视眼镜。然而，在中国古代，很少看到患有近视的文人学子，更别说普通老百姓了。

以下除哪项外，均可以解释上述现象？

A．古时候，只有家庭条件好或者有地位的人才读得起书，即便读书，用在读书上的时间也很少，那种头悬梁、锥刺骨的读书人更是凤毛麟角。

B．古时候交通工具不发达，出行主要靠步行、骑马，足量的运动对于预防近视有一定的作用。

C．古时候生活节奏慢，不用担心交通安全。所以，即使患了近视，其危害也非常小。

D．古代自然科学不发达，那时学生读的书很少，主要是四书五经，一本《论语》要读好多年。

E．古人书写用的是毛笔，眼睛和字的距离比较远，写的字也相对大些。

6. 大气和云层既可以折射也可以吸收部分太阳光，约有一半照射地球的太阳能被地球表面的土地和水面吸收，这一热能值十分巨大。由此可以得出：地球将会逐渐升温以致融化。然而，幸亏有一个可以抵消此作用的因素，即：以下哪项作为上述的后续最为恰当？

A．地球发散到外空的热能值与其吸收的热能值相近。

B．通过季风与洋流，地球赤道的热向两极方向扩散。

C．在日食期间，由于月球的阻挡，照射到地球的太阳光线明显减少。

D．地球核心因为热能积聚而一直呈熔岩状态。

E．由于二氧化碳排放增加，地球的温室效应引人关注。

7. 成品油生产的利润很大程度上受国际市场原油价格的影响，因为大部分原油是按国际市场价购进的。近年来，随着国际原油市场价格的不断提高，成品油生产商的运营成本大幅度增加，但某国际成品油生产商的利润并没有减少，反而增加了。

以下哪项为真，最有助于解释上述看似矛盾的现象？

A．原油成本只占成品油生产商运营成本的一半。

B．该国成品油价格根据市场供需确定。随着国际原油市场价格的上涨，该国政府为成品油生产商提供相应补贴。

C．在国际原油市场价格不断上涨期间，该国际原油成品油生产商降低了个别高薪员工的工资。

D．在国际原油市场价格上涨之后，除进口成本增加以外，成品油生产的其他运营成本也有所提高。

E．该国成品油生产商的原油有一部分来自国内，这部分受国际市场价格波动影响较小。

8. 美国某大学医学院研究人员在《小儿科杂志》上发表论文指出，在对 2 702 个家庭的孩子进行跟踪调查后发现，如果孩子在 5 岁前每天看电视超过 2 小时，他们长大后出现行为问题的风险将会增加 1 倍多。所谓行为问题是指性格孤僻、言行粗鲁、侵犯他人、难与他人合作等。

以下哪项最能解释以上论述？

A. 电视节目会使孩子产生好奇心，容易导致孩子出现暴力倾向。

B. 电视节目中有不少内容容易使孩子长时间处于紧张、恐惧的状态。

C. 看电视时间过长，会影响儿童与他人的交往，久而久之，孩子便会缺乏与他人打交道的经验。

D. 儿童模仿力强，如果只对电视节目感兴趣，长此以往，会阻碍他们分析能力的发展。

E. 每天长时间地看电视，容易使孩子神经系统产生疲劳，影响身心健康发展。

9. 新疆的哈萨克人用经过训练的金雕在草原上长途追击野狼。某研究小组为研究金雕的飞行方向和判断野狼群的活动范围，将无线电传导器放置在一只金雕身上进行追踪。野狼为了觅食，其活动范围通常很广，因此金雕追击野狼的飞行范围通常也很大。然而，两周以来，无线电传导器不断传回的信号显示，金雕仅在放飞地 3 公里范围内飞行。

以下哪项如果为真，最有助于解释上述金雕的行为？

A. 金雕的放飞地周边重峦叠嶂，险峻异常。

B. 金雕的放飞地 2 公里范围内有一牧羊草场，成为狼群袭击的目标。

C. 由于受训金雕的捕杀，放飞地广阔草原的野狼几乎灭绝了。

D. 无线电传导器信号仅能在有限的范围内传导。

E. 无线电传导器的安放并未削弱金雕的飞行能力。

10. 城市污染是工业化社会的一个突出问题。城市居民因污染而患病的比例一般高于农村。但奇怪的是，城市中心的树木反而比农村的树木长得更茂盛，更高大。

以下各项如果为真，哪项最无助于解释上述现象？

A. 城里人对树木的保护意识比农村人强。

B. 由于热岛效应，城市中心的年平均气温明显比农村高。

C. 城市多高楼，树木因其趋光性而长得更高大。

D. 城市栽种的主要树木品种与农村不同。

E. 农村空气中的氧气含量高于城市。

11. 新华大学在北戴河设有疗养院，每年夏季接待该校的教职工。去年夏季该疗养院的入住率，即客房部床位的使用率为 87%，来此疗养的教职工占全校教职工的比例为 10%，今年夏季来此疗养的教职工占全校教职工的比例下降至 8%，但入住率却上升至 92%。

以下各项如果为真，都有助于解释上述看来矛盾的数据，除了(　　)

A. 今年该校新成立了理学院，教职工总数比去年有较大增长。

B. 今年该疗养院打破了历年的惯例，第一次有限制地对外开放。

C. 今年该疗养院的客房总数不变，但单人间的比例由原来的 5%提高至 10%，双人间由原来的 40%提高到 60%。

D. 该疗养院去年大部分客房今年改为足疗养保健室或棋牌娱乐室。

E. 经过去年冬季的改建，该疗养院的各项设施的质量明显提高，大大增加了对疗养者的吸引力。

12. 以优惠价出售日常家用小商品的零售商通常有上千雇员，其中大多数只能领取最低工资，随着国家法定的最低工资额的提高，零售商的人力成本也随之大幅度提高。但是，零售商的利润非但没有降低，反而提高了。

以下哪项如果为真，最有助于解释上述看来矛盾的现象？

A. 上述零售商的基本顾客，是领取最低工资的人。

B. 人力成本只占零售商经营成本的一半。

C. 在国家提高最低工资额的法令实施后，除了人力成本以外，其他零售商经营成本也有所提高。

D. 零售商的雇员有一部分来自农村，他们基本都拿最低工资。

E. 在国家提高最低工资额的法令实施后，零售商降低了某些高薪雇员的工资。

课后习题参考答案

1. 解析：本题答案选 C。

题干要求解释的矛盾是：基于同一事实，为什么“女权主义代表”与“该大学”却有两种不同的解释？总的录取比例，女性 6/12，男性 7/12，女性低于男性。但是，哲学学院录取比例，女性 3/8，男性 1/3；管理学院录取比例，女性 3/4，男性 6/9，都是女性高于男性。其实，这是因为“基数不一样”，这样，“总体性质”和“部分性质”存在区别，反映这种区别的选项只能是 C。注意：不能选 A，因为讨论的是性质上的差别，而不是部分加总是否能够得到总体的问题。A 选项仅仅指出了问题，但是仍旧无法调和“女权主义代表”与“该大学”的矛盾。

2. 解析：本题答案选 D。

题干需要解释的是：一般商品只有在多次流通过程中才能不断增值，而艺术品在一次“流通”中实现大幅度增值。其实，我们需要找的是普通商品的局限性和艺术品的优势。D 项“对艺术品的交易价格没有什么影响”不能解释。其他各项均从艺术品为什么价格高、大幅增值的角度进行了解释。

3. 解析：本题答案选 D。

本题属于比较型解释，所有“比较型”论证逻辑要掌握技巧，可以快速选出答案。

前提	结果
巴斯德：在山上的不同高度分别打开装着煮过的培养液的瓶子 普歇：用干草浸液作材料重复了巴斯德的实验	巴斯德：在山顶上，20 个装了培养液的瓶子，只有 1 个长出了微生物 普歇：所有装了培养液的瓶子很快长出了微生物

显然发现：前提差(导致了)结果差，解释一般就是要说明：结果差为什么会产生，需要解释的正确答案通常就是由于前提之间的差异产生的。

4. 解析：本题答案选 C。

本题需要解释的是“有了电子书，人们为什么还是选择纸质阅读”，只要是说电子阅读的缺点和纸质阅读的优点，都有可能是合理的解释，选项 C 说“怀旧爱好者喜欢收藏经典图书”，显然收藏与阅读无关。

5. 解析：本题答案选 C。

本题主要从以下两方面解释题干的现象：

(1) 古人为什么不会得近视；　　(2) 现代人为什么容易得近视。

A、B、D、E 从各个方面进行了解释，C 项说古代近视危害小，对近视的人少没有任何解释作用，符合“除了”，因此本题答案为 C。

6. 解析：本题答案选 A。

题干指出地球吸热升温可能导致融化，再指出有一个可以抵消此作用的因素，故接下来应说明能抵消地球吸热升温的因素是什么。D 项明显不恰当，排除。B、C 项对地球的降温有一定作用，但远达不到“抵消”的程度。A 项指出地球发散的热能值与其吸收的热能值相近，作为抵消的因素最恰当。所以，本题答案为 A。

7. 解析：本题答案选 B。

题干的矛盾是：运营成本大幅度增加，但成品油生产商的利润并没有减少，反而增加了。

A 选项	原油成本只占成品油生产商运营成本的一半，原油市场价格的不断提高也会导致生产成本的增加，加剧了矛盾，不能解释
B 选项	其他原因导致利润增加，调和了矛盾，能解释，选 B
C 选项	不能解释，员工工资也是运营成本的一部分，此外“个别高薪员工的工资”对整体的影响相对较小
D 选项	解释了成本的增加，加剧了矛盾，不能解释
E 选项	解释了成本的增加，加剧了矛盾，不能解释

8. 解析：本题答案选 C。

题干的现象是：如果孩子在 5 岁前每天看电视超过 2 小时，他们长大后出现行为问题的风险将会增加 1 倍多，即讨论看电视时间长短与行为问题的关系。

A 选项	题干的论证“看电视的时间”与“看什么电视节目”是两回事，无关选项
B 选项	题干的论证“看电视的时间”与“看什么电视节目”是两回事，无关选项
C 选项	解释为什么电视看得多了会产生“行为问题”，可以解释，选 C
D 选项	题干的论证“看电视的时间”与“看什么电视节目”是两回事，无关选项
E 选项	“身心健康发展”题干没有涉及，属于无关选项

9. 解析：本题答案选 B。

题干需要解释的现象是：金雕仅在放飞地 3 公里范围内飞行。须找到一个合理的他因来解释现象。

A 选项	题干信息并不能说明金雕无法飞行，此外，也没有对 3 公里这个数据作出合理解释，不选
B 选项	金雕的放飞地 2 公里范围内有一牧羊草场，成为狼群袭击的目标，则金雕也将在上述范围内飞行，这显然最有助于解释题干所示的金雕的行为，而且对“3 公里范围内飞行”作了一个合理的解释，选 B
C 选项	若“放飞地广阔草原的野狼几乎灭绝了”，那么金雕就要飞到更远的地方去捕食，而不“仅在放飞地 3 公里范围内飞行”，加剧了题干矛盾，不选
D 选项	与题干信息“无线电传导器不断传回的信号显示”矛盾，不选
E 选项	与题干信息“因此，金雕追击野狼的飞行范围通常也很大”矛盾，不选

10. 解析：本题答案选 E。

根据题干信息知，本题需要解释的矛盾是：城市居民因污染而患病的比例一般高于农村，但城市中心的树木反而比农村的树木长得更茂盛，更高大。

A 选项	由于"保护措施得当"，因此"城市中心的树木反而比农村的树木长得更茂盛，更高大"，可以解释题干矛盾，不选
B 选项	"温度高可能有利于树木生长"，可以解释题干矛盾，不选
C 选项	"趋光性可能有利于树木生长"，可以解释题干矛盾，不选
D 选项	"城市栽种的主要树木品种与农村不同"可能会导致"城市中心的树木反而比农村的树木长得更茂盛，更高大"，可以解释题干矛盾，不选
E 选项	农村中含氧量高，这一因素有利于树木生长，选 E

11. 解析：本题答案选 E。

根据题干信息，题干需要解释的是：为什么参加疗养的职工占全校职工的比例下降了，但疗养院的入住率反而上升了。

A 选项	该选项说明：虽然参加疗养的教职工占全校教职工的比例下降，但因为教职工总数有较大增长，参加疗养的教职工的绝对人数有所增长，从而导致疗养院的入住率上升，可以解释，不选
B 选项	该选项说明：外地人可以进入疗养院，可以解释，不选
C 选项	该选项说明：房间可容纳的人数发生了变化，可以解释，不选
D 选项	该选项说明：房间数量发生了变化，可以解释，不选
E 选项	吸引力的提高解释不了"参加疗养的职工占全校职工的比例下降了，但疗养院的入住率反而上升了"，无助于解释题干矛盾，选 E

12. 解析：本题答案选 A。

由题干信息"以下哪项如果为真，最有助于解释上述看来矛盾的现象"知，本题是非形式逻辑题，本题考查的是解释。题干需要解释的是：随着国家法定的最低工资额的提高，零售商的人力成本也随之大幅度提高，但是，零售商的利润非但没有降低，反而提高了。

A 选项	该选项中"上述零售商的基本顾客，是领取最低工资的人"表明消费者的基本消费能力提高了，导致营业额增加，尽管成本提高了，但利润仍可能提高，可以解释题干矛盾，选 A
B 选项	即使"人力成本只占零售商经营成本的一半"，随着人力成本的提高，总成本也会增加，利润应该减少，无法解释题干矛盾，不选
C 选项	"其他零售商经营成本也有所提高"，总成本也会增加，利润应该减少，加剧了题干矛盾，不选
D 选项	该选项表示"零售商的雇员有一部分来自农村"，那么随着零售商的雇员有一部分来自农村，相应成本也会增加，利润应该减少，无法解释题干矛盾，不选
E 选项	该选项表示"降低了某些高薪雇员的工资"，但题干表明"零售商的人力成本也随之大幅度提高"，也就是说，该选项仍旧没法解释为什么利润会增加，无法解释题干矛盾，不选

第十章　评价与结构类似

10.1　评价型试题特征

评价型试题是对题干的论证方式和方法、论证目的以及论证是否遵守逻辑基本规律的要求、论证中有无出现逻辑错误等进行评价，或者指出哪个选项与论证最为相关。评价型试题的提问方式一般是：

“以下哪项对上述论证的评价最为恰当?”

“题干论证中所包含的逻辑漏洞是什么?”

“以下哪项如果为真，最能对题干论证的有效性进行评价?”

“以下哪项是对上述论证方法的最为恰当的概括?”

“为了对上述断定作出评价，回答以下哪个问题至关重要?”

等等。

10.2　评价试题解题方法与思路

评价型试题主要有以下三种类型。

(1) 评价逻辑错误或漏洞。

根据题干中论证或推理，利用所学知识，判断论证或推理是否符合逻辑基本规律，概念、命题是否使用正确，推理或论证是否符合相关规则等。按要求指出逻辑错误或找出与题干错误相同选项即可。

(2) 评价论证方法。

评价论证方法题目解答一般是直接指出题干的推理或论证使用了什么方法，这类题目一般没有迷惑选项，读完题干后，直接比较选项，选择合适答案。

(3) 评价两人争论焦点。

题干中给出两人对话，评价两人争论就是找出两人争论的焦点，或指出其中一方反驳时采用的方法是否有逻辑漏洞。这类题型难度较大，考察考生的综合能力，也需要重点掌握。解答这类题目时重点在第一个人的论证，第二个人一般是反驳第一个人的论证方式。

10.3　穆勒五法——探寻因果关系的五种方法

(1) 契合法(求同法)。

契合法的内容是：考察几个出现某一被研究现象的不同场合，如果各个不同场合除一个条件相同外，其他条件都不同，那么这个相同条件就是某被研究现象的原因。

这种方法是在差异中寻求共同点，异中求同，所以又叫作求同法。

场合	先行情况	被研究现象
①	ABC	a
②	ADE	a
③	AFG	a
…		

所以，A 是 a 的原因。

例如：1960 年，英国某农场十万只火鸡和小鸭吃了发霉的花生，在几个月内得癌症死了。后来，用这种花生喂羊、猫、鸽子等动物，又发生了同样的结果。1963 年，有人又用发了霉的花生喂大白鼠、鱼和雪貂，也都纷纷得癌而死。上述各种动物患癌症的前提条件中，对象、时间、环境都不同，唯一共同的因素就是吃了发霉的花生。

于是，人们推断：吃了发霉的花生可能是这些动物得癌死亡的原因。

后来证明，发霉的花生内含黄曲霉素，黄曲霉素是致癌物质。该推断就是通过契合法得出的。

(2) 差异法(求异法)。

差异法的内容是：比较某现象出现的场合和不出现的场合，如果这两个场合除一点不同外，其他情况都相同，那么这个不同点就是这个现象的原因。

因这种方法是在相同之中寻找不同点，同中求异，所以又称之为求异法。

求异法可用下列公式表示：

场合	先行情况	被研究现象
①	ABC	a
②	—BC	—

所以，A 是 a 的原因。

例如：一百多年前，一艘远洋帆船载着五个中国人和几个外国人由中国开往欧洲。途中，除五个中国人外，全病得奄奄一息。经诊断，他们都患有坏血病。同乘一艘船，同样是人，一样是风餐露宿，受苦挨饿，漂洋过海，为什么中国人和外国人却判若异类呢？原来这五个中国人都有喝茶的嗜好，而外国人却没有。于是得出结论：喝茶是这五位中国人不得坏血病的原因。

这个结论就是用差异法得出的。

(3) 契合差异并用法(求同求异法)。

契合差异并用法又叫作求同、求异并用法。

它的内容是：如果某被考察现象出现的各个场合(正事例组)只有一个共同的因素，而这个被考察现象不出现的各个场合(负事例组)都没有这个共同因素，那么这个共同的因素就是某被考察现象的原因。该法的步骤是两次求同一次求异。

(4) 共变法。

共变法的内容是：在其他条件不变的情况下，如果某一现象发生变化另一现象也随之发生相应变化，那么前一现象就是后一现象的原因。

共变法可用公式表示如下：

场合	先行情况	被研究现象
①	A1BC	a1

②	A2BC	a2
③	A3BC	a3
…	…	…

所以,A 是 a 的原因。

例如:一定压力下的一定量气体,温度升高,体积增大,温度降低,体积缩小。气体体积与温度之间的共变关系,说明气体温度的改变是其体积改变的原因。

(5) 剩余法。

剩余法的内容是:如果某一复合现象已确定是由某种复合原因引起的,把其中已确认有因果联系的部分减去,那么剩余部分也必有因果联系。

剩余法可用公式表示如下:

ABC 是复杂现象 abc 的复杂原因,

已知 A 是 a 的原因,B 是 b 的原因,

所以,C 是 c 的原因。

例如:有一次居里夫人和她的丈夫为了弄清一批沥青铀矿样品中是否含有值得提炼的铀,对其含铀量进行了测定。令他们惊讶的是,有几块样品的放射性甚至比纯铀的还要大。这就意味着,在这些沥青铀矿中一定含有别的放射性元素。同时,这些未知的放射性元素只能是非常少量的,因为用普通的化学分析法不能测出它们来。量小放射性又那样强,说明该元素的放射性要远远高于铀。1898 年 7 月,他们终于分离出放射性比铀强 400 倍的钋。该元素的发现,应用的是剩余法。

10.4 本章例题

1. 王研究员:我国政府提出的"大众创业、万众创新"激励着每一个创业者。对于创业者来说,最重要的是需要一种坚持精神。不管在创业中遇到什么困难,都要坚持下去。

李教授:对于创业者来说,最重要的是要敢于尝试新技术。因为有些新技术一些大公司不敢轻易尝试,这就为创业者带来了成功的契机。

根据以上信息,以下哪项最准确地指出了王研究员与李教授的分歧所在?

A. 最重要的是敢于迎接各种创业难题的挑战,还是敢于尝试那些大公司不敢轻易尝试的新技术。

B. 最重要的是坚持创业,有毅力有恒心把事业一直做下去,还是坚持创新,作出更多的科学发现和技术发明。

C. 最重要的是坚持把创业这件事做好,成为创业大众的一员,还是努力发明新技术,成为创新万众的一员。

D. 最重要的是需要一种坚持精神,不畏艰难,还是要敢于尝试新技术,把握事业成功的契机。

E. 最重要的是坚持创业,敢于成立小公司,还是尝试新技术,敢于挑战大公司。

解析: 本题答案选 D。

根据题干信息,本题属于"评价焦点型",本题需要精准地分析两人的分歧何在。王研究员认为最重要的是坚持精神,而李教授认为最重要的是敢于尝试新技术。

A 选项	该选项没有涉及"坚持精神",不选
B 选项	题干论证对象是"敢于尝试新技术",而不是"创新",前后核心概念不一致,不选
C 选项	题干论证对象是"敢于尝试新技术"和"坚持精神",而不是"努力发明新技术"和"坚持创业",前后核心概念不一致,不选
D 选项	该选项很好地概括了两者的分歧所在,选 D
E 选项	题干论证对象是"敢于尝试新技术",而不是"敢于成立小公司",核心概念不一致,不选

2. 赵明与王洪都是某高校辩论协会成员,在为今年华语辩论赛招募新队员问题上,两人发生了争执。

赵明:我们一定要选喜爱辩论的人,因为一个人只有喜爱辩论,才能投入时间和精力研究并参加辩论赛。

王洪:我们招募的不是辩论爱好者,而是能打硬仗的辩手。只要能在辩论赛中发挥应有的作用,他就是我们理想的人选。

以下哪项最可能是两人争论的焦点?

A. 招募的标准是从现实出发还是从理想出发。

B. 招募的目的是研究辩论规律还是培养实战能力。

C. 招募的目的是为了培养新人还是赢得比赛。

D. 招募的标准是对辩论的爱好还是辩论的能力。

E. 招募的目的是为了集体荣誉还是满足个人爱好。

解析:本题答案选 D。

本题考查的是评价焦点,焦点题的关键是:优先找结果差,如果没有结果差,再找前提差。本题的焦点显然是:一个人认为应该选喜爱辩论的人,另一个人认为应该选能打硬仗的辩手。两者的焦点在于:招募的标准是对辩论的爱好还是辩论的能力。所以,本题答案选 D。

3. 许多人不仅不理解别人,而且也不理解自己,尽管他们可能曾经试图理解别人,但这样的努力注定会失败,因为不理解自己的人是不可能理解别人的。可见,那些缺乏自我理解的人是不会理解别人的。

以下哪项最能说明上述论证的缺陷?

A. 使用了"自我理解"概念,但并未给出定义。

B. 没有考虑"有些人不愿意理解自己"这样的可能性。

C. 没有正确把握理解别人和理解自己之间的关系。

D. 间接指责人们不能换位思考,不能相互理解。

E. 结论仅仅是对其论证前提的简单重复。

解析:本题答案选 E。

上述论证前提:不理解自己的人是不可能理解别人的,上述论证结论:那些缺乏自我理解的人是不会理解别人的。题干的结论是对论证的机械重复,所以正确答案是 E。

4. 公达律师事务所以为刑事案件的被告进行有效辩护而著称,成功率达 90%以上。老余是一位以专门为离婚案件的当事人成功辩护而著称的律师,因此老余不可能是公达律师事务所的成员。

以下哪项最为确切地指出了上述论证的漏洞?

A．公达律师事务所具有的特征，其成员不一定具有。

B．没有确切指出老余为离婚案件的当事人辩护的成功率。

C．没有确切指出老余为刑事案件的当事人辩护的成功率。

D．没有提供公达律师事务所统计数据的来源。

E．老余具有的特征，其所在工作单位不一定具有。

解析：本题答案选 A。

前提主语：（公达律师事务所）⇒结论主语：（老余）。

因此，整体具有的特征，局部/个体未必具有。

技巧点拨：注意区分总体特征和个体特征的区别。

本题选项 E 具有很强的干扰性，如果题目改动一下：

前提主语：（老余）⇒结论主语：（公达律师事务所）。

此时，答案就要选 E，老余具有的特征，其所在工作单位不一定具有。

5. 小陈经常因驾驶汽车超速收到交管局寄来的罚单。他调查发现同事中开小排量汽车超速的可能性低得多。为此，他决定将自己驾驶的大排量汽车卖掉，换购一辆小排量汽车，以此降低超速驾驶的可能性。

小陈的论证推理最容易受到以下哪项的批评？

A．仅仅依据现象间有联系就推断出有因果关系。

B．依据一个过于狭隘的范例得出一般结论。

C．将获得结论的充分条件当作必要条件。

D．将获得结论的必要条件当作充分条件。

E．进行了一个不太可信的调查研究。

解析：本题答案选 A。

作者的结论是基于大排量是事故的原因这样的前提得出的，但是没有更多证据表明大排量与事故这两个事件在这个论证中真的具备因果联系。或许存在其他因素导致了同样的结果。首先，题干没有建立小排量车和是否超速之间的条件（充分或者必要）关系；其次，他的调查没有得出一般性结论，因此排除 B、C、D 项。所以，选项 A 作为上述小陈的论证评价最合适。

6. 通常认为左撇子比右撇子更容易出操作事故。这是一种误解。事实上，大多数家务事故大到火灾、烫伤，小到切破手指，都出自右撇子。

以下哪项最为恰当地概括了上述论证中的漏洞？

A．对两类没有实质性区别的现象作实质性的区分。

B．在两类不具备有可比性的对象之间进行类比。

C．未考虑家务事故在整个操作事故中所占的比例。

D．未考虑左撇子在所有人中所占的比例。

E．忽视了这种可能性：一些家务事故是由多个人造成的。

解析：本题答案选 D。

本题的论证过程没有考虑左撇子在所有人中所占的比例较小的事实。如果考虑到这一事实，即使大多数家务事故都是出自右撇子，也并不能推出左撇子比右撇子更容易出操作事故的结论。

例如，假设左撇子在所有人中的比例为 10%，家务事故的 95%出自右撇子，也就是只有 5%的家务事故出自左撇子，则可以推出与题干相反的结论，亦即右撇子比左撇子更容易出操作事故。

技巧点拨：本题考查“整体与局部之间的关系”。

7. 郑女士：衡远市过去十年的GDP(国内生产总值)增长率比易阳市高，因此衡远市的经济前景比易阳市好。

胡先生：我不同意你的观点。衡远市的GDP增长率虽然比易阳市高，但易阳市的GDP数值却更大。

以下哪项最为准确地概括了郑女士和胡先生争议的焦点？

A．易阳市的GDP数值是否确实比衡远市大？

B．衡远市的GDP增长率是否确实比易阳市高？

C．一个城市的GDP数值大，是否经济前景一定好？

D．一个城市的GDP增长率高，是否经济前景一定好？

E．比较两个城市的经济前景，GDP数值与GDP增长率哪个更重要？

解析：本题答案选E。

郑女士的论证基于这样的假设：GDP增长率是比较两个城市的经济前景的主要指标。胡先生的论证则基于这样的假设：GDP数值是比较两个城市的经济前景的主要指标。因此，两人争议的焦点是：比较两个城市的经济前景，GDP数值与GDP增长率哪个更重要？

8. 一项对西部山区小塘村的调查发现，小塘村约五分之三的儿童入中学后出现中度以上的近视，而他们的父母及祖辈没有机会到正规学校接受教育，很少出现近视。

以下哪项作为上述的结论最为恰当？

A．接受文化教育是造成近视的原因。

B．只有在儿童期接受正规教育才易于成为近视。

C．阅读和课堂作业带来的视觉压力必然造成儿童近视。

D．文化教育的发展和近视现象的出现有密切关系。

E．小塘村约五分之二的儿童是文盲。

解析：本题答案选D。

根据题干“以下哪项作为上述的结论最为恰当”知，这是非形式逻辑题，本题考查评价。

题干信息为：有X，那么有Y；无X，那么没有Y。因此，X和Y之间有密切关系，即文化教育的发展和近视现象有密切关系。但是，注意五分之三不等于100%，因此不能推出必然，只能推出可能。

A选项	该项不恰当，因为由题干最多可说明，实施文化教育过程的某种并非不可避免的人为因素造成近视，而不能说明是文化教育本身造成近视，两者未必有因果关系，不选
B选项	“很少出现近视”不等于没有近视，注意“只有……才……”的句子结构，不选
C选项	该项不恰当，上述实施文化教育过程造成近视的人为因素，有可能是阅读和课堂作业带来的视觉压力，但不必然是，不选
D选项	有密切关系表明两者之间存在相关性，选D
E选项	没有近视不等于没有接受正规教育，也不等于是文盲，不选

9. 甲：己所不欲，勿施于人。

乙：我反对，己所欲，则施于人。

以下哪项与上述对话方式最为相似？

A．甲：人非草木，孰能无情？

乙：我反对。草木无情，但人有情。

B．甲：人无远虑，必有近忧。

乙：我反对，人有远虑，亦有近忧。

C．甲：不入虎穴，焉得虎子。

乙：我反对，如得虎子，必入虎穴。

D．甲：人不犯我，我不犯人。

乙：我反对，人若犯我，我就犯人。

E．甲：不在其位，不谋其政。

乙：我反对，在其位，则行其政。

解析：本题答案选 D。

对于此类题，只须将题干的推理结构和选项一一对应即可。

题干	甲：非 P，则非 Q。　乙：我反对，P，则 Q。
A 选项	甲：非 P 且 Q。　乙：我反对，草木 Q 且人非 Q，与题干结构不符，不选
B 选项	甲：非 P，则 Q。　乙：我反对，P 且 Q，与题干结构不符，不选
C 选项	甲：非 P，则非 Q。　乙：我反对，非 Q 则非 P，与题干结构不符，不选
D 选项	甲：非 P，则非 Q。　乙：我反对，P，则 Q，与题干结构一致，选 D
E 选项	甲：非 P，则非 Q。　乙：我反对，P，则 R，注意“谋其政”与“行其政”的区别，与题干结构不符，不选

10. 研究人员将角膜感觉神经断裂的兔子分为两组：实验组和对照组。他们给实验组兔子注射了一种从土壤霉菌中提取的化合物。三周后检查发现，实验组兔子的角膜感觉神经已经复合，而对照组兔子未注射这种化合物，其角膜感觉神经都没有复合。研究人员由此得出结论：该化合物可以使兔子断裂的角膜感觉神经复合。

以下哪项与上述研究人员得出的结论的方式最为类似？

A．一个整数或者是偶数，或者是奇数。0 不是奇数，所以 0 是偶数。

B．绿色植物在光照充足的环境下能茁壮成长，而在光照不足的环境下只能缓慢生长，所以光照有助于绿色植物生长。

C．年逾花甲的老王戴上老花镜可以读书看报，不戴则视力模糊，所以年龄大的人都要戴老花镜。

D．科学家在北极冰川地区的黄雪中发现了细菌，而该地区的寒冷气候与木星的冰冷环境有着惊人的相似，所以木星可能存在生命。

E．昆虫都有三对足，蜘蛛并非三对足，所以蜘蛛不是昆虫。

解析：本题答案选 B。

本题考查比较结构中的“穆勒五法”。题干的逻辑原理是通过对比，寻找因果关系，即“求异法”。

A 选项	选言命题的否推肯，与题干结构不一致，不选
B 选项	对比试验的“求异法”，与题干结构一致，选 B
C 选项	归纳推理，与题干结构不一致，不选
D 选项	类比推理，与题干结构不一致，不选
E 选项	直言三段论，与题干结构不一致，不选

11. 李栋善于辩论，也喜欢诡辩。有一次他论证道：“郑强知道数字 87654321，陈梅家的电话号码正好是 87654321，所以郑强知道陈梅家的电话号码。”

以下哪项与李栋论证中所犯的错误最为类似？

A. 中国人是勤劳勇敢的，李岚是中国人，所以李岚是勤劳勇敢的。

B. 金砖是由原子组成的，原子不是肉眼可见的，所以金砖不是肉眼可见的。

C. 黄兵相信晨星在早晨出现，而晨星其实就是暮星，所以黄兵相信暮星在早晨出现。

D. 张冉知道如果 1∶0 的比分保持到终场，他们的队伍就出线，现在张冉听到了比赛结束的哨声，所以张冉知道他们的队伍出线了。

E. 所有蚂蚁是动物，所以所有大蚂蚁是大动物。

解析：本题答案选 C。

题干信息是：郑强知道数字 87654321，并不能推出郑强知道这组数字表达的每一个含义，所以无法推出郑强知道这组数字是陈梅家的电话号码，两者不可同一替代，属于“认知错误”。例如，我们都知道伟大作家“鲁迅”，但是事实上并不是每一个知道“鲁迅”的人都知道“周树人”。

A 选项	该选项中的两个“中国人”不是同一概念，前者是集合概念，后者是非集合概念，犯了“偷换概念”的错误，与题干错误不类似，不选
B 选项	该选项中“原子”是“金砖”的组成部分，由“原子不是肉眼可见的”推到“金砖不是肉眼可见的”，犯了“以偏概全”的错误，与题干错误不类似，不选
C 选项	该选项中“晨星”和“暮星”两个概念其实指的是同一种事物，属于两个概念的同一关系，黄兵知道“晨星”，但未必知道“暮星”，选项的错误与题干类似，都是属于“认知错误”，选 C
D 选项	该选项中“张冉听到了比赛结束的哨声”并不等于“1∶0 的比分保持到终场”，完全可以是其他比赛结果，属于“转移话题”，与题干错误不类似，不选
E 选项	该选项中“大蚂蚁是大动物”中的两个“大”表示的含义不一样，“大蚂蚁”中的“大”表示的是年龄大，“大动物”中的“大”表示的是体积大，犯了“以偏概全”的错误，与题干错误不类似，不选

10.5 课后习题

1. 研究者调查了一组大学毕业后从事有规律的工作正好满 8 年的白领，发现他们的体重比刚毕业时平均增加了 8 公斤。研究者由此得出结论，有规律的工作会增加人们的体重。

关于上述结论的正确性，需要询问的关键问题是以下哪项？

A. 和该组调查对象其他情况相仿且经常进行体育锻炼的人，在同样的 8 年中体重有怎样的变化？

B．该组调查对象的体重在8年后是否会继续增加？

C．为什么调查关注的时间段是对象在毕业工作后8年，而不是7年或者9年？

D．该组调查对象中男性和女性的体重增加是否有较大差异？

E．和该组调查对象其他情况相仿但没有从事有规律工作的人，在同样的8年中体重有怎样的变化？

2. 陈先生：未经许可侵入别人的电脑，就好像开偷来的汽车撞伤了人，这些都是犯罪行为。但后者性质更严重，因为它既侵占了有形财产，又造成了人身伤害；而前者只是在虚拟世界中捣乱。

林女士：我不同意，例如，非法侵入医院的电脑，有可能扰乱医疗数据，甚至危及病人的生命。因此，非法侵入电脑同样会造成人身伤害。

以下哪项最为准确地概括了两人争论的焦点？

A．非法侵入别人的电脑和开偷来的汽车是否同样会危及人的生命？

B．非法侵入别人的电脑和开偷来的汽车伤人是否都构成犯罪？

C．非法侵入别人的电脑和开偷来的汽车伤人是否是同样性质的犯罪？

D．非法侵入别人的电脑的犯罪性质和开偷来的汽车伤人是否一样严重？

E．是否只有侵占有形财产才构成犯罪？

3. 违法必究，但几乎看不到违反道德的行为受到惩罚，如果这成为一种常规，那么民众就会失去道德约束。道德失控对社会稳定的威胁并不亚于法律失控。因此，为了维护社会的稳定，任何违反道德的行为都不能不受惩治。

以下哪项对上述论证的评价最为恰当？

A．上述论证是成立的。

B．上述论证有漏洞，它忽略了：有些违法行为并未受到追究。

C．上述论证有漏洞，它忽略了：由违法必究，推不出缺德必究。

D．上述论证有漏洞，它夸大了：违反道德行为的社会危害性。

E．上述论证有漏洞，它忽略了：由否定“违反道德的行为都不受惩治”，推不出“违反道德的行为都要受惩治”。

4. 小陈：目前1996D3彗星的部分轨道远离太阳，最近却可以通过太阳望远镜发现其发出闪烁光。过去人们从来没观察到远离太阳的彗星出现这样的闪烁光，所以这种闪烁必然是不寻常的现象。

小王：通常人们都不会去观察那些远离太阳的彗星，这次发现的1996D3彗星闪烁光是有人通过持续而细心的追踪观测获得的。

以下哪项最为准确地概括了小王反驳小陈的观点所使用的方法？

A．指出小陈使用的关键概念含义模糊。

B．指出小陈的论据明显缺乏说服力。

C．指出小陈的论据自相矛盾。

D．不同意小陈的结论，并且对小陈的论据提出了另一种解释。

E．同意小陈的结论，但对小陈的论据提出了另一种解释。

5. 统计显示，在汽车事故中，装有安全气囊汽车的比例高于未装安全气囊的汽车。因此，在汽车中装有安全气囊，并不能使车主更安全。

以下哪项最为恰当地指出了上述论证的漏洞？

A．不加说明就予假设：任何装有安全气囊的汽车都可能遭遇汽车事故。
B．忽视了这种可能性：未装安全气囊的车主更注意谨慎驾驶。
C．不当的假设：在任何汽车事故中，安全气囊都会自动打开。
D．不当地把发生汽车事故的可能程度，等同于车主在事故中受伤害的严重程度。
E．忽视了这种可能性：装有安全气囊的汽车所占的比例越来越大。

6. 郑兵的孩子即将升高中。郑兵发现，在当地中学，学生与老师的比例低的学校，学生的高考成绩普遍都比较好。郑兵因此决定，让他的孩子选择学生总人数最少的学校就读。

以下哪项最为恰当地指出郑兵上述决定的漏洞？

A．忽略了学校教学质量既和学生与老师的比例有关，也和生源质量有关。
B．仅注重高考成绩，忽略了孩子的全面发展。
C．不当地假设：学生总人数少就意味着学生与老师的比例低。
D．在考虑孩子的教育时忽略了孩子本人的愿望。
E．忽略了学校教学质量主要与老师的素质而不是数量有关。

7～8 题基于以下题干：

张先生：应该向吸烟者征税，用以缓解医疗保健事业的投入不足。因为正是吸烟，导致了许多严重的疾病。要吸烟者承担一部分费用，来对付因他们的不良习惯而造成的健康问题，是完全合理的。

李女士：照您这么说，如果您经常吃奶油蛋糕，或者肥猪肉，也应该纳税。因为如同吸烟一样，经常食用高脂肪、高胆固醇的食物同样会导致许多严重的疾病。但是，没有人会认为这样做是合理的，并且人们的危害健康的不良习惯数不胜数，都对此征税，事实上无法操作。

7. 以下哪项最为恰当地概括了张先生和李女士争论的焦点？

A．张先生关于缓解医疗保健事业投入不足的建议是否合理。
B．有不良习惯的人是否应当对由此种习惯造成的社会后果负责。
C．食用高脂肪、高胆固醇的食物对健康造成的危害是否同吸烟一样。
D．由增加个人负担来缓解社会公共事业的投入不足是否合理。
E．通过征税的方式来纠正不良习惯是否合理。

8. 以下哪项最为恰当地概括了李女士的反驳所运用的方法？

A．举出一个反例说明对方的建议虽然合理但在执行中无法操作。
B．指出对方对一个关键性概念的界定和运用有误。
C．提出了一个和对方不同的解决问题的方法。
D．从对方的论据得出了一个明显荒谬的结论。
E．对对方在论证中所运用的信息的准确性提出质疑。

9. 注重对孩子的自然教育，让孩子亲身感受大自然的神奇与美妙，可促进孩子释放天性，激发自身潜能；而缺乏这方面教育的孩子容易变得孤独，道德、情感与认知能力的发展都会受到一定的影响。以下哪项与以上陈述方式最为类似？

A．脱离环境保护搞经济发展是“涸泽而渔”，离开经济发展抓环境保护是“缘木求鱼”。
B．只说一种语言的人，首次被诊断出患阿尔茨海默症的平均年龄为 76 岁；说三种语言的人首次被诊断出患阿尔茨海默症的平均年龄为 78 岁。
C．老百姓过去“盼温饱”，现在“盼环保”；过去“求生存”，现在“求生态”。
D．注重调查研究，可以让我们掌握第一手资料，闭门造车只能让我们脱离实际。

E. 如果孩子完全依赖电子设备来进行学习和生活，将会对环境越来越漠视。

10. 只要每个司法环节都能坚守程序正义，切实履行监督制约职能，结案率就会大幅度提高。去年某国结案率比上一年提高了 70%，所以该国去年每个司法环节都能坚守程序正义，切实履行监督制约职能。

以下哪项与上述论证方式最为相似？

A. 在校期间品学兼优，就可以获得奖学金。李明没有获得奖学金，所以他在校期间一定不是品学兼优。

B. 只有在校期间品学兼优，才可以获得奖学金。李明获得了奖学金，所以他在校期间一定品学兼优。

C. 在校期间品学兼优，就可以获得奖学金。李明在校期间不是品学兼优，所以他不可能获得奖学金。

D. 李明在校期间品学兼优，但是他没获得奖学金。所以，在校期间品学兼优，不一定可以获得奖学金。

E. 在校期间品学兼优，就可以获得奖学金。李明获得了奖学金，所以他在校期间一定品学兼优。

11. 经过反复核查，质检员小李向厂长汇报说："726 车间生产的产品都是合格的，所以不合格的产品都不是 726 车间生产的。"

以下哪项和小李的推理结构最为相似？

A. 所有入场的考生都经过了体温测试，所以没有入场的考生都没有经过体温测试。

B. 所有出厂设备都是检测合格的，所以检测合格的设备都已出厂。

C. 所有已发表文章都是认真校对过的，所以认真校对过的文章都已发表。

D. 所有真理都是不怕批评的，所以怕批评的都不是真理。

E. 所有不及格的学生都没有好好复习，所以没好好复习的学生都不及格。

12. 化学课上，张老师演示了两个同时进行的教学实验：一个实验是 $KClO_3$，加热后，有 O_2 缓慢产生；另一个实验是 $KClO_3$ 加热后迅速撒入少量 MnO_2，这时立即有大量的 O_2 产生。张老师由此指出：MnO_2 是 O_2 快速产生的原因。

以下哪项与张老师得出结论的方法类似？

A. 同一品牌的化妆品价格越高卖得越火。由此可见，消费者喜欢价格高的化妆品。

B. 居里夫人在沥青矿物中提取放射性元素时发现，从一定量的沥青矿物中提取的全部纯铀的放射性强度比同等数量的沥青矿物中放射性低许多。她据此推断：沥青矿物中存在其他放射性更强的元素。

C. 统计分析发现：30 岁至 60 岁之间，年纪越大胆子越小，有理由相信：岁月是勇敢的腐蚀剂。

D. 将闹钟放在玻璃罩中，使它打铃，可以听到铃声；然后把玻璃罩中的空气抽空，再使闹钟打铃，就听不到铃声了。由此可见，空气是声音传播的介质。

E. 人们通过对绿藻、蓝藻、红藻的大量观察，发现结构简单、无根叶是藻类植物的主要特征。

13. 科学不是宗教，宗教都主张信仰，所以主张信仰都不科学。

以下哪项最能说明上述推理不成立？

A. 所有渴望成功的人都必须努力工作，我不渴望成功，所以我不必努力工作。

B．商品都有使用价值，空气当然有使用价值，所以空气当然是商品。

C．不刻苦学习的人都成不了技术骨干，小张是刻苦学习的人，所以小张能成为技术骨干。

D．台湾人不是北京人，北京人都说汉语，所以说汉语的人都不是台湾人。

E．犯罪行为都是违法行为，违法行为都应受到社会的谴责，所以应受到社会谴责的行为都是犯罪行为。

14. 在印度发现了一群不平常的陨石，它们的构成元素表明，它们只可能来自水星、金星和火星。由于水星靠太阳最近，它的物质只可能被太阳吸引而不可能落到地球上；这些陨石也不可能来自金星，因为金星表面的任何物质都不可能摆脱它和太阳的引力而落到地球上。因此，这些陨石很可能是某次巨大的碰撞后从火星落到地球上的。

上述论证方式和以下哪项最为类似？

A．这起谋杀或是劫杀，或是仇杀，或是情杀。但是，作案现场并无财物丢失；死者家属和睦，夫妻恩爱，并无情人。因此，最大的可能是仇杀。

B．如果张甲是作案者，那必有作案动机和作案时间。张甲确有作案动机，但没有作案时间。因此，张甲不可能是作案者。

C．此次飞机失事的原因，或是人为破坏，或是设备故障，或是操作失误。被发现的黑匣子显示，事故原因确是设备故障。因此，可以排除人为破坏和操作失误。

D．所有的自然数或是奇数，或是偶数。有的自然数不是奇数，因此有的自然数是偶数。

E．任一三角形或是直角三角形，或是钝角三角形，或是锐角三角形。这个三角形有两个内角之和小于 90°。因此，这个三角形是钝角三角形。

15. 海拔越高，空气越稀薄。因为西宁的海拔高于西安，因此西宁的空气比西安稀薄。

以下哪项中的推理与题干的最为类似？

A．一个人的年龄越大，他就变得越成熟。老张的年龄比他的儿子大，因此老张比他的儿子成熟。

B．一棵树的年头越长，它的年轮越多。老张院子中槐树的年头比老李家的槐树年头长，因此老张家的槐树比老李家的年轮多。

C．今年马拉松冠军的成绩比前年好。张华是今年的马拉松冠军，因此他今年的马拉松成绩比他前年的好。

D．在激烈竞争的市场上，产品质量越高并且广告投入越多，产品需要就越大。甲公司投入的广告费比乙公司的多，因此对甲公司产品的需求量比对乙公司的需求量大。

E．一种语言的词汇量越大，越难学。英语比意大利语难学，因此英语的词汇量比意大利语大。

16. 许多孕妇都出现了维生素缺乏的症状，但这通常不是由于孕妇的饮食缺乏维生素，而是由于腹内婴儿的生长使她们比其他人对维生素有更高的需求。

以下哪项对于评价上述结论最为重要？

A．对一些不缺乏维生素的孕妇的日常饮食进行检测，确定其中维生素的含量。

B．对日常饮食中维生素足量的孕妇和其他妇女进行检测，并分别确定她们是否缺乏维生素。

C．对日常饮食中维生素不足量的孕妇和其他妇女进行检测，并分别确定她们是否缺乏维生素。

D. 对一些缺乏维生素的孕妇的日常饮食进行检测，确定其中维生素的含量。

E. 对孕妇的科学食谱进行研究，以确定有利于孕妇摄入足量维生素的最佳食谱。

17. 居民苏女士在菜市场看到某摊位的鹌鹑蛋色泽鲜艳、形态圆润，且价格便宜，于是买了一箱。回家后发现有些鹌鹑蛋打不破，甚至丢在地上也摔不坏，再细闻已经打破的鹌鹑蛋，有一股刺鼻的消毒液味道。她投诉至菜市场管理部门，结果一位工作人员声称鹌鹑蛋目前还没有国家质量标准，无法判定它有质量问题，所以他坚持这箱鹌鹑蛋没有质量问题。

以下哪项与该工作人员作出结论的方式最为相似？

A. 不能证明宇宙是没有边际的，所以宇宙是有边际的。

B. “驴友论坛”还没有论坛规范，所以管理人员没有权利删除帖子。

C. 小偷在逃跑途中跳入 2 米深的河中，事主认为没有责任，因此不予施救。

D. 并非外星人不存在，所以外星人存在。

E. 慈善晚会上的假唱行为不属于商业管理范围，因此相关部门无法对此进行处罚。

18. 我国著名的地质学家李四光，在对东北的地质结构进行了长期、深入的调查研究后发现，松辽平原的地质结构与中亚细亚极其相似。他推断，既然中亚细亚蕴藏大量的石油，那么松辽平原很可能也蕴藏了大量的石油。后来，大庆油田的开发证明了李四光的推断是正确的。

以下哪项与李四光的推理方式最为相似？

A. 他山之石，可以攻玉。

B. 邻居买彩票中了大奖，小张受此启发，也去买了体育彩票，结果没有中奖。

C. 某乡镇领导在考察了荷兰等地的花卉市场后认为要大力发展规模经济，回来后组织全乡镇种大葱，结果导致大葱严重滞销。

D. 每到炎热的夏季，许多商店腾出一大块地方卖羊毛衫、长袖衬衣、冬靴等冬令商品，进行反季节销售，结果都很有市场。小王受此启发，决定在冬季种植西瓜。

E. 乌兹别克地区盛产长绒棉。新疆塔里木河流域与乌兹别克地区在日照情况、霜期长短、气温高低、降雨量等方面均相似，科研人员受此启发，将长绒棉移植到塔里木河流域，果然获得了成功。

课后习题参考答案

1. 解析： 本题答案选 E。

题干论证为：工作正好满 8 年的白领，体重比刚毕业时平均增加了 8 公斤→有规律的工作会增加人们的体重。该论证是存在缺陷的，同一对象的对比必须保证两者之间具有可比性。

A 选项	该选项中加入了“经常进行体育锻炼”这一因素，无法进行对比，属于无关选项，不选
B 选项	题干论证未涉及“8 年后是否会继续增加”，属于无关选项，不选
C 选项	该选项表明“时间对体重的影响”，属于无关选项，不选
D 选项	该选项表明“性别对体重的影响”，属于无关选项，不选
E 选项	该选项设置了“有规律工作的人”和“没有规律工作的人”的对照，属于前提差导致结果差模式，若“有规律工作的人”体重增加得多，则题干结论成立；若“有规律工作的人”体重增加得少，则题干结论不成立，选 E

2. 解析：本题答案选 D。

陈先生的观点是：偷来的汽车撞伤了人，性质更严重。

林女士说我不同意，不同意的是陈先生的观点。林女士论点：非法侵入电脑同样会造成人身伤害。

因此，两人争论的焦点是非法侵入别人电脑的犯罪性质和开偷来的汽车伤人是否一样严重。

3. 解析：本题答案选 E。

题干论证为：前提：违法必究，违反道德的行为受不到惩罚，就会导致民众失去道德约束；结论：为了维护社会的稳定，任何违反道德的行为都不能不受惩治。

显然，题干的论证有漏洞，"所有违反道德的行为都受不到惩罚"这种行为不当，因此其矛盾命题"有些违反道德的行为要受惩治"为真，但是推不出"任何违反道德的行为都要受惩治"。

题干由否定"违反道德的行为者未受惩治"，只能得出结论"有些违反道德的行为要受惩治"，不能得出结论"违反道德的行为都要受惩治"。事实上，第一个结论是合理的，第二个结论是不合理的。所以，本题答案选 E。

技巧点拨：本题的考点实质是逻辑方阵的考查，"所有 S 都不是 P"为假，推不出"所有 S 都是 P"为真。

4. 解析：本题答案选 D。

小陈的结论是：远离太阳的彗星出现不寻常的现象。其依据是：这种闪烁光从未被观察到。小王并不否定小陈的论据所陈述的情况的存在，只是对这一情况作出了另一种解释，基于这一解释，可得出与小陈不同的结论。选项 D 最为准确地概括了小王所使用的这一方法。

5. 解析：本题答案选 D。

安全气囊的作用，不在于避免汽车事故，而在于当事故发生时减少车主受伤害的程度。题干的论证显然忽略了这一点，因而本题应选 D。

6. 解析：本题答案选 C。

本题考查的实质是偷换概念。前提是：学生与老师的比例低的学校，学生的高考成绩普遍都比较好——前提强调的是"比例"；结论是：让他的孩子选择学生总人数最少的学校就读，结论强调的是"数量"，显然是偷换概念，从而选项 C 最为恰当地指出郑兵上述决定的漏洞。

7. 解析：本题答案选 A。

根据题干信息，张先生指出：通过向吸烟者征税来缓解医疗保健事业的投入不足。李女士对这一建议的合理性提出质疑。两人争论的焦点是：张先生关于缓解医疗保健事业投入不足的建议是否合理。

A 选项	该选项为正确选项，概括了两人争论的焦点，选 A
B 选项	虽然张先生的建议中包含"有不良习惯的人应当对由此种习惯造成的社会后果负责"的意思，但李女士的争议不是针对这层意思的，不选
C 选项	题干未涉及"两者造成的危害是否一样"，不选
D 选项	题干讲的是"通过向吸烟者征税来缓解医疗保健事业的投入不足"是否合理，而该选项"由增加个人负担来缓解社会公共事业的投入不足"是否合理显然扩大了范围，不选
E 选项	虽然李女士的反驳中包含"通过征税的方式来纠正不良习惯不合理"的意思，但张先生并没有建议把征税作为纠正不良习惯的一般方式，不选

8. 解析：本题答案选 D。

根据题干信息：李女士指出，如果向吸烟者征税是合理的，那么向经常食用高脂肪、高胆固醇的食物的人征税也是合理的。而后者显然是不合理的。李女士犯了“不当类比”的逻辑学谬误。因此，D 项恰当地概括了李女士的反驳所运用的方法。

9. 解析：本题答案选 D。

题干的句子结构为：如果 A，则 B；如果没有 A，B 也会受影响。

A 选项	没有 A 就没有 B，没有 B 也就没有 A，与题干结构不符，不选
B 选项	如果 A，则 B；如果 C，则 D，与题干结构不符，不选
C 选项	过去 A，现在 B；过去 C，现在 D，与题干结构不符，不选
D 选项	如果 A，则 B；如果没有 A，B 也会受影响，与题干结构类似，本题答案选 D
E 选项	如果 A，则 B，与题干结构不符，不选

10. 解析：本题答案选 E。

题干的句子结构为：A(坚守程序正义)→B(结案率提高)，B(结案率提高)，所以，A(坚守程序正义)。

A 选项	该选项结构是：A(品学兼优)→B(获奖学金)，非 B(没有获奖学金)，所以，非 A(不是品学兼优)，与题干结构不一致，不选
B 选项	该选项结构是：A(获奖学金)→B(品学兼优)，A(获奖学金)，所以，B(品学兼优)，与题干结构不一致，不选
C 选项	该选项结构是：A(品学兼优)→B(获奖学金)，非 A(不是品学兼优)，所以，非 B(没有获奖学金)，与题干结构不一致，不选
D 选项	该选项结构是：A 并且非 B(品学兼优但没有获奖学金)，所以，A(品学兼优)并不一定导致 B(获奖学金)，与题干结构不一致，不选
E 选项	该选项结构是：A(品学兼优)→B(获奖学金)，B(获奖学金)，所以，A(品学兼优)，与题干结构一致，选 E

11. 解析：本题答案选 D。

题干推理结构为“所有 S 是 P，所以所有不是 P 的都不是 S”。

A 选项	“所有 S 是 P，所以所有不是 S 的都不是 P”，与题干结构不符，不选
B 选项	“所有 S 是 P，所以所有是 P 的都是 S”，与题干结构不符，不选
C 选项	“所有 S 是 P，所以所有是 P 的都是 S”，与题干结构不符，不选
D 选项	“所有 S 是 P，所以所有不是 P 的都不是 S”，与题干结构相同，选 D
E 选项	“所有 S 是 P，所以所有不是 S 的都不是 P”，与题干结构不符，不选

12. 解析：本题答案选 D。

本题考查穆勒五法。题干很明显考查的是“求异法”(前提差导致结果差)。

A 选项	同一品牌的化妆品其他条件都不变，只有价格不一样，属于共变法
B 选项	属于剩余法
C 选项	"年纪越大胆子越小"，属于共变法
D 选项	说明是不同方法导致了实验结果的不同，属于"求异法"，选 D
E 选项	无关选项

13. 解析：本题答案选 D。

题干的推理形式是：所有 S 都不是 P；所有 P 都是 R。所以，所有 R 都不是 S。

A 选项	所有 S 都是 P；R 不 S；所以 R 不是 P。与题干结构不类似，不选
B 选项	所有 S 都是 P；R 是 P；所以 R 是 S。与题干结构不类似，不选
C 选项	所有非 S 都是非 P；R 是 S；所以 R 是 P。与题干结构不类似，不选
D 选项	所有 S 都不是 P；所有 P 都是 R；所以所有 R 都不是 S。与题干类似，选 D
E 选项	所有 S 都是 P；P 是 R；所以 R 是 S。与题干结构不类似，不选

14. 解析：本题答案选 A。

根据题干"上述论证方式和以下哪项最为类似"知，这是非形式逻辑题，本题考查比较句子结构。

本题题干的论证形式是：某事物可能是 A、B 或 C；相关事实表明，可以排除 A 和 B，因此，可以确定该事物是 C。

A 选项	某事物可能是 A、B 或 C；相关事实表明，可以排除 A 和 B，因此，可以确定该事物是 C，与题干论证一致，选 A
B 选项	元素个数与题干不符合，不选
C 选项	推理的方式是先肯定一个，再排除另外两个，属于肯定排除否定的推理方式，与题干推理不符合，不选
D 选项	元素个数与题干不符合，不选
E 选项	与题干推理不符合，不选

15. 解析：本题答案选 B。

根据题干"以下哪项中的推理与题干的最为类似"知，这是非形式逻辑题，本题考查比较句子结构。题干句子结构为：越 X 越 Y，在 X 上，a 比 b 高，那么，在 Y 上，a 比 b 高。

特别注意："海拔越高，空气越稀薄"的比较对象是两个独立的事物，属于横向比较。

A 选项	该选项中"年龄与成熟的关系"只能在一个个体上纵向比较，而不能在"两个独立的事物"之间横向比较，与题干论证不一致，不选
B 选项	该选项中"越 X 越 Y，在 X 上，a 比 b 高，那么，在 Y 上，a 比 b 高"，与题干论证一致，选 A
C 选项	该选项属于"同一对象不同时间段的对比"，与题干论证不一致，不选

D 选项	该选项涉及两个因素"产品质量"和"广告投入",而题干论证仅涉及一个,与题干论证不一致,不选
E 选项	该选项中"越 X 越 Y,在 Y 上,a 比 b 难,那么,在 X 上,a 比 b 量大",属于题干的"因果倒置",与题干论证不一致,不选

16. 解析: 本题答案选 B。

如果日常饮食中维生素足量的孕妇缺乏维生素而非孕妇不缺乏维生素,说明就是腹内婴儿造成孕妇缺乏维生素;否则,孕妇缺乏维生素就不是腹内婴儿造成的。C 本来就不足量,就算测出来缺乏维生素也不能说明是胎儿造成的。

17. 解析: 本题答案选 A。

根据题干"以下哪项与该工作人员作出结论的方式最为相似"知,这是比较句子结构,本题考查逻辑学谬误。题干的推理为:无法判定它有质量问题,因此这箱鹌鹑蛋没有质量问题。

题干论证的错误在于:不能证明其存在便认定其不存在,显然,推出前提的论据不充分——诉诸无知。

A 选项	不能证明宇宙是没有边际的,便认为宇宙是有边际的,与题干论证符合,选 A
B 选项	因为没有论坛规范,所以,管理员没有权利参照规范,推出结论的论据足够充分,与题干论证不符合,不选
C 选项	"事主认为没有责任,因此不予施救",在事主看来,他有足够的依据作出这个决定,与题干论证不符合,不选(强干扰项)
D 选项	并非外星人不存在,就是指外星人存在,推出结论的论据足够充分,与题干论证不符合,不选
E 选项	不属于商业管理范围,说明有足够的论据得出"相关部门无法对此进行处罚",与题干论证不符合,不选

18. 解析: 本题答案选 D。

根据题干"以下哪项与李四光的推理方式最为相似"知,这是比较句子结构,本题考查逻辑学谬误。题干中的推理为:A 和 B 在某些方面相同或相似,一个事物具有的特征,另一个事物也具有,最后发现这个推论是正确的。

A 选项	没有类比,不符合题干论证,不选
B 选项	结果不是好的,不符合题干论证,不选
C 选项	结果不是好的,不符合题干论证,不选
D 选项	不知道结果是不是好的,不符合题干论证,不选
E 选项	乌兹别克地区与新疆塔里木河流域气候类似,乌兹别克地区盛产长绒棉,新疆塔里木河流域也应该产长绒棉,事实也是如此,符合题干论证,选 E

图书在版编目(CIP)数据

管理类联考逻辑应试技巧攻略：2020 版/潘杰编著. —2 版. —上海：复旦大学出版社，2019. 3(2019. 4 重印)
ISBN 978-7-309-14168-9

Ⅰ. ①管… Ⅱ. ①潘… Ⅲ. ①逻辑-研究生-入学考试-自学参考资料 Ⅳ. ①B81

中国版本图书馆 CIP 数据核字(2019)第 034051 号

管理类联考逻辑应试技巧攻略：2020 版(第 2 版)
潘　杰　编著
责任编辑/陆俊杰

复旦大学出版社有限公司出版发行
上海市国权路 579 号　邮编：200433
网址：fupnet@fudanpress.com　http://www.fudanpress.com
门市零售：86-21-65642857　团体订购：86-21-65118853
外埠邮购：86-21-65109143　出版部电话：86-21-65642845
上海四维数字图文有限公司

开本 787×1092　1/16　印张 14　字数 340 千
2019 年 4 月第 2 版第 2 次印刷

ISBN 978-7-309-14168-9/B・689
定价：33.00 元